KB148500

알아두면 쓸데 있는
유쾌한 상식사전

— 우리말 · 우리글 편 —

알아두면 쓸데 있는
유쾌한 상식사전 _-우리말 · 우리글 편-_

초판 1쇄 발행일 2022년 8월 8일

지은이 조홍석
펴낸이 박희연
대표 박창흠

펴낸곳 트로이목마
출판신고 2015년 6월 29일 제315-2015-000044호
주소 서울시 강서구 양천로 344, B동 449호(마곡동, 대방디엠시티 1차)
전화번호 070-8724-0701
팩스번호 02-6005-9488
이메일 trojanhorsebook@gmail.com
페이스북 https://www.facebook.com/trojanhorsebook
네이버포스트 http://post.naver.com/spacy24
인쇄·제작 ㈜미래상상

개별 ISBN 979-11-87440-99-4 (04030)
세트 ISBN 979-11-87440-35-2 (04030)

가리지날 시리즈
⑥

알아두면 쓸데 있는 유쾌한 상식사전

— 우리말 · 우리글 편 —

조홍석 지음

트로이목마
TROJAN HORSE

안녕하세요, 조홍석입니다.

지난 10여 년간 지인들에게 보내오던 글을 모아 2018년부터 발간 중인 《알아두면 쓸데 있는 유쾌한 상식사전》 여섯 번째 이야기, '우리말·우리글 편'을 발간하게 되었습니다.

'가리지날'이란 오리지날이 아님에도 오랫동안 널리 알려져 이제는 오리지날보다 더 유명해진 것을 의미하는 제 나름의 용어입니다. 일부에서는 제가 만든 단어인 줄 아시던데, 해방 이후 등장한 이 단어의 유래도 이번 편에 소개합니다. 🐻

지금 시대는 지나치게 각 분야가 전문화한 사회여서 각자 자신의 분야는 잘 알지만, 전체를 통찰하는 거대 담론이 사라지다 보니 서로가 자기의 입장에서 이야기할 뿐 타인의 시각이나 입장을 이해하기까지 오랜 시간이 걸리기도 합니다. 결국 이 세상 학문은 서로 연관되어 있고 의외의 곳에서 서로 만나기도 하는데 말이죠.

생각의 틀을 제공하는 각 언어마다 길고 깊은 역사의 무게가 켜켜이 쌓여 있습니다. 현존하는 3,000여 개 언어 중, 세계에서 15번째로 많이 쓰이고 있는 우리말은 조상님으로부터 우리에게 전해졌고, 다시 우리가 후손에게 물려줄 우리 겨레의 소중한 지식 전달체이며, 우리글 한글은 전 세계에 당당히 자랑할 수 있는 무형지식 유산입니다. 🐨

최근 한글 맞춤법이나 다양한 표현법에 대한 책들이 큰 사랑을 받고 있는데, 저는 우리말과 한글의 역사적 변화 과정을 따라가며 잘 알려지지 않은 이야기들을 다뤄볼까 합니다. 말글살이가 일상생활을 반영하다 보니 우리 민족의 생활사와도 밀접한 연관이 있네요. 이런 방식으로 우리말에 대해 쓴 책이 거의 없었기에 많은 분들께 소소한 즐거움과 도움이 되지 않을까 기대합니다. 🐨

이 땅에서 살아간 모든 이들의 기쁨과 슬픔을 같이해온 소중한 우리말이기에, 책 제목은 '유쾌한 상식사전'이지만 가슴 아픈 이야기도 많이 담았다는 점도 미리 밝혀둡니다.

1부는, 19세기 개항 이전 역사 속 우리말·우리글에 대한 여러 알려지지 않은 이야기를 풀어보았습니다.

고유한 토박이말(순우리말)을 써왔지만 안타깝게도 이를 정확히 표현할 문자가 한글 이전에는 없었기에 한자를 이용해 표기하는 시대가 오래 지속되었습니다. 그러다 보니 토박이말이 점차 한자어로 대체되고, 한자를 아는 것이 곧 권력이 되다 보니 한글이 탄생한 이후에도 양반 계층의 홀대가 계속되었습니다. 이런 역사적 배경 속에 오랜 기간 입에서 입으로 구전되어 내려오면서 의미가 바뀌거나 아예 명칭이 달라진 색다른 이야기 위주로 소개합니다.

2부는, 19세기 개항 이후부터 일제강점기까지 우리말과 우리글의 변화에 대한 이야기입니다.

1876년 강화도조약 이후 외국과 통상 교역을 체결하면서 조선이 근대화의 길로 나서지만 상황은 녹록지 않았고, 드디어 1897년 대한제국이 한글을 국가문자로 선포하나 불과 13년 뒤 일본의 식민지로 전락하는 민족의 비극이 연출됩니다.

이 혼돈의 시기, 새로운 서구 문물을 접한 우리 조상님들은 자체적으로 이를 설명할 새 단어를 만들기도 했지만, 대부분의 학술용어가 일본식 한자어와 외래어로 정착되었고, 일제의 강압에 자칫 소멸할 뻔한 우리말·우리글은 일부 뜻깊은 학자들과 이름 없는 조상님들의 눈물겨운 노력 속에 보존됩니다. 이 같은 근대 시기의 언어 변화에 대해 알아보았습니다.

3부는, 해방 이후부터 현재까지의 우리말과 관련된 변화를 알아봅니다.

해방의 기쁨도 잠시, 남북으로 갈라진 한반도는 점차 말글살이에서 많은 차이를 보이고 있습니다.

대한민국은 미국을 비롯한 서양 신문물의 수용에 따라 많은 새 외래어가 정착되지만, 지속적으로 자정 노력을 전개하고 있지요. 각 시기별 주요 이슈를 주제로 우리말의 변화와 확장 과정을 알아보며 짧게나마 북한의 언어 사정도 소개해봅니다.

4부는, 이 시대 우리가 생각해봐야 할 우리말과 우리글에 대한 여러 이슈를 정리해봤습니다.

표준어와 맞춤법, 외래어 표기법, 영어식 표현의 범람, 일상생활 속 올바른 언어 생활에 대해 함께 생각해볼 내용을 모아봤습니다.

이번 편은 지난 3권 '언어·예술 편'을 읽은 한 독자분께서 남겨주신 "토막 상식이 아닌 우리말 전체에 대해 써주었으면 좋겠다."는 리뷰를 보고, 수천 년간 우리말의 역사적 변화와 다수가 잘못 알고 있는 여러 단어의 유래를 집대성해보았습니다. 일부 이야기는 세 번째 책 '언어·예술 편'과 중복되기도 하나 최대한 겹치지 않게 쓰려고 노력했고, 일부 상세 내용은 예전 책을 참고하시라고 부연설명했습니다. 🐻

저는 해당 분야의 전문가가 아닙니다. 그렇기 때문에 오랜 독서와 고민, 실제 사회생활에서 얻은 흥미 있는 지식의 융합 정보를 모아 더 과감히 비판하는 무모한 용기를 내지 않나 싶습니다.

제가 저자 소개에도 밝혔듯이 복잡하고 어려운 지식을 쉽게 전하는 빌 브라이슨과 같은 지식 큐레이터로서 우리 사회의 발전에 기여하고자 합니다.

이번 '우리말·우리글 편' 역시 세계로 그 위상을 뻗어가는 우리말과 한글에 대해 한층 더 큰 시각으로 바라보고 더 좋은 말글살이가 되는 교양서로서, 우리말이 더 올바르게 쓰일 수 있도록 널리 읽히고 우리가 지키고 아껴야 할 자랑스러운 우리말에 대한 애정이 더욱 넘쳐나는 데 기여할 수 있기를 기원합니다. 🐻

흔쾌히 책자 발간을 승인해주신 삼성서울병원 권오정 명예원장님과 박승우 원장님, 구홍회 전 커뮤니케이션실장님과 이상철 커뮤니케이션실장님 및 여러 보직자분들, 늘 격려해주시는 삼성글로벌리서치(옛 삼성경제연구소) '소정(素正)' 성인희 사장님, '고약해'라는 인물 에피소드를 알려주신 임영빈 삼성생명공익재단 대표이사님, 매번 인트라넷 칼럼에 댓글 남기고 응원해주신 삼성서울병원 케어기버 및 커뮤니케이션실 동료 여러분, 책자 발간을 처음 권해주신 삼성글로벌리서치 유석진 부사장님, 늘 든든한 인생의 멘토이신 에스원 서동면 부사장님, 실제 책자 제작의 첫 단추를 끼워주신 MUUI(무의 : 장애를 무의미하게) 홍윤희 이사장님, 여러 의견을 주셨으나 끝내 연을 맺지 못해 아쉬운 윤혜자 실장님, 저를 전폭적으로 믿고 책자 발간을 진행해주시는 트로이목마 출판사 관계자님, 책자 발간을 응원해주신 부산 남성초등학교 17기 동기 및 선후배님, 연세대학교 천문기상학과 선후배와 동기님들, 연세대학교 아마추어천문회(YAAA) 선후배 동기님, 성균관대학교 경영대학원 교수님들과 EMBA 94기 2조 원우님들, 삼성SDS 커뮤니케이션팀 OB, YB 여러분, 마피아(마케팅-PR 담당자 아침 모임) 회원님들, 매번 대량 구매해

지인에게 나눠주신다는 이인섭 유니버설뮤직코리아 부사장님, 우리나라 병원 홍보 발전을 위해 고생하시는 한국병원홍보협회 회원님들, 저에게 많은 인사이트를 주시는 강재형 미디어언어연구소장님, 일본 현지에서 많은 지식을 공유해주고 있는 우승민 작가님, 늘 콘텐츠 구성에 많은 의견을 제공해주는 오랜 벗, 연세대학교 지명국 교수, MBC 김승환 국장, 극지연구소 남극 장보고기지 대장 최태진 박사, 안혜준 회계사, 그 외에도 응원해주신 많은 친척, 지인분들께 거듭 감사드립니다.

시간을 비워준 아내와 아이들에게도 고마움을 전하며, 책자 발간을 기다리시다가 미처 보지 못하고 먼 여행을 떠나신 장인어른께 이 책을 바칩니다.

지금부터 독자 여러분과 함께 수많은 가리지날을 찾아보고자 합니다.

자~, 색다른 지식의 고리를 찾으러 같이 가보시죠!

"빈 페이지라 넣는 거 아니라능~"

차례

| 2부 | 개항부터 대한제국, 일제강점기의 우리말·우리글

| 3부 | 대한민국 각 시기별 우리말·우리글

|4부| 같이 고민해볼 지금의 우리말·우리글

아직 일본식 한자어와 서구 외래어가 등장하지 않았던 1876년 개항 이전 우리말에 대한 이야기입니다.

먼 옛날 만주와 한반도에 정착한 우리 조상님들이 쓰던 토박이말(순우리말)이 많았지만, 고유 글자가 없다 보니 표기를 위해 한자를 이용하게 되면서 점차 한자어로 대체되고, 권력자들은 한자를 아는 것에서부터 권력을 획득하다 보니 한글이 탄생한 이후에도 양반 계층의 홀대로 한자를 우대하는 시대를 살았습니다.

흔히 우리말은 고유어, 한자어, 외래어로 구성되어 있다고 하는데, 이 고유어란 단어조차 한자어이기에 '순우리말'이라고 더 많이 부르죠. 하지만 첫 글자 순(純) 자도 한자라는 한계가 있어서 최근에는 '토박이말'이라고 부르는 경우가 늘어나고 있어요. 아직까지 표준어로 자리잡지 못했지만, 일단 '토박이말'로 가급적 고쳐 씁니다.

비록 많은 자료가 남아 있지 않지만, 우리말 속 뜻이 바뀌거나 아예 명칭이 달라진 색다른 이야기를 알아봅시다.

1부

고대부터
조선 말기까지
역사 속
우리말·우리글

01
대중은 '개돼지'라고요?

안녕하세요, 독자 여러분.

대체 이걸 어떻게 쓴 건지 저도 가끔 놀라곤 하는 《알아두면 쓸데 있는 유쾌한 상식사전》 여섯 번째 이야기를 시작해볼까 합니다. 🐻 이번 편은 대한민국 국민 모두가 평생 사용하는 우리말, 우리글 속에 숨은 이야기들이에요.

그래서 어떤 이야기로 시작할까 고민하다가 '개돼지'라는 표현에 대한 진실을 알려드리는 것으로 출발하고자 합니다.

응? 우리말·우리글에 대한 첫 이야기를 왜 욕 설명으로 시작하냐고요? 🐻

어허~, 우리가 외국어를 배울 때에도 굳이 가르쳐주지 않은 욕이 머리에 쏙쏙 박히지 않던가요? 모름지기 욕설은 해당 언어권의 문화를 가늠할 수 있는 중요한 단서거든요. 우리말은 다른 언어에 비해 욕이 매우 다양하답니다. 뭐든지 1등을 추구하는 우리 민족 아닙니꽈? 암요. 🐻

자~, 그럼 우리말·우리글 이야기 출발~!

우리가 일상을 살다 보면 예상치 못한 불쾌감을 느끼게 되는 돌발 상황이 가끔 발생합니다. 그중 대표적인 경우가 바로 '대중은 개돼지'라는 높으신 나리들의 실언이지요. 열심히 살아가고 있는데 느닷없이 내 일생에 도움이라고는 준 적 없는 나리님이 우리를 개·돼지로 비하하면 그 누가 분개하지 않을까요? 🐷

2015년 개봉한 영화 '내부자들' 에서도 "어차피 대중들은 개돼

어째 내 귀가 자꾸 가렵다꿀꿀. 나도 그런데멍멍 (출처 _ pixabay)

지입니다."라는 대사가 등장했고, 그 직후 한 고위직 나리가 "민중은 개돼지"라고 비하해 사회적 물의를 일으킨 적이 있었고, 2021년 화제의 넷플릭스 드라마 'D.P'가 실은 'Dog, Pig'의 줄임말이었다는 체념 어린 농담까지 나왔지요. 🐻

다만 이 '개돼지'라는 단어는 근본 없는 유행어가 아니라 엄연히 국어사전에 등재되어 있는 표준어이긴 합니다.

그 뜻은 크게 두 가지인데요,

1) 개와 돼지를 아울러 이르는 말
2) 미련하고 못난 사람을 비유적으로 이르는 말

이렇게 나와 있습니다.

그런데 말입니다……, 개, 돼지를 하찮게 여기고 대중을 비하하는 표현으로 쓰는 것은 역사적 맥락에서 보면 완전 '가리지날'입니다. 원래 '개돼지'는 대중이 높으신 나리를 비난할 때 쓰던 욕이거든요. 🐷

원래는 고귀했던 개, 돼지님

지금으로부터 어언 2,000여 년 전만 해도 우리 민족에게 개, 돼지는 귀족 호칭으로 쓰이던 고귀한 존재들이었으니, 감히 백성 나부랭이 따위에 비견될 동물이 아니었습니다. 그게 무슨 멍멍이 소리냐고요? 워워~, 진정들 하시고 제 얘기를 들어보세요. 🐻

우리 겨레에게는 명절이면 친척이 다함께 즐기는 민속 보드게임이 하나 있어요.

네? 뭐라고요? 고스톱이요? 🐻

아니요. 정답은 윷놀이인데요. 🐻

윷놀이는 무려 2,000여 년 전 부여에서 5가지 가축 축산을 장려하기 위해 시작된 놀이라고 합니다. 이건 제 주장이 아니라 983년에 완성한 중국 송나라 태종 시절의 백과사전인 《태평어람(太平御覽)》에도 "부여에서 유래했다."고 적혀 있어요. 🐻

부여의 중심지이던 만주 길림성 일대는 평균 기온이 낮아 농사만 지어서는 식량이 부족해 목축 또한 아주 중요한 생존 수단이었거든요. 그래서 윷가락을 던져 나오는 수에 따라 '도개걸윷모'라고 지칭한 건데, 이는 부여인이 키운 5가지 중요한 가축, '도(돼지)', '개(개)', '걸(양)', '윷(소)', '모(말)'를 의미한답니다.

그래서 '돼지나 개나'라는 뜻을 가진 '도긴개긴'(도찐개찐은 잘못된 표현이에요.)은 '윷놀이에

설날 윷놀이 풍속화
(출처 _ 국립민속박물관 소장)

윷놀이의 유래를 기록한
《태평어람》
(출처 _ 역사문화라이브러리)

서 도를 던져 한 칸을 가나 개를 던져 두 칸을 가나 어차피 거기서 거기'라는 의미에서 유래한 것이죠. 🐻

이처럼 윷놀이의 원조인 부여는 5개 부족 연맹체로 구성되어 부족장의 칭호는 가축 이름을 따서 저가, 구가, 마가, 우가로 정했고, 부여 왕과 나머지 4부족의 통치자가 합의하는 정치구도였다고 하지요. 따라서 개나 돼지는 부여에서는 최고권력자들의 상징 아이콘인 귀한 동물이었던 겁니다. 🐻

다만, 여기서 유념해야 할 건 저가(猪加)에서 보듯, 부여에서 지칭한 돼지는 집돼지(돈, 豚)가 아니라 멧돼지(저, 猪)였고, 양은 염소(goat)예요. 근세에 중동, 유럽에서 양(sheep)이 전래되기 전에는 염소를 양이라 불렀거든요. 그래서 서구에서 들어온 양이 염소와 닮았기에 털을 얻기 위한 '면양(綿羊)'이라 불렀는데, 어느새 슬며시 양이란 이름을 꿰차고, 오리지날 양은 염소라고 바꿔 부르게 된 것이죠. 그리고 우리나라에서만 오리지날 양을 염소라고 부르고, 중국, 일본에서는 '산양(山羊)'이라고 불러요. 따라서 시중에 팔고 있는 산양우유는 실제로는 염소 젖이랍니다. 🐻

이처럼 돼지를 귀하게 여긴 생각은 계속 이어져, 삼국시대 각 왕조에서도 하늘에 제사를 지낼 때 제물로 돼지를 사용했어요. 증거가

있냐고요? 《삼국사기(三國史記)》 〈고구려본기〉 2대왕 유리왕 기록에 얼마나 돼지를 귀히 여겼는지 알려주는 일화가 실려 있습니다.

유리왕 : "여봐라, 하늘에 감사하다고 알리는 제천행사를 시작하라줄본~."

신하들 : "폐하, 큰일났습니다. 제물로 바칠 돼지가 도망을 쳤습니다."

유리왕 : "머라구려? 가장 빨리 달리는 탁리, 사비가 찾아오너라, 라잇 나우!"

탁리, 사비 : "헉헉, 이젠 더 이상 도망 못 가게 다리 힘줄을 잘라서 데려왔습니다. 잘했죠?"

유리왕 : "하늘에 바칠 돼지님을 감히 상처입히다니! 이 놈들을 구덩

이에 던지거라. 디스 이즈 스파르타~! 아, 아니 고구려~!"

실제 기록에 유리왕 재위 19년(BC 1년)에 하늘에 지내는 제사에 제물로 바칠 돼지가 도망가는 일이 발생합니다. 이에 왕의 명을 받은 탁리, 사비 두 신하는 돼지가 더 이상 도망가지 못하게 다리 힘줄을 자른 후 들고 오자, 유리왕이 "어찌 제천(祭天, 하늘에 지내는 제사)에 쓸 제물에 상처를 입힐 수 있단 말인가!"라고 노하여 두 신하를 구덩이에 던져 죽였다고 써 있어요. 하지만 3년 뒤 또 돼지가 도망갔는데 돼지치기가 5일이나 돼지를 쫓아갔더니 돼지가 도망간 땅이 너무 좋더라는 말을 듣고는 벌을 내리기는커녕 아예 수도를 옮기게 되니, 그곳이 고구려의 두 번째 수도, 국내성이 되지요. 죽은 탁리, 사비는 하늘에서 이 광경을 봤으면 억울했겠어요. 🐻

유대인 등 유목민들은 양을 희생 제물로 삼았기에 유럽어에는 '희생양'이라는 표현이 있지만, 이처럼 우리에게는 돼지야말로 하늘에 바치는 신성한 동물이었던 거죠. 또한 사신이 외국에 갈 때도 친선의 의미로 개를 선물했다는 기록도 남아 있어요. '아~, 그때도 진돗개가 유명했구나.' 하고 생각하시겠지만, 이때만 해도 진돗개는 없었어요. 진돗개는 고려시대 때 침략한 몽골군이 진도에서 항쟁하던 삼별초를 제압하기 위해 데려온 몽골 군견이 시초라고 하네요. 🐻

이후 조선시대가 되면서 중국 등쌀에 하늘에 제사를 지내지 못하게 되면서 돼지를 희생하던 제천 행사는 중단되지만, 돼지를 신성시한 전통은 민간에서 계속 이어집니다. 그래서 예전에는 가게를 열

때 정월 첫 돼지띠 날인 상해일(上亥日)을 개
업일로 잡았고, 지금도 돼지
꿈을 꾸면 행운이 찾아온다며
복권을 구입하거나 건축 공
사를 시작할 때, 심지어 우
주 로켓을 개발할 때도 돼
지머리를 차려 놓고 절을

돼지머리 고사상
(출처 _ pixabay)

하며 안녕을 기원하는 고사를 지내고 있는 것
이죠. 돼지를 하찮은 동물로 여겼다면 그런 의식이 이어져왔을까
요? 🐻

　민간에서는 이처럼 대우받던 개와 돼지가 공식적으로는 삼국시
대 말기 '12지 사상'을 받아들이면서 위상이 곤두박질치기 시작합니
다. 🐱

12지의 유래

우리가 흔히 '12지(十二支)'를 우리나라 고유 풍속 또는 동양사상이
라고 여기지만 이건 가리지날입니다.

　12지신 사상은 실은 메소포타미아 지역에서 유래한 12 동물형 수
호신이 시초이고, 인도를 거쳐 중국에는 6세기경 전래됩니다. 🐱

　도시 문명을 시작한 메소포타미아인들은 달이 12번 차고 기울면

1년이 된다는 사실을 깨달아 12를 신성한 숫자로 여기게 되고, 이후 황도 12궁 등 별자리를 만들게 되지요. 12를 신성시한 이들의 믿음은 지중해를 통해 유럽에 전래되니, 이후 그리스 올림포스산에는 제우스 등 12신이 살게 되고, 유럽어에서는 1에서 12 숫자까지 고유 명칭이 존재하며, 로마 공화정의 최초 성문법도 12항목으로 구성되었어요. 일상에서도 연필도 1타(다스)가 기본, 계란도 우리는 소포장이 10알인데 서양권에서는 12알 묶음이 기본이고, 영국, 미국의 재판 배심원은 12명으로 구성되지요.

이 지역에서 등장한 최초의 유일신 신앙, 조로아스터교가 페르시아 제국의 국교로 정해진 뒤 창조주 아후라 마즈다(Ahura Mazda)만 숭상하다가, 제국이 확장되는 과정에서 각 지역에서 숭배되던 신들이 반신반인(半神半人)의 모습을 한 12 하급신으로 포섭됩니다.

동물 머리를 가진 인간 형상을 한 신의 모습은 이집트 벽화에서도 자칼의 머리나 매의 머리를 가진 인간 형태로 묘사된 것으로 보아, 당시 중동과 이집트 지역에서는 신은 동물과 인간이 합쳐진 형상이라고 여긴 모양입니다. 🐻

그런데 왜 유일신 종교라는 조로아스터교에 부하신이 있냐고요? 사람들은 절대적 파워를 가진 근엄한 신을 숭배하면서도 본인과 가족, 도시를 지켜주는 친근한 신도 있기를 바라기 때문이에요. 그래서 중세 유럽 기독교 사회에서도 여러 성인을 마을 수호신 개념으로 받들었고, 불교에서도 여러 보살님들이 중생을 보살펴주시지요. 그래서 페르시아 제국 역시 조로아스터교를 강제하면서도 시간이 지

나며 자연스레 각 지역 토종 신들을 포섭하게 된 겁니다. 🐻

이에 따라 기독교《성경》에도 나오는 소의 형상을 한 바알(Baal)은 12지신 중 두 번째 소의 신이 되고, 유목민들이 지혜의 신으로 여긴 뱀은 6번째 자리를 차지하는 등, 쥐, 소, 호랑이, 토끼, 용, 뱀, 말, 양, 원숭이, 닭, 개, 멧돼지 순으로 12지신(十二支神)이 정해지지요. 다만 이 지역에서는 인간과 유사한 식습관을 가진 개와 돼지는 생존 경쟁 라이벌이었던 탓에 위상이 낮아 11위, 12위 말단에 위치하게 됩니다.

이후 페르시아가 그리스와의 전쟁에서 패배한 후 유럽 진출에 실패한 조로아스터교는 동쪽으로 눈을 돌려 인도로 진출하게 되는데, 아뿔싸! 모든 것을 아우르는 말랑말랑 슬라임 같은 불교에 그만 흡수되고 맙니다. 🐻

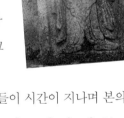

그래서 인도로 간 여러 페르시아 신들이 시간이 지나며 본의 아니게 변신하게 되는데, 아후라 마즈다는 얼굴 3개, 팔 6개 또는 8개를 가진 '아수라'로, 태양신 미트라(Mithra, 혹은 미쓰라)는 '미륵불'

로, 심지어 헤라클레스는 '금강역사'로서 부처님을 호위하게 되었고, 12지신 역시 인도 역법 계산에 응용되기에 이릅니다. 이후 불교가 중국, 한국, 일본 및 동남아 각지로 전파되면서 12지신도 같이 전파되는데, 시간이 지나며 현재 동남아 각국에서는 12동물 중 일부가 교체되어 있다고 하네요.

'아수라'라는 이름을 들으면 젊은층은 영화를 먼저 떠올리겠지만, 중·장년층은 어린 시절 즐겨 보던 '마징가Z', '그레이트 마징가'에 나오는 남녀 반반 섞인 악당, 아수라 백작이 먼저 떠오를 거예요. 원래 선한 영(靈)과 악한 영을 다 가진 두 얼굴의 신이었던 아후라 마즈다는, 이처럼 바다 건너 일본에 가서 헬 박사와 지옥대원수의 꼬봉 역을 맡아 고통을 당하고 계신 겁니다. 🐻

이후 우리나라 불교에서는 한발 더 나아가 도교의 산신령까지 포섭해 각 사찰마다 본전 뒤편에 산신각도 별도로 만들어 도교와의 대통합도 이루었지요.(아아~, 라이벌을 다 패밀리로 수용하신 대자대비하신 부처님.) 🐻

또한 12지신 중에 고양이가 없는 이유는 딱히 정설은 없으나, 고대 이집트에서 기원전 2000년경부터 들고양이를 길들여 애완동물로 키웠고, 다산과 치유, 삶의 쾌락을 관장하는 비스데드(Bastet) 여신의 화신으로 여겨 숭배했기에, 이집트와 늘 적대적 관계에 있던 메소포타미아 지역에서는 환영받지 못한 것이 아닌가 싶네요.

원래 북아프리카에서만 서식하던 고양이는 고대 이집트에서는 엄격한 수출 금지 품목이었지만, 상품 가치를 알아본 페니키아 상인이 몰래 빼돌려 판매하면서 전 세계로 확산되기 시작합니다. 이후 고양이는 인도를 거쳐 불교를 포교하러 떠난 승려들을 통해 중국, 한국, 일본 등 동아시아 지역까지 오게 됩니다. 그래서 동물학자들은 개는 애완동물이 된 기간이 1만여 년 이상 되었기에 세대를 거치며 인간에게 더 순종적인 반면, 고양이는 인간과 공존한 지 채 5,000년이 되지 않았기에 보다 독립적인 동물인 것 같다는 분석을 하기도 하지요.

이야기가 잠시 샜습니다. 🐻

이처럼 조로아스터교를 믿던 페르시아인들이 만든 12지신 개념과 오방색 사상은 인도로 건너와 불교에 흡수되었고, 이후 인도 스님들이 대거 중국에 오면서 이 역법이 전파되어 자연스레 기존의 중국 역법에서 쓰이던 '자축인묘진사오미신유술해(子丑寅卯辰巳午未申酉戌亥)' 등 12개 글자에 12지신을 대응하여 '최초, 씨앗'을 의미하던 첫 글자 '자(子)'와 12지신의 첫 동물인 쥐가 연결되는 '12간지'로 융합되지요.

신라와 인연이 깊은 페르시아

이후 신라가 중국과 본격적으로 교류하게 된 600년대 중반이 되면 원조 페르시아인들이 중국을 거쳐 신라까지 진출합니다. 이에 페르시아 문화를 일찍 접한 김유신 장군은 여동생 문희가 김춘추와 결혼하게 된 이유를 그럴싸하게 풀어냅니다. 즉, 큰 여동생 보희가 오줌을 싼 꿈 이야기를 했더니 동생 문희가 비단 치마를 주고 이 꿈을 산 뒤 결국 김춘추와 결혼해 왕자(훗날의 문무왕)를 낳았다는 이야기는 페르시아 제국 건국 신화를 응용한 것이었고, 김유신 장군묘 역시 한반도 최초로 12지신 박석으로 장식했는데, 이때 들어온 12지신과 오방색 사상이 결합해 지금도 '황금돼지띠' 등으로 부르는 겁니다.

너무 오버하는 거 아니냐고요? 🐻

무슨 말씀을요~. 11세기 이란의 대학자, 이란샤 이븐 압달 하이르(Iran-shah Ibn Abdal Khayr)가 정리한 《쿠쉬나메(Kushnameh)》 설화집 내용을 보면, 사산조 페르시아 제국의 아비틴 왕자와 부하들이 신라와 연합군을 결성해 중국 침략자들을 격퇴하고, 이 공로로 '프라랑' 신라 공주와 결혼한 뒤 배를 타고 이슬람 제국

우리나라 최초의 12지신을 장식한 경주 김유신 장군묘
(출처 _ 위키피디아)

으로 쳐들어가서 비록 아비틴은 전사하지만, 그의 아들 페레이둔이 폭정자 쿠쉬를 처단했다는 이야기가 적혀 있어요. 🐵

실제로도 651년 사산조페르시아 제국이 무너질 때 마지막 황제의 아들인 피루즈 왕자가 당나라로 망명해 중국 내 페르시아 유민들과 함께 복수를 꿈꿨지만, 이후 배신당해 도륙당했다고 알려지고 있는데, 아마도 이때 신라까지 피난 온 유민들 중 일부가 페르시아로 되돌아가서는 그들의 이룰 수 없는 희망을 이야기하지 않았나 싶습니다. 🐵

신라 역사에도 페르시아와의 깊은 인연이 여럿 남아 있는데, 경주 김유신 장군묘는 물론 신라 스님 혜초(彗超)는 인도에 이어 페르시아(파사국)까지 여행해《왕오천축국전(往五天竺國傳)》을 남겼고, 경주 원성왕릉(괘릉)에도 아랍풍의 무인 석상이 남아 있지요. 처용 탈 역시 중동인 모습이어서 신라와 페르시아 간 교류가 활발했음을 알 수 있어요.

이처럼 여러 증거가 있는데도 중국은 메소포타미아 원조설을 부정하며 12지 사상이 은나라 시대에 중국에서 싹텄으며, 춘추 시대에 이미 12종 동

혜초의 이동 경로, 서쪽 끝이 파사(페르시아) (출처 _ 《통일신라 혜초, 실크로드를 왕오천축국전에 담다》(아카넷주니어) 캡처)

물과 역법이 결합해 12간지 대응 관계가 성립되었다고 주장한다네요. 그렇게 오래되었다면 기원전 중국 문헌에도 12지가 나와야 하고, 우리나라에서도 김유신 장군묘보다 훨씬 이전부터 그런 유물이 나와야 하는데 말이죠. 또한 한자사전에서 자(子)의 여러 의미 중 '쥐'라는 의미는 왜 없는 걸까요? 🐻

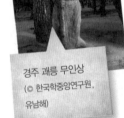

경주 괘릉 무인상
(© 한국학중앙연구원,
유남해)

12지신이 6세기에 중국에 전파된 데에는 배경이 있어요. 당시 중국의 수, 당 제국 황제들은 중국인이 아닌 북방 선비족 출신이라 외래 문화를 적극 수용했거든요. 이에 로마 제국에서 이단으로 몰려 동쪽으로 진출한 네스토리우스파 기독교(동방 기독교, 경교(景敎)), 조로아스터교(배화교), 마니교 등 3이교(三異敎) 종교인들이 블루오션 시장인 중국에 몰려옵니다. 비록 불교의 인기에는 못 미쳤지만, 이들 이교들은 삼국시대 말기 한반도까지 진출했다네요. 🐻

그러나 페르시아계 소그드(Sogd)인이던 안록산의 난(AD 755~763)으로 큰 홍역을 치른 뒤, 이민족과 외래 종교를 극도로 혐오한 당나라 무종(武宗)이 845년 '삼무일종 법난'이라 부르는 종교 탄압을 시행해 종교인들을 대학살하면서 불교 외에는 완전히 맥이 끊기고 말지요. 해상왕

장보고(張保皐)가 중국 산둥성 웨이하이(威海)에 세웠다는 적산법화원(赤山法華院) 사찰도 이때 파괴되고 신라방들도 와해됩니다. 🐻

이후 이 흑역사를 꽁꽁 숨겼으니 중국인들은 원래부터 12지가 자기네 고유 사상인 줄 아는 것이고, 이 같은 유래를 더더욱 모르는 서구에서는 중국을 통해 12지를 접하다 보니 'Chinese Zodiac'이라고 부르고, 동양 문화권 전체가 사용하는 음력 설날도 그저 'Chinese New Year'라고 부르고 있는 겁니다. 🐻

개님, 돼지님의 위상 변화

원래 중국에서도 돼지를 우대하던 풍속이 있었다고 합니다. '집 가(家)'라는 글자가 지붕 아래에 돼지를 의미하는 글자인 시(豕)가 포함되어 있어 '돼지를 키우는 우리'라는 의미에서 출발했다고 하며, 당초 이 시(豕)란 글자가 생(生), 산(産)과 어원이 같다고 하니 돼지를 무에서 유를 창출하는 귀한 생명체로 간주했다고 합니다. 이처럼 돼지는 중국에서도 우대받았는데, 이후 12지 동물 중 꼴찌로 위상이 추락했다네요. 🐻

그래서 명나라 때 완성된 소설 《삼국지연의(三國志演義)》에서 조조가 유표의 아들들을 "개, 돼지 같다."고 비하했다고 나오고, 청나라 황제 옹정제는 자신에게 반항한 두 동생을 각각 만주어로 '아키나(개)', '사스헤(돼지)'로 강제 개명시키기까지 했다는군요. 🐻

또한 12지신이 탄생한 메소포타미아 지역도 이슬람 문명권으로 바뀌면서 개, 돼지는 더 이미지가 추락해, 불결하고 부정한 동물로 여겨 키우지도 먹지도 않지요. 이는 종교적 이유라기보다는 생활환경적 측면에서 기인한 것으로 보이는데, 원래 돼지가 자기 보금자리에서는 대소변을 보지 않는 청결한 동물이라고 합니다. 하지만 날씨가 더워지면 정신줄을 놓고 아무데서나 똥을 싸는데다, 사람과 먹는 것이 비슷해 안 그래도 먹을 것이 부족한 이 지역에서 돼지 사육은 인간에게 해로웠기 때문이었겠지요.

유럽도 개, 돼지에 대한 대접이 시원찮았습니다. 사자와 호랑이 같은 대형 육식동물이 없어 오랫동안 늑대가 가장 공포스러웠기에 늑대와 유사한 개에 대해서도 그다지 좋은 감정이 없어, 영어로 'Son of bitch(암캐 자식)', 독일어로 'Schweinehund(돼지나 지키는 개)' 등 개를 빗댄 욕이 많다고 합니다.

돼지 역시 서구인의 인식이 좋지 않았는데, 영국의 철학자 존 스튜어트 밀(John Stuart Mill)이 1861년 《공리주의론(Utilitarianism)》에 쓴 유명한 말이 바로 "배부른 돼지보다 배고픈 소크라테스가 낫다."이니, 가장 멍청한 존재가 돼지라고 여긴 거지요. 제 개인적 생각으로는 배부른 소크라테스가 제일 낫습니다만……. 🐻

실제로 소크라테스는 펠로폰네소스전쟁에서 스파르타에 패할 당시 정권을 잡고 있던 아테네 정치가와 군인들의 스승이어서 잘 먹고 잘살다가, 패전 이후 정권을 잡은 반대파에 의해 탄핵되어 사형 선고를 받은 거거든요. 사형 이유 중 하나로 지목된 '청소년을 타락시킨 죄'가 왜 죽을 죄인지 예전에는 몰랐는데, 그의 제자들이 커서 펠로폰네소스전쟁에서 대형 사고를 친 거죠. 🐻

하지만 중국이건 중동이건 유럽에서 개, 돼지의 위상이 낮아져도 여전히 우리 민족에게는 개님과 돼지님은 상서로운 동물이었다는 증거가 경복궁에 남아 있답니다. 🐷

조선을 건국한 이성계가 경복궁을 만들 당시 궁궐의 핵심 건물, 정전(正殿)인 근정전은 2층 월대(月臺, 돌 기단) 위에 만들었지만, 임진왜란 당시 궁궐이 전소된 후 건축비 부담으로 재건하지 못해 270년간 폐허로 남겨두었지요.

그러다가 흥선대원군이 집권한 뒤 경복궁을 재건하기로 하고 1865년부터 3년간 대공사를 진행하면서 임진왜란 이후에도 남아 있던 월대 난간에 새로이 청룡, 백호, 주작, 현무 등 사신상과 12지신상 등 호석(護石, 호위하는 석상)을 배치해 근정전을 호위하게 합니다. 당시 병인양요가 일어나는 등 시절이 어수선하자 미신을 신봉하던 대원군이 공사 막바지에 뒤늦게 호석을 세우라고 명했다는데, 어찌된 일인지 12지신 중 용과 호랑이, 개, 돼지를 세우지 않았답니다.

용과 호랑이 형상을 만들지 않은 것은 사신상(청룡, 백호, 주작, 현무)과 중복되기에 뺀 것이 이해가 되지만, 12지신 중 마지막 두 동물인 개와 돼지 상을 만들지 않은 연유는 그 어떤 문헌에도 나오지 않아 여러 추측이 난무한 상황입니다. 현재 민속학자들의 추론 중 대세는, 12지신마다 역할이 있는데 개는 문을 지키는 수호신이라서 광

화문 앞을 지키러 나갔고, 돼지는 물을 관리하는 수호신이기에 경복궁 안을 흐르던 금천(禁川)을 지키느라 근정전을 지키는 수호상에 같이 있지 못한 것이라 합니다.

하지만 또다른 주장 중에는 젊은 시절 숱한 고생을 한 흥선대원군이 저잣거리 백성들이 탐관오리들을 가리켜 '개, 돼지 같은 놈'이라고 욕하던 정서를 익히 알고 있던지라 신성한 궁궐에 탐관오리의 아이콘이 된 개와 돼지 상을 넣지 않았다는 의견도 있어요. 즉, 과거 부여 시절 고위 벼슬아치의 상징이던 개, 돼지가 중국 문화가 수입되며 점차 이미지가 나빠지긴 했지만, 조선 말기까지는 못된 관리를 욕하는 표현이었지 백성에 대한 욕은 아니었던 겁니다. 🐷

이 시대에 개, 돼지에 대한 보편적 정서를 알려주는 증거는 또 하나 있습니다.

1905년 을사늑약이 체결된 후 장지연(張志淵) 선생은 '시일야방성대곡(是日也放聲大哭)'이라는 명 사설을 통해, "저 개, 돼지만도 못한 외무대신 박제순과 각 대신들……"이라고 일갈하신 바 있는 거지요.

사설 '시일야방성대곡'. 첫 단락 왼쪽 윗부분에 돈견(豚犬) 보임. (출처 _ 위키피디아)

접두어 '개'는 dog가 아니다

제가 이런 설명을 하면 일부에서는 '빛 좋은 개살구' 등 속담을 거론하며 이미 조상님들이 부정적 의미의 접두어로 '개'를 쓰셨다고 반박하지만, '개살구' 등에 들어가는 접두어 '개'는 dog가 아니랍니다. 🐻《표준국어사전》을 보면 '개'에 대해 무려 10가지 다른 의미를 설명하고 있는데, 접두어 '개'는 크게 세 가지 의미로 쓰인다고 나와요.

> 1) 개살구, 개떡 등 음식류에 쓰이는 '개' → '야생의, 덜 익은, 흡사하지만 다른'이라는 의미
> 2) 개고생, 개소리 등에 쓰인 '개' → '헛된, 쓸데없는'이라는 의미
> 3) 개새끼 등에 쓰인 '개' → '정도가 심한'이라는 의미

이처럼 접두어 '개'는 원래 dog와는 상관없는 의미였지만, 근래에 이르러 dog가 '개'라 불리면서 동일한 발음 탓에 그런 오해를 받는 겁니다. 과거에는 dog를 '가히, 가이' 등으로 불렀어요. 그래서 개의 새끼는 '가(히)+의+아지(아기를 의미하는 옛말)'가 합쳐져 강아지라고 부르지요. 소의 새끼는 '소+의+아지 = 송아지', 말의 새끼는 '말+의+아지 = 망아지'이듯이요.

돼지와 고양이의 원래 의미

그런데 강아지, 망아지와 달리 돼지나 고양이는 왜 해당 동물의 새끼를 지칭하는 별도 단어가 없을까요? 일부에서는 고양이를 애완동물로 키운 역사가 짧아서 우리말에 새끼 호칭이 없다고 하지만 그건 가리지날~. 이것도 사연이 있어요. 🐻

돼지는 원래 '새끼 돼지'라는 의미였어요. 🐷 앞서 윷놀이 소개할 때 '도=돼지'라고 했는데, 예전에는 '도, 토, 톤, 톱' 등으로 불렸다네요. 그 흔적은 '도토리'에 남아 있어요. 원래 도토리는 '도톤밤'이라는 단어가 변한 것인데, 그 뜻은 '돼지의 밤'이란 의미였어요. 실제로 도토리를 가장 즐겨 먹는 동물은 멧돼지래요. 다람쥐도 도토리를 먹지만, 그건 정말 먹을 것이 부족한 가을에 먹는 비상식량일 뿐이라네요. 🐗

그래서 도의 새끼를 '도+의+아지=도야지'라고 불렀는데, 이게 축약되면서 '도야지 → 돼지'가 되었고 이제는 어른 '도'마저도 '돼지'라고 불리는 거예요. 🐷

마찬가지로 고양이도 원래는 새끼 고양이를 의미하는 단어였어요. 즉, 원래는 '괴' 또는 '괭이'라 불렀고, '괴'의 새끼는 '괴+의+아지=괴양이'였다가 발음이 편하게 '고양이'라 변형되었는데, 이제는 어른 '괴'마저 몽땅 '고양이'라 부르게 된 거예요. 이 같은 고양이의 본디 말인 '괴'는 '개발새발'의 원형인 '괴발개발' 중 '괴발'로 흔적이 남아 있는데, 오랫동안 '괴발개발'만 표준어로 인정받다가 최근 '개

발새발'도 복수 표준어가 되었어요. 🐻

또한 식물에서도 비슷한 단어 조합 중 유명한 단어가 '싸가지'예요. 사전을 찾아보면 '버릇없다'는 뜻의 전라도 사투리라고 나오지만, 원래는 '싹＋의＋아지 ＝ 싸가지'이니 '아주 작은 새싹'이라는 의미지요. 그러니 '싸가지가 없다'는 표현은 '작은 새싹으로도 못 자라날 정도로 처음부터 잘못되었다', 즉 '싹수가 노랗다'는 뜻입니다. 따라서 '싸가지 없는'이라고 해야 맞는 표현인데, 요즘에는 '～없다'는 빼고 '이런 싸가지……'라고 말하더라고요. 원 뜻을 알고 보면 '새싹아～' 하는 셈이니 잘못된 표현이긴 한데, 이미 국어사전에도 저렇게 적힐 정도로 의미가 변한 거지요. 🐻

'망신'의 유래

그러니, 망언을 해 쪽팔림을 당할 때 쓰이는 '개망신'이라는 단어의 접두어 '개' 역시 원래는 '정도가 심한'이라는 의미이나 다들 그저 dog의 개라 여기는 거예요. 개가 이 사실을 알면 얼마나 억울하겠어요. 🐻

그런데 망신이란 단어가 어디서 유래한 줄 아세요? 토박이말(순우리말) 같지만 망신(忘身)은 무려 공자님이 쓰신 단어로, 중국 고서 《공자가어(孔子家語)》에 나오는 '사가망처(徙家忘妻) 이야기'에서 유래한 거예요.

그 글의 내용은 참으로 심오합니다.

공자가 살던 노(魯)나라를 다스리던 임금, 애공(哀公)이 어느 날 공자에게 물었다지요?

애공 : "공 선생, 요즘엔 이사하면서(徙家) 아내를 잊어버리고(忘妻) 가는 경우가 있다는데 놀랄 노릇 아니오?"

공자 : "어허, 별말씀을요. 이사를 가면서 부인을 잊은 것은 차라리 낫습니다. 때로는 자기 자신을 잊는(忘身) 사람도 있다는군요."

당시에도 출세하면 조강지처를 버리고 새 살림을 차리는 높은 나리들이 많았던 모양이에요. 🐻

그런데, 공자님은 이에 현명한 답을 하시니 여기서 나온 단어가 바로 '망신'입니다. 자신의 정신줄을 놓고 사는 것이 바로 망신인 것이죠. 역시 성현은 생각이 남다르시지 않나요?

공자님 시대부터 어언 2,500여 년이 지난 이 시대에는 이렇게 답을 할 것 같은데 말이죠.

"무슨 말씀을요~. 요즘은 이사를 가면서 남편을 잊고 간다고 합니다. 그러니 마느님(마누라+하느님)이 애써 뿌리치더라도 꼭 치맛자락을 붙잡고 가야 합니다." 라고요. 🐻

'개판 5분 전'의 유래

그 외에도 '정신이 하나도 없고 주위가 엉망진창인 상황'을 의미하는 '개판 5분 전'이라는 관용어구에서도, 개판은 dog plate가 아니라 씨름에서 동시에 같이 넘어져 다시 하게 된 경기, 즉 '고칠, 다시 개(改), '널, 경기 판(版)'이라는 의미예요. 🐷 이때, 경기를 다시 시작하기 전 서로 자기가 이겼다며 옥신각신 싸우게 되는 상황을 '개판 5분 전'이라고 했다네요. 그런데 이 같은 유래를 심지어 방송에서도 잘못 말하고 있죠.

6.25전쟁 당시 국가에서 피난촌에 배식차를 보내어 밥을 배급해 주었는데, 당시 배식용 밥이 다 지어지면 배급 담당자가 "개판 5분 전~"이라고 외쳐 사람들을 오게 했고, 그러면 피난민들이 구름같이 몰려들었는데, 제대로 줄을 서는 게 아니라 힘센 이가 다른 이들을 밀치며 앞으로 오려고 해 매일 같이 아수라장이 펼쳐졌다는 데에서 유래했다고 말이죠. 이 같은 거짓 정보가 난무하는 이유는 다들 '개'를 한글로만 쓰면서 벌어진 해프닝인 것이죠. 🐻

울지 않아, 민초

지금껏 개, 돼지가 함부로 불릴 동물이 아니라는 이야기를 각종 역사적 사실과 함께 아주 길게 설명했는데요, 그럼 예전에는 대체 백성은 무엇에 빗대어 썼냐고요? 백성은 그저 '민초(民草)'에 빗대었습니다.

네? 민초가 민트초코를 말하는 거냐고요? 🐻 아~, 민트초코를 사랑하는 사람들의 모임, 민초단 멤버시군요. 실은 저도 민트초코 좋아해요. 엇, 원래 이 글 주제가 개, 돼지 이야기인데, 딴 데로 샐 뻔했습니다. 🐻

앞서 여러 번 말씀드린 것처럼 조선 말기까지도 개, 돼지는 부패한 벼슬아치들의 아이콘이었지 일반 백성은 동물은 고사하고 그저 풀(草) 수준이었던 겁니다. 이 같은 슬픈 사실은 21세기를 살아가는 지금도 변함없는 팩트입니다. 🐷

에이, 그건 아닌 것 같다고요? 예를 들어볼까요?

군대에서 군견(軍犬)은 부사관(하사관) 계급입니다. 사병이 감히 군견을 잘못 건드리면 영창(군대감옥)에 가지 않습니까? 사병 나부랭이 따위는 개보다 아래인 것이죠. 🐻

쓰다 보니 더 우울해지네요. 이제 이 글을 마무리지어야겠습니다.

결론적으로 우리나라에서는 개, 돼지는 높으신 분을 향해 백성들이 욕할 때 쓰던 표현이었으니, 이런 진실을 모르고 개, 돼지를 입에 달고 사는 나리를 보시거든 그저 "저 인간이 본인이 개, 돼지인 줄 모르고 저리 셀프 욕을 찰지게 하는구나." 하고 우리가 너그러이 이해해줍시다요. (아아~, 웃고 있지만 눈물이……. 🐷)

어떤가요? 이젠 함부로 상대에게 개, 돼지라고 못하겠지요?

02
감자가 고구마로 불리게 된 까닭은?

동물 얘기로 시작했으니 이어서 식물 이야기도 해볼까 합니다.

이야기를 시작하기 전에, 먼저 퀴즈를 하나 낼게요. 국사 시험에 자주 나온 문제인데요.

'조선 후기 전래되어 구황작물로 키워진 식물'은 무엇일까요? 너무 쉽다고요? 네, 맞습니다. 정답은 감자와 고구마이지요.

그런데 말입니다……, 지금 우리가 아는 감자와 고구마 둘 다 가리지날 이름입니다. 원래는 고구마가 감자로 불렸지만, 뒤늦게 등장한 지금의 감자에게 그 이름을 빼앗기고 말았답니다. 🐻

그 사연이 궁금하시죠? 나만 궁금한가……. 🐻

일단 고구마가 우리나라에 들어오게 된 이야기부터 풀어야겠네요.

"신상 디저트, 고구마를 진상하라!"

때는 영조 임금이 다스린 지 39년 되던 1763년, 일본 에도 막부에 10대 쇼군, 도쿠가와 이에하루(德川家治)가 취임한 것을 축하하고자 통신사를 파견한 것에서 고구마 이야기는 시작됩니다. 조선통신사는 임진왜란 이후 관계 개선을 바란 일본 도쿠가와 막부의 요청에 따라 새 쇼군이 취임하면 보내던 사절단인데, 두 나라 모두 이걸 정치적으로 아주 요긴하게 써먹어요. 🐻

조선 정부는 "우리가 대국으로서 저 동쪽 섬나라 오랑캐들의 새 수장 취임을 축하하면서 조선의 높은 문화를 전파하러 간다. 어떠냐? 국뽕이 차오르지?"라며 왕실의 위엄을 한껏 자랑했고, 일본 막부 역시 "새 쇼군을 축하하기 위해 바다 건너 조선에서 조공을 바치러 왔다. 어때 일뽕이 차오르지?"라고 선전합니다. 그 이면에는 각 지방 영주, 다이묘(大名)들이 조선 사절단에게 최고의 숙식을 제공하고 극진히 모시도록 명령함으로써 지방 세력의 경제력을 고갈시켜 감히 에도 막부에게 기어오르지

알고 보면 사연이 참 많은 감자와 고구마
(출처 _ pixabay)

못하게 하는 현실적 이익도 가져왔지요. 인터넷도 없던 시절이라 두 나라 백성들은 그걸 굳게 믿었다지요. 🐻

그런데 여기서 또 하나의 문제는 일본과 독점 무역을 하면서 새 교역지를 찾던 네덜란드 상인들에게도 거짓말을 했다는 겁니다.

일본 에도 막부 : 오란다(화란) 상인들, 너네 신년 계획이 뭔가니뽄?

네덜란드 상인 : 바다 건너 조선이란 나라와도 무역을 할까 논의중암 스테르담.

일본 에도 막부 : 조선에서 새 쇼군에게 조공 바치러 온다는 소식 못 들었나도쿠가와? 조선은 우리 니뽄노 속국 나와바리데스. 우리가 알 아서 대행한다구라.

네덜란드 상인 : 그럼 너네가 우리 물건 조선에도 좀 팔아주라로테 르담.

그래서 네덜란드는 조선과의 교역을 시도하지 않습니다. 뭐 물론 조선이 이를 허락할 리 없었지만요. 예나 지금이나 일본은 신의라고 는 찾아볼 수 없네요. 🐻

어쨌거나 이런 사정을 알 리 없는 조선은 이때 문익공 조엄(文翼 公 趙曮)을 정사(正使)로 한 11번째 조선통신사를 파견합니다. 472 명의 대규모 사절단이 첫 여정으로 대마도에 도착한 뒤 무사히 도착 했다는 전갈을 한양으로 보내는데, 그 편지에 쓰인 문구 하나가 영 조의 눈길을 끈 것이 고구마를 들여오는 시발점이 되지요. 그 문구가 뭔고 하니 "지난번 통신사로 왔을 때는 보지 못한 작물을 길거리에서 구워서 팔고 있는데 참 맛있습니다."였습니다. 🐻

그렇습니다. 15년 전인 1748년, 일본 에도 막부 9대 쇼군 도쿠가와 이에시에(德川家重) 취임 축하에 이어 다시 통신사 수행요원으로 파견된 역관들이 지난번에는 보지 못한 군고구마 가게를 본 것이죠. 이 구절을 읽은 영조가 영을 내렸다고 합니다. "구워 먹으니 맛있다고 하는 그 신상 작물을 너네만 먹을 거니? 그럴 거니? 나도 좀 먹어보자." 🐻

하지만 고구마가 쉽게 상하는 작물인지라 그냥 보냈다가는 상할 것이 뻔해 고구마 씨앗을 먼저 부산포로 보냈으나 재배에 실패했다네요. 그래서 임무를 마치고 복귀하던 여정에 대마도에서 다시금 고구마 종자를 가져와 부산포 절영도(지금의 부산광역시 영도)에 심은 뒤 첫 수확을 하자마자 천리 길을 달려 영조 임금에게 진상하게 됩니다. 첫 보고 후 1년 이상 걸린 외국 간식 진상 프로젝트였네요. 🐻

당시 조엄은 영조에게 일본에서 직수입한 간식을 바치면서 "이 작물의 본디 이름은 '감저(甘藷)'이온데, 일본인들은 달리 '고귀위마(古貴爲麻, コキイマ)'라고도 발음합니다."라고 보고합니다.

그걸 제가 어찌 아냐고요? 조엄 대감이 통신사로 다녀온 뒤 쓴 기행문 《해사일기(海槎日記)》에 소상히 기록되어 있고, 강원도 원주 조엄 선생 묘소 옆에 기념관도 있어요.

당시 통신사 일행 중 여럿이 기행문을 남겼는데 조엄 대감이 출발에 앞서 일행들에게 "일본에 가서 경거망동하지 말고 조신하고

위엄 있게 행동하라."고 당부하고 한문과 한글로 쓴 공지문을 수행원들에게 나눠주었다는 내용도 나옵니다. 이는 그전 통신사 일행들이 일본 현지에서 각종 사건사고로 원성을 많이 들었기에 당부한 것이라는데, 일본 측 기록에도 일부 못난 이들의 추태가 남아 있답니다. 예나 지금이나 고위공무원들이 해외 나가서 사고를 많이 쳤네요. 이오! 🏺

조엄의 《해사일기》
(© 한국학중앙연구원)

참고로, 당시 왕복 1년이 걸리고, 태풍이나 역병으로 죽을 확률도 높아 통신사로 가기를 꺼리는 분위기 속에서도 자청해서 다녀온 이들도 많았다고 합니다. 조선은 과거 삼국시대나 고려와 달리 공적 업무가 아니면 해외에 나갈 기회가 원천 봉쇄된 은둔의 나라였으니까요. 🐻

이때 다녀온 사신단 중 서기(書記), 즉 기록담당자로 파견된 원중거(元重擧)라는 분은 《화국지(和國志)》를 통해 "일왕은 허울뿐이고 무사들이 권력을 쥐고 있어 뜻있는 인사들의 불만이 많다. 언젠가 미래에는 일왕을 다시 중심에 세우려는 시도가 분명히 있을 터인데 이럴 경

조선통신사의 방문 경로,
1년이 걸리는 대장정이었음.
(출처 _ 우리역사넷)

우 다시금 조선에 피해가 올 것이다."라고 경계하기도 합니다. 그외 다른 사신단들도 허수아비 천황을 모시는 교토 귀족과 실제 권력을 장악한 에도 막부 간의 갈등 양상을 보았기에 유사한 글들을 남겼다고 하네요.

결국 조엄 대감이 이끈 11대 조선통신사가 일본 에도 막부를 방문한 마지막 통신사가 되고 마는데, 당시 사신단들의 예측대로 105년 뒤 메이지유신을 통해 천황이 다시금 권력을 잡게 되고 뒤이어 실권을 빼앗긴 사무라이들의 관심을 돌리기 위해 한반도를 발판으로 아시아 대륙 침략을 시작하니, 결국 이 불길한 예측은 실현되고 말았지요. 🐻

그런데, 조엄 대감이 고구마를 들여오면서 많은 백성들이 굶주림에서 해방되었기에 그 업적은 고려 말에 목화씨를 들여와 의복 생활에 크게 기여하신 문익점 선생님에 견줄 만한데 그다지 알려지지는 않았지요. 그 이유는 다양하겠지만, 문익점은 이성계의 형님과 사돈이셨고 유학자 목은 이색과 서당 동기생이라 조선 초 관료들에게도 직속 선배였으니 조선 초부터 높이 추존되었던 반면, 조엄 대감은 증손녀가 신정왕후(神貞王后)가 되면서 안동 김씨와 함께 조선의 몰락을 가속화한 풍양(豐壤) 조(趙)씨 가문에 속해 있던 인물이라 후대의 평가가 박해진 것으로 보입니다. 흔히 조대비라 불린 신정왕후는 흥선대원군 이하응의 둘째 아들을 본인의 양자로 삼아 고종으로 즉위시킨 장본인이기도 하지요. 아~, 참고로 저는 이 집안과 무관

합니다. 한글로만 같지 한자도 달라요. 🐻

어쨌거나 이건 뒷날 벌어진 일이고, 당시 사람들은 고구마를 '감저'라고 부르거나 '조엄 대감이 가져왔다'고 '조저(趙藷)'라고 주로 불렀다네요. 그러던 것이 '감저'보다 발음하기 쉬운 '감자'로 변하게 됩니다.

감자의 원래 의미는 Sweet Potato

그런데 이 감저라는 한자 단어의 뜻을 풀어보면 '달다'는 의미의 감(甘)에 '땅속식물' 저(藷)가 복합된 글자라는 걸 알 수 있어요. 이는 마치 영어에서도 감자는 potato, 고구마는 sweet potato라고 하여 '달달한 감자'라 부른 것과 동일한데, 이는 두 작물의 전파 경로에서 기인한 겁니다. 🐨

즉, 유럽인들이 아메리카대륙을 침략하면서 황금이 많은 남아메리카를 먼저 공략해 안데스산맥 일대 인디오들의 주식이던 감자가 먼저 유럽에 소개되었고, 이후 북상하던 스페인 사람들이 멕시코 등 열대 지방에서 자라던 고구마를 발견해 뒤이어 전파하면서 감자와 유사하면서 단맛이 나는 고구마는 별도의 이름을 갖지 못한 것이죠. 이게 다시금 중국에 전래되면서 처음에 감자에 대응하는 글자로 '저(藷)'가 만들어지고 뒤이어 고구마도 서구와 마찬가지로 별도 이름을 가지지 못한 채 '단맛이 나는 저'라는 의미로 감(甘)이란 글자가 앞에 덧붙여진 겁니다.

중국은 예전부터 외부로부터 새로운 문물이 도입되면 새로운 글자를 창조해내거나 음을 빌려 새로운 표기를 만들어냈지요. 예를 들면 귤(橘), 포도(葡萄)는 해당 작물마다 새로 만들어진 글자랍니다. 해당 한자를 읽을 때도 '귤 귤', '포도 포', '포도 도'예요. 🐻

그런데 중국에 잇달아 감자와 고구마가 전래되었다는데, 왜 감자는 중국에서 온 반면, 고구마는 일본에서 들어온 걸까요? 그건 고구마라는 작물이 원래 덥고 습한 기후에서 잘 자라는 열대 식물이라 중국에서는 양자강 이남에서만 주로 재배했기에 만주를 거쳐 조선까지 육로로 전파되기 어려웠던 반면, 중국 강남 지역을 거쳐 류큐 왕국(지금의 오키나와)으로 전래되었는데, 그만…… 류큐 왕국이 일본 큐슈의 한 지방인 사쓰마번에 무력 점령당하면서 1705년 고구마가 일본으로 전파되어 널리 퍼지던 중, 조선통신사들의 눈에 띄어 1763년 조선 땅으로 전래된 것이죠. 🐻

불온한 지하경제의 대표 주자, 감자

그런데 당초 '감저'라 불리던 고구마는 어째서 조엄 대감이 대마도 사투리라고 설명한 '고귀위마'에서 발음이 변한 '고구마'라고 고쳐 부르게 되었을까요?

이는 처음 만주에서 들어올 때는 북저라 불리던 감자가 조선 정부로서는 불온한 반체제 작물이었기에, 심었다가 걸릴 경우 고구마(당시엔 감자)라고 둘러대야만 했던 것이 원인이라는 주장이 있습니다. 🐻

응? 그게 무슨 소리냐고요? 🦉 이런 주장을 이해하기 위해서는 먼저, 감자의 전래 과정부터 알아야 합니다.

남미를 정복하기 시작한 스페인인들이 16세기 중반 감자를 유럽에 소개했지만, 200여 년간 인기가 없었다고 합니다.

일단 땅속에서 자라는 식물이었기에 거부감이 심했고, 별다른 맛도 나지 않는데다가 농민들이 감자 싹을 먹었다가 죽는 경우가 발생하면서 악마의 작물이라고 오해한 것이죠. 하지만 영국의 식민지로 땅 위의 모든 작물을 수탈당하던 아일랜드 사람들만이 감자로 연명하다가, 이후 살 길을 찾아 아메리카대륙으로 많이 건너갔고 그 후손 중 케네디 가문 등이 대성공을 하게 되지요.

그러던 중 18세기 중반부터 흉년이 계속되자 자연과학에 관심을 가진 프랑스의 루이 16세(Louis XVI)는 구황작물로서의 감자의 유용함을 깨닫고 농민들에게 감자를 심으라고 적극 장려하기 위해 본인 옷 단추에 감자꽃을 장식으로 달고, 왕비 마리 앙트와네트(Marie-Antoinette)는 모자 장식으로 감자꽃을 달아 감자 재배가 활성화되었다고 하네요.

최근 프랑스에서는 루이 16세에 대한 재평가가 이루어지면서 그

의 장점들도 다시 알려지고 있다고 합니다. 이후 프랑스에서 감자를 이용한 다양한 요리법이 개발되던 중 1840년대 파리에서 막대기 모양의 감자 튀김이 유행하면서 전 세계로 퍼져 '프렌치 프라이(French Fries)'라고 부르고 있는 것이죠. 그런데, 이에 대해 벨기에 측에서는 그게 원래 벨기에 남부 프랑스어권 지역에서 처음 만들어진 것이라며 '유럽의 중국' 프랑스와 원조 논쟁 중이라고 합니다. 🐻

중국에는 감자가 옥수수, 고구마와 함께 명나라 시절인 16세기 중엽에 네덜란드에서 전해졌는데, 춥고 메마른 땅에서 잘 자라나는 특성이 있다 보니 쓰촨성(四川省) 등 내륙 고원지대에서 많이 재배되었답니다. 처음에는 쌀, 밀, 보리 등 지상작물에 비해 세금으로 덜 뜯겼지만, 나중에 지방 관료들이 감자 세금도 쌀로 뺏아가면서 농민들이 쌀농사를 기껏 짓고는 쌀은 다 빼앗기고 감자만 먹을 수밖에 없는 상황으로까지 몰렸다고 합니다. 그래서 감자 재배가 확산되지 못하다가 청나라 시절 인구가 급증하면서 구황식물로서 만주까지 진출하게 되고, 이후 누군가가

함경도로 몰래 들여온 후 춥고 척박한 함경도 땅에서도 쑥쑥 잘 자랐기에 급속도로 확산되었다고 하지요. 🐻

하지만 고구마는 영조 39년에 디저트 진상차 수입된 기록이 있지만, 감자는 어떻게 처음 이 땅에 들어왔는지 몰라요.

당시 조선은 국가에서 승인받지 못한 외래 작물은 재배를 금지했는데, 감자는 몰래 들여온 작물이었기에 처벌이 두려워 기록을 남기지 않은 것이죠. 게다가 지하작물이어서 생산량을 파악해 세금을 매기기 곤란한데다가 일부 농민들은 감자만 심고 지상작물을 재배하지 않아 세금이 제대로 걷히지 않자 급기야 재배 금지 및 처벌까지 진행되었던 것이죠. 🐱

조선은 행정 통치 면에서는 중앙집권 관료제 정착과 효율적인 지방 통치로 모든 백성을 통제하는 데 성공했지만, 경제 면에서는 농업만 우대한 매우 비효율적인 국가였습니다. 시장이 활성화되면 땀흘려 일하지 않는 일부 상인이 부당한 부를 축적할 수 있다며 국가에 상납하는 종로 상권을 제외하고는 상설 시장을 불허함에 따라, 삼국시대부터 이어지던 지방 상설 시장은 모두 사라지고 5일장으로 버티던 상황이었지요. 또한 광업 분야 역시 고려시대까지 활발하던 금·은광 채굴도 왕족용 사치품을 제외하고는 금지시켰습니다. 그러다 보니 19세기 세도정치로 재정이 쪼들리던 조정으로서는 농작물 세금 징수에 더 매달릴 수밖에 없었고, 밀수 작물인 감자는 세금을 매기기가 아주 곤란한, 말 그대로 지하경제 작물로 찍힐 수밖에 없었던 것이죠. 🐻

그래서 공식 기록상으로는 순조 23년(1823년) 함경북도 무산 부사로 부임한 이형재(李亨在)의 기록이 최초인데, 감자가 좋은 식량이 된다는 얘기를 듣고 농민들에게 씨감자를 달라고 했으나 당시 농민들은 이전 지방관이 재배를 금지했던 터라 처벌을 두려워하여 숨기려고만 해서 결국 소금을 주고 씨감자를 받아 주변 고을에 전파했다고 합니다. 그러니 그 이전에 이미 들어와 있던 거지요.

또한 순조 32년(1832년) 영국 상선을 타고 온 독일 선교사 귀츨라프(Gützlaff)가 충남 태안반도 근처 고대도(古大島)에 상륙해 감자순을 심은 뒤 떠났지만 이양선이 왔다는 소식에 달려온 수군 군관 김현수가 밀수 작물을 재배하는 것은 법률 위반이라며 모조리 파헤치고 상부에 보고한 기록이 남아 있다고 하며, 한양에서 재배한 기록은 1833년이 최초라고 합니다.

이처럼 우리나라에 감자가 처음 들어올 당시에는 중국에서와 마찬가지로 '저'라 불렸는데, 점차 남하하다가 당시 감저라 불린 고구마를 심던 지역까지 내려오게 되자 두 작물을 구분하기 위해 '북쪽에서 온 감자'란 의미인 '북저(北藷)'라고들 불렸다고 합니다.

하지만 작물 특성상 어디든지 척박한 땅에서 더 잘 자라난 감자는 점차 남쪽으로 내려와 제주도까지 전파되면서 고구마보다 더 많이 확산됩니다. 우리가 보기에는 비슷해 보여도 감자는 줄기식물이라 수시로 잘라 먹고 다시 심으면 되지만, 고구마는 뿌리식물이라 재배에 오래 걸려 구황작물로는 감자가 더 유용하거든요. 🐻

제가 이 얘기를 하면, "무 역시 땅속 뿌리만 먹는 식물인데, 왜 그건 세금 문제가 없었나?"라고 반문하는 경우도 있던데……. 에잉~, 뭘 모르시는 말씀. 외국에서는 그걸 버리지만 우리는 무의 윗부분, 무청도 잘라서 시래깃국으로 만들어 먹어요. 우리가 지금 보는 덩치 큰 무는 1950년대 우장춘 박사님이 개량한 품종이고, 옛 재래무는 조그만했기에 무청이 더 요긴했어요. 우리가 누굽니까? 배달의 민족이자 먹는 것에는 늘 진심인 민족 아닙니까? 🐻

19세기 소작농은 수확물의 절반 이상을 이런저런 명목으로 지주와 관청에 뜯겼습니다. 게다가 호남은 농기구 대여료까지 내야 해서 타 지방보다 고통이 더 심했다고 합니다. 판소리가 활성화되고 엄청난 반찬 수를 자랑하는 음식 문화를 가진 남도 문화에 대해 지금이야 풍류가 있다고 칭찬하지만, 이런 호사가 호남에서 가능했던 건 지주들이 경제적으로 더 심한 착취를 했기 때문이라는 것을 간과하고 있는 것이죠. 🐻

당시 일본 농민들이 영주에게 70%까지 뜯기던 것에 비하면 그나마 나았다지만, 오죽했으면 당시 조선에서 가장 부유한 동네라고 소문났던 전북 고창에서 동학농민운동의 첫 봉기가 시작되었을까요?

그래서 당시 농민들은 자구책으로 감자(당시에는 북저)를 몰래 심었다가 들킬 경우, 고구마(당시에는 감저)라고 둘러댈 수밖에 없었던 겁니다. 당시 고구마는 영조 임금부터 즐겨 드신 디저트 작물이기에 재배가 용인되었으니까요. 🐻

나리 : "어이. 잠시 나 좀 봄세. 이 귀퉁이 땅에 심은 게 뭔가?"

농민 : "감저(고구마)입니다요. 조엄 대감이 진상하신 그 작물입죠. 맛만 좀 보려고요."

나리 : "응? 수상한데? 이거 정말 만주에서 밀수해온 북저(감자)와는 상관없지?"

농민 : "아이쿠. 큰일날 일입죠. 진짜 정말 리얼리 쩐더 혼또니 북저 아닙니다요."

나리 : "그래, 열심히 하자."

이처럼 북저를 감저라고 둘러대다 보니 결국 수량에서 밀린 오리지널 감저는 대마도 사투리 '고귀위마'로 바꿔 부르기 시작했고, 그후 1824년 나온 《물명고(物名考)》라는 책에서 이미 '고금아'로 바꿔 표기되더니 이제는 고구마로 부르는 거예요. 그런 사정이 있었기에 뒤늦게 감자를 접하게 된 남부 지방 일부와 제주도에서는 여전히 고구마를 감자라 부르고 있는 것이죠. 🐻

그런데, 당초 대마도 사투리라고 보고한 '고귀위마'는 이후 그 어원을 찾아보니, 폴리네시아인들이 '쿠우말라(kuumala)'라고 부르는 걸 한자로 표기한 것이고, 더 거슬러 어원을 찾아보니 원산지인 남아메리카 인디오들이 부른 '쿠마라(kumara)'가 원형이라는 것을 알게 되었지요.

즉, 그놈의 세금 문제로 인해 감저(이후 감자로 변형)라는 중국식 단어 대신 고귀위마(이후 고구마)라는 일본식 단어로 고쳐 불렀는데, 알고 보니 우리가 더 원산지 오리지널에 가까운 발음으로 부르고 있는 겁니다. 아이고~ 복잡해라! 🐻

다만 현재 일본에서는 고구마를 '사쓰마(薩摩)'번에서 가져온 식물이라는 뜻에서 '사쓰마이모(サツマイモ)'라고 부른다고 합니다. 앞에서 얘기한 것처럼, 큐슈의 최남단 지역을 다스리다가 류큐 왕국을 정복한 사쓰마번이 고구마를 일본 전역으로 전파했기 때문입니다.

참고로 일본에도 '고구마'라고 발음하는 단어가 있는데요, 일본에 가서 '고구마'라고 말하면, 대부분 '작은곰(小雄, Koguma, こぐま)'을 떠올린다고 해요. 게다가 일본에서 세계기상기구(WMO)에 제출한 태풍 이름이기도 하지요.

추가로, 감자탕이란 이름의 유래에 대해 일부에서 '돼지 등뼈 척

수 이름이 감자였기에 감자탕이 되었다'는 주장이 있고 미디어에서도 진실인 것 마냥 전하고 있는데, 이건 완벽히 잘못된 정보입니다. 돼지 조직 중 어디에도 감자라는 부위는 없다네요. 🐻

그리고 언제부터 지금과 비슷한 스타일의 감자탕을 먹게 되었는지에 대해서도 의견이 분분하지만, 대체로 지금으로부터 약 100여년 전 개화기 당시, 경인선 철도 공사 때 많은 인부들이 공사에 동원되면서 인천으로 몰렸는데, 그 많은 인부들을 먹이기 위해 값싼 재료를 이용한 음식을 만들려다 보니 돼지 등뼈와 감자, 우거지 등을 넣어 끓인 국이 지금의 감자탕이 되었다는 설이 가장 유력하게 인정받고 있습니다. 그런데 어감상 돼지뼛국이라고 부르기가 뭣하다 보니, 당시 양을 늘리기 위해 한 알씩 넣던 감자를 탕 이름으로 사용했던 것을 이제 와서 엉뚱한 해석을 하고 있다고 보여집니다.

우리가 늘 먹고 있는 감자와 고구마에도 참 많은 사연들이 숨어 있지요? 🐻

03
알고 보면 흥미진진한 토끼와 거북이 이야기

진지하게 감자와 고구마 이야기를 했는데 물속 생명체 이야기도 해 볼까 합니다. 🐻

바다의 환경 오염이 심각한 문제가 되고 있는데요, 미세플라스틱이 깊은 바닷속 생선에서도 발견되고 어류에서 수은 함유량이 높아지는 데 이어, 일본의 후쿠시마 방사능 오염수 방류까지 큰 문제로 대두되고 있습니다. 전 세계적 문제이기는 하지만 우리가 바다 오염을 더 걱정하는 이유는, 유달리 바닷속 생물로 참 다양한 요리를 해먹는 민족이라서 그렇기도 합니다. 🐻

서양에서는 일부 흰살 생선만 굽거나 쪄서 먹고, 중국인들도 일부 생선만 찌거나 튀겨 먹는 반면, 우리는 각종 생선을 회로 먹고, 쪄서 먹고, 구워 먹고, 튀겨 먹고, 찌개에 넣어 먹고, 심지어 아주 작은 잡어들도 버리지 않고 한데 넣어 매운탕으로 아주 알차게 잘 먹어요. 그뿐 아니라 김, 미역, 다시마 등등 해초류도 다양하게 먹고, 젓갈 요리도 지역별로 아주 다양하지요. 🐻

이름이 50개나 있는 명태

그중 특히 우리나라 인근에서 많이 잡혀 우리나라 대표 어류로 손꼽히는 명태(明太)의 다양한 명칭은, 우리 민족이 얼마나 음식에 진심이었는지 잘 보여주고 있어요. 🐻

신선한 명태는 '생태', 어린 건 '노가리', 말린 건 '북어', 반쯤 말린 '코다리', 얼린 '동태', 얼렸다가 녹이며 말린 '황태', 건조하다가 까매진 '먹태', 하얗게 마른 '백태', 크기가 작은 '왜태', 알이 가득찬 '난태', 그물로 잡은 '망태', 낚시로 잡은 '낚시태', 늦봄에 잡은 '막물태' 등 명태를 지칭하는 용어는 약 50여 가지나 된다고 하네요.

이처럼 유독 한국인에게 사랑받는 명태는 제삿상에 빠지지 않는 어류이기도 하고, 알은 명란, 창자로는 창란젓갈을 만들어 먹는 등, 36가지 요리를 만들 수 있다고 합니다. 🐻

실제로 주변 국가들을 보면 중국의 《본초강목(本草綱目)》 등 백과사전에는 명태가 아예 없고, 한류성 물고기가 잘 없던 일본에서도 거의 먹지 않던 물고기여서 우리 명칭을 빌려 가서 '명태', 명란젓은 '명태자(明太子)'라고 표기하지요.

		생태	막 잡아 올리거나 얼리지 않은 것
	생물	선태	갓 잡힌 것
		난태	알이 가득찬 것
		동태	얼린 것(凍太)
		간태	소금에 절인 것
		코다리	반건조 상태로 코를 꿴 것
		북어	말린 것
		건태	마른 것
가공상태	냉동, 건조	짝태	배를 갈라서 소금에 절여 넓적하게 말린 것
		황태	겨울철 찬바람에 얼고 녹기를 반복해 마른 것
		찐태	황태를 말릴 때 날씨가 따뜻해 물러진 것
		깡태	수분이 빠져 딱딱하게 마른 것
		무두태	머리를 잘라내고 몸통만 말린 것
		노랑태	노란색이 나는 것 (=황태)
	색깔	백태	갑자기 너무 추워져 하얗게 마른 것
		먹태	갑자기 따뜻해져 검게 마른 것 (=흑태)
	기타	파태	흠집이 생기거나 일부가 잘려나간 것
		골태	잘못 말려 속이 붉고 딱딱해진 것
		노가리	어린 명태를 바짝 말린 것
성장 정도		왜태	성체지만 크기가 작은 명태
		아기태	어린 명태
		그물태	유자망 그물로 잡은 것 (=망태)
잡는 방법		낚시태	낚시로 잡은 것
		조태	주낙으로 잡은 것
		진태	동해안에서 잡은 것
		강태	강원도에서 잡은 것
잡은 지역		간태	강원도 간성 앞바다에서 잡은 것
		원양태	원양어선이 큰 바다에서 그물로 잡은 것
		지방태	근해에서 잡은 것
		춘태	3-4월 봄에 잡은 것
		동태	겨울에 잡은 것 (冬太)
잡은 시기		사태	음력 4월에 잡은 것
		오태	5월에 잡은 것
		추태	가을에 잡은 것
		막물태	끝물에 잡은 것
기타		꺽태	산란 직후 뼈만 남은 것
		금태	명태가 귀해 금처럼 비싸다는 의미

서양에서는 알래스카에서 많이 잡혀 알래스카 볼락(Alaska Pollock)이라 불리지만 백인들은 먹지 않았다고 하네요. 그러다가 그들이 즐겨 먹던 대서양 대구가 너무 남획되어 씨가 마르는 바람에 최근에는 피시 앤 칩스, 피시버거 등에 명태가 사용되고 있어요. 우리나라 역시 각종 게맛 맛살의 주 원료가 실은 명태예요. 🐻

그런데 명태란 이름의 유래에 대해서는 가장 많이 알려지기로는 과거 함경도 감사가 함경도 북쪽 끝마을 명천(明川)에 갔다가 태씨 성을 가진 어부가 잡은 물고기를 먹고는 "이 물고기의 이름이 뭐냐?"고 물었는데, 아무도 그 물고기의 이름을 모른다고 하자, "명천에 사는 태씨 성의 어부가 바친 물고기이니 '명태'라고 하라."고 했다고 합니다. 이유원(李裕元)의 《임하필기(林下筆記)》 등에 실려 있어서 이것을 정설로 아는데, 실은 가리지날입니다. 🐻

당초 이름 없는 물고기가 아니었고, 조선 초 성종, 중종 시절 《동국여지승람(東國輿地勝覽)》에 이미 함경도 경성과 명천 지역 특산물 '무태어(無太魚)'라고 써 있다고 합니다. 즉, 전통적으로 우리나라에서는 생선 이름에 상어, 민어 등 '어', 갈치, 꽁치 등 '치', 낭태, 명태 등 '태' 자 돌림자를 썼기에, 처음에는 명태를 무태라고 불렀는데 나중에 이 물고기의 간에서 기름을 짜 등불 기름으로 사용할 수 있게 되면서 '밤을 밝혀주는 물고기', 즉, '명태(明太)'라고 부르게 되었다고 하네요.

이와 비슷하게 한자에서 유래한 물속 생명체가 바로 불가사리예요. 조상님들이 다리 중 하나가 잘려도 재생되고 죽지 않아 '죽일 수 없는 존재', '불가살이(不可殺伊)'라고 표현한 데서 유래한 것이죠.
영어로는 'star fish', 중국에서는 '해성(海星)'이란 예쁜 이름으로 불리는데 말이죠. 게다가 문어, 오징어 등과 비슷한 계열로 보이지만 유전적으로는 불가사리가 인간과 훨씬 가까운 존재랍니다. 🐻

다만, 이와 반대로 한자어인 줄 잘못 알고 있는 것이 바로 대게예요. 흔히 '영덕 대게'로 널리 알려져 있는데 다들 덩치가 큰 게라서 '큰 대(大) + 게'로 부른다고 알고 있는데 그건 가리지날이에요. 실제로는 게다리가 몸통보다 몇 배나 길쭉해 대나무 같다고 하여 '대(나무) + 게'라고 부르는 거랍니다.

저도 예전에는 요즘 한창 수입되는 킹크랩(King Crab)을 보면서 "대게라는 우리말이 있는데 굳이 영어로 쓰나?"라고 못마땅해했는데, 알고 보니 킹크랩은 대게와는 모양도 완전히 다른 종류였던 겁니다. 🐻

껍질이 매끈하고 10개의 다리가 길쭉한 대게(출처 _ pixabay)`

껍질이 울퉁불퉁하고 다리가 8개처럼 보이는 킹크랩 (출처 _ pixabay)

그런데 일부 온라인상에서 대게는 다리가 10개이지만 킹크랩은 8개라고 소개하는 경우도 있는데, 다리가 8개만 있는 게는 없어요.

그렇다면 그건 게가 아니지요. 킹크랩은 작은 다리 2개가 복부에 살며시 포개져 있답니다. 🐻

참고로, 밤하늘 별자리 중 게자리가 있는데, 이 별자리의 국제 표기가 'CANCER'에요. '으잉? Cancer는 영어로 암(癌)이란 뜻인데?'라고 생각하실텐데, 원래 로마 제국의 언어인 라틴어로 게가 Cancer였는데 이후 중세 유럽인들이 암환자의 딱딱해진 암 발병 부위를 만지면서 '마치 게껍질 같다'고 여겨 이후 이 단어가 '암'으로 의미가 변한 겁니다.

우리 민족이 유독 알뜰살뜰 해산물 요리를 해먹게 된 것은 사실 늘 먹을 것이 부족했던 시절의 유물이기도 합니다. 오죽했으면 조상님들조차 먹기를 꺼려하던 아귀마저 1960년대에 드디어 경남 마산(지금은 창원시와 통합)에서 아귀찜이란 새 요리로 탄생하니, 6.25전쟁 때 등장한 부대찌개보다도 역사가 짧아요. 🐻

조상님들이 생각한 바닷속 세상

이처럼 바다에 애정이 많던 조상님들은 바닷속에도 육지 세계와 마찬가지로 궁전이 있고, 바다를 다스리는 임금님은 용이라고 상상했는데, 이건 전 세계 어디서나 공통이었나 봅니다. 안데르센의 비극적인 동화이지만 디즈니 애니메이션으로 인해 해피 엔딩이라고 오해하는 '인어공주'가 살던 바다는, 다름 아닌 중동과 러시아 사이의 거대한 호수바다인 카스피해였는데, 전 세계 곳곳에는 이 같은 바닷속 전설이 이어지고 있습니다.

그런데 바닷속에 용왕이 살고 있다는 믿음은 사실 어느 정도 현실에 기반한 것이었습니다. 🐻

엥? 무슨 소리냐고요? 현대 과학문명 속에 사는 우리는, 용이 상상 속의 동물임을 잘 알고 있지만 옛날에는 바다에서 하늘로 솟구쳐 올라가는 용오름 현상을 보면서 바닷속 이무기가 용이 되어 하늘로 올라가는 장면이라 믿어 의심치 않았던 것이죠. 자연과학 지식이 부족했던 시절이니 거대한 물기둥이 회전하며 하늘까지 솟구쳐 구름에 닿는 현상을 그런 설명 말고는 이해하지 못하는 것이 당연했을 겁니다. 🐻

용이 승천하는 것으로 여겼던 용오름 현상 (출처 _ pixabay)

그래서 민담에서 용궁과 용왕 이야기가 심심치 않게 등장하고 판소리 중 '수궁가'에도 바닷속 임금님은 용이라고 나오지요. 이 '수궁가' 판소리의 원형은 남해 용왕에게 토끼의 간을 약으로 바치려다 실패한 '별주부전'인데, 이미 《삼국사기》에 등장할 정도로 역사와 전통을 자랑합니다. 🐻

즉, 삼국시대 막바지, 백제의 공격으로 대야성이 함락되면서 딸과 사위를 잃은 김춘추가 복수를 하고자 고구려에 원군을 요청하러 갔다가 "죽령 이북 고구려 옛 땅을 내놓으라."고 윽박지른 연개소문에 의해 감금되고 말지요. 이에 탈출을 궁리하던 김춘추가 고구려 귀족 선도해에게 뇌물을 바치자 그가 도망갈 수 있도록 힌트로 알려준 것이 바로 이 '구토지설(龜兎之說)' 이야기니까요.

'별주부전'의 오리지날을 찾아서

하지만 우리가 전통 설화라고 알고 있는 이 토끼와 거북이 이야기는 실은 가리지날입니다. 🐻

오리지날 이야기는 부처님이 현생에 태어나기 전 수많은 전생(前生)에 행한 547개 이야기를 모은 《본생경(本生經), Jataka》에 나오는 설화입니다. 여기에서는 용왕의 왕비가 병에 걸렸는데 물고기 의사가 "원숭이 심장을 먹어야 산다."고 처방을 해 거북이가 겨우 원숭이를 속여서 데려오지만 원숭이가 꾀를 내어 도망간다는 내용이에요.

하지만 우리나라에 건너온 스님들이 이 이야기를 하려다 보니 한반도에는 원숭이가 없어 《본생경》의 또다른 설화에 등장하는 의로운 토끼를 대타로 기용한 모양입니다. 🐻

《본생경》 속 토끼 이야기는 이렇습니다.

원숭이, 수달, 여우, 토끼가 어울려 살던 산에 한 나이 많은 수도승이
나타나 배가 고프니 먹을 것을 나눠 달라고 청했다고 합니다. 그러자
수달은 주인 없는 물고기를 가져오고, 여우는 고깃덩어리와 우유를
가져오고, 원숭이는 나무 열매를 모아 왔는데, 토끼는 다른 동물을 희
생할 수 없다고 생각해 원숭이와 여우에게 마른 풀을 구해 달라고 부
탁하고는 불을 붙인 뒤, 그 불에 스스로 뛰어들어 자신의 몸을 공양하
고자 했는데, 불 속에서 털 끝 하나 다치
지 않았다고 합니다. 그제야 노승이 모
습을 바꾸니 그는 바로 불법을 수호하
고 아수라의 군대를 정벌하는 하늘의
임금, 제석천(帝釋天)이었던
겁니다. 🐻 이에 제석천은 토
끼의 소신공양(燒身供養)에 감
복하여 이 의로운 행위를 달에
그려서 후손들에게 귀감을 보
여주고 있다는 내용입니다. 🐻

인도 첸나이주립박물관에 소장되
어 있는 토끼의 분신공양 부조
(출처 _ 인도 첸나이주립박물관)

그런데 아무리 스스로 희생을 했다고한들 지금까지도 달에 토끼의 희생을 오롯이 새겨 보여주는 건 좀 심하다는 생각이 든다고요? 워워~ 무슨 그런 말씀을……. 그 토끼가 어떤 토끼냐? 날이면 날마다 만나는 일반 토끼가 아니었던 것이었던 것입니다. 스스로 불에 뛰어든 그 토끼는 그후 수많은 덕을 쌓아 드디어 고타마 싯다르타 왕자, 즉 부처님 본인으로 태어났다고 설법하셨다고《본생경》은 전하고 있습니다. 그렇습니다. 그 토끼가 바로 부처님 전생의 모습이었던 겁니다. 이제 왜 토끼가 달에 있는지 아시겠지요? 우리는 밤마다 부처님의 전생 이야기 한자락을 보는 겁니다. 🐨

이처럼 인도의 수많은 도덕적 이야기를 모아 부처님의 과거 공덕으로 표현한《본생경》은 고대 그리스 이솝 우화, 중세 아라비안 나이트(천일야화) 이야기의 모델이 되었다고 하네요. 하지만《본생경》자체가 우리나라에서는 별로 알려지지 않아 그저 달에서 토끼가 떡방아를 찧으며 살고 있다고 여긴 반면, 당시 인도 불자들은 달의 어두운 부분은 토끼가 희생하려 뛰어든 장작이 불타면서 나온 주변의 연기와 그을음까지 달의 표면에 그림으로 남긴 것이라고 이해한 것이 다르긴 합니다.

이후 이 이야기가 더 변형되어 용왕의 아내 대신 딸이 환자이고, 심장 대신 간이 특효약이라고 바꾼 버전이 고려 시절《삼국사기》에 실렸고, 이후 시간이 또 흘러 조선시대에는 용왕 본인이 환자가 된 이야기를 각색한 판소리가 영조 시절에 등장해 여러 소리꾼에 의해 전승되어오다가 19세기 말, 전북 고창 지방 부호이던 신재효(申在孝)

선생에 의해 '수궁가'로 개작됩니다. 그가 정리한 판소리를 합친 여섯 마당이 현재까지도 '춘향가', '심청가', '홍보가', '수궁가', '적벽가', '변강쇠가'로 이어져오고 있는 것이죠. 그는 말년에 이르러 소리꾼 교육에도 힘을 쏟아 최초의 여류 명창인 진채선을 교육시키기까지 했다는군요. 🐼

그런데 전래동화 책에서 토끼의 간을 구하러 간 동물이 거북이라고 써서 이솝 우화 속 토끼와 거북이 달리기 시합 이야기와 헷갈려 하는 경우가 많은데, 판소리 '수궁가' 속 주인공은 거북이가 아니라 '자라'입니다. 《삼국사기》 이야기까지는 분명 거북이가 맞는데, 그새 자라로 배역을 바꾼 모양입니다. 🐻

즉, 판소리를 기초로 한 '별주부전(鼈主簿傳)'이라는 이름에서 '별(鼈)'이라는 한자가 자라를 의미하니, 주인공이 자라라고 명확히 알려주고 있어요. 가끔 '별주부' 전체가 자라의 다른 이름이라고 소개하는 경우도 보이는데, 주부(主簿)는 벼슬 이름이라는 걸 몰라서 그래요. 그러니 풀어서 쓰면 '별주부전'은 '자라 나리 이야기'인 겁니다. 이번 책에는 유달리 '나리'가 자주 나오네요. '나으리'는 표준어가 아니예요. 🐻

그런데 우리에게 주부라는 관직명이 낯선 이유는, 이 벼슬은 조선시대에는 사라진 고구려, 신라, 고려시대 6~8품 하급관리 관직명이어서 그래요. 그러니 아주 유서 깊은 이야기라는 걸 알 수 있지요.

그리고, 보통 자라를 작은 거북이라고 생각하지만, 실제 자라는

목이 긴 자라, 거북이와는 다르다 거북이와는~ (출처 _ pixabay)

거북이와 달리 주로 민물에서 살아서 목도 제법 길고 등껍질이 말랑말랑하고 엄청 빠르게 움직여요. 또한 무는 힘도 엄청나게 세기 때문에 큰 자라를 잘못 건드리면 손가락이 잘릴 수도 있다네요. 🐻 그런데도 목 짧고 등껍질 있는 파충류는 죄다 거북이라고 부르는 겁니다. 그러니 민물에 사는 자라를 깊은 바닷속 궁전에 산다고 한 건 따지고 보면 고증 오류이긴 해요. 🐻

한편, 판소리 '수궁가'에서 새 주인공 자라는 낮은 관직인 주부 벼슬로 나오는 반면, 원래 주인공이지만 엑스트라로 밀려난 거북이는 가장 높은 승상 벼슬을 가진 것으로 나온답니다.

'수궁가'의 가사를 차용한 국악밴드 이날치의 '어류도감' 가사를 한번 보시죠.

승상 거북 승지는 도미 판서 민어 주서 오징어

한림 박대 대사성 도루묵 방첨사 조개 해운공 방개

병사 청어 군수 해구 현감 홍어 조부장 조기

부별 낙지 장대 승대 청다리 가오리 좌우 나졸 금군 모조리

상어 솔치 눈치 준치 멸치 삼치 가재 개구리까지

영을 듣고 어전에 입시허여 대왕에게 절을 꾸벅~ 꾸벅~

이처럼 거북이는 가장 높은 지위인 정1품 승상이라고 나와요. 이
는 예로부터 거북은 무병장수의 아이콘, 십장생(十長生) 중 유일한
수중 생명체였기 때문이지요.

십장생? 그게 뭔지 잘 모르신다
고요? 🐻

십장생(十長生)은 열 가지 오래
사는 생명체를 의미해요. 즉 해,
달, 산, 내, 대나무, 소나무, 거북,
두루미, 사슴, 불로초인데, 원래 도교에서 유
래한 불로장생(不老長生)의 아이콘들이죠.

십장생도 (© 한국중앙학연구원)

"어째서 해와 달이 생명체냐?"고 반문하겠지만, 실제 과학적으로도
태양과 달을 포함한 태양계는 50여 억 년 전에 탄생했으며 앞으로
50억 년 뒤면 태양이 거대하게 팽창해 행성들을 삼킨 뒤 백색 왜성
으로 줄어들면서 생을 마감할 예정입니다. 그리고 보면 옛 성현들이
해와 달도 생애가 있을 것이라 여긴 것을 보니 그분들이야말로 천문
학에 깊은 조예를 가진 것이 틀림없어요. 🐻

이처럼 십장생 중 유일하게 수중생물인 거북이는 바닷속 용궁에
서도 높은 지위를 가졌을 거라고 상상했는데, 수궁가에서는 토끼 간
을 구하러 가는 것을 망설인 반면, 작은 덩치로 인해 하급 벼슬인 주

부 직책을 가진 자라가 스스로 손을 들고 나서서 성실히 임무를 수행한 것이죠.

또한 눈여겨볼 것이,《승정원일기(承政院日記)》등 문서를 기록하는 정7품 벼슬인 주서(注書)는 오징어라고 상정한 것인데, 조상들은 먹물을 내뿜는 오징어와 문어를 특히 우대했다고 합니다. 그래서 문어는 글쓰는 물고기, 文魚라 칭한 반면, 갯벌에서 잡히는 낙지는 영 대우가 신통찮았어요. 옛 기록에 낙지를 다양하게 표기했는데, 그 중에서는 '落地', 즉 '땅에 떨어진 생명체'라고 적은 경우도 있으니까요. 🐻 또 우리가 식당 메뉴에서 자주 보는 세발낙지는 한자와 토박이말의 결합 형태예요. 즉 '가늘 세(細)＋발＋낙지(落地)', '가느다란 발을 가진 낙지'라는 의미이지, 발이 세 개란 뜻이 아니예요.

또한 주꾸미나 꼴뚜기도 영 대우가 시원찮았으니……, 예로부터 키는 크고 볼 일이었네요. 쩝, 숯다리는 웁니다. 🐻

자자, 눈물을 쓰윽~ 닦고 이야기를 계속해봅시다.

지금 시대에는 이 옛 이야기에서 "간을 육지에 두고 왔다."고 임기응변하여 목숨을 구한 토끼의 지혜에 포커스를 맞추고 있지만, 원래 주제는 제목이 '별주부전'이듯이 자라의 무한한 충성심이었다네요. 🐻

'수궁가'를 들어보면 자라가 얼마나 고생을 했는지 잘 나와 있어요. 심해에서 헤엄쳐 나와 턱으로 모래를 밀고 겨우겨우 육지에 올라온 자라는 너무 지친 나머지 턱이 제대로 움직이지 않아 발음이 새는 바람에 "토선생"을 불러야 하는데 그만 "호선생"이라고 잘못 발음하죠. 이때 평생 처음 선생 소리를 듣고 신이 난 호랑이가 산에서 내려오자 겁을 먹고 도망치다 잡히게 되자 이판사만 호랑이와 싸우게 됩니다. 그리하야……, 호랑이의 '가운데 뒷다리'를 물어 이기게 됩니다. 이건 제 뇌피셜이 아니라 판소리 대목에 그리 나와요. 오오~ 호랑이도 물리친 자라의 위엄. 🐻

이처럼 우여곡절 끝에 자라가 드디어 토끼를 만나 온갖 감언이설로 속여 용궁까지 무사히 데려옵니다. 토끼가 어떻게 바닷속에서 숨을 쉬었냐고요? 묻지 마세요. 나도 몰라요. 자라도 원래는 바닷속으로는 못 가요. 🐻

그러나 기껏 잡아온 토끼가 여간 꾀가 좋은 게 아니어서 "간을 두고 왔다."고 거짓말을 해 용왕이 그 말을 믿고 다시 육지로 보내어 가져오게 하라고 명하자, 자라는 울면서 "원래 토끼란 놈은 간사하다."며 "지금 당장 배를 갈라 간이 안 나오면 본인과 삼족을 멸하시라."며 극구 말리지요. 하지만 어쩔 수 없이 용왕의 명을 수행해 고생만 죽도록 하게 됩니다. 그리고 그런 불쌍한 자라를 실컷 놀린 토끼는 그만 독수리에 낚아채이고 말지만, 또다시 기지를 발휘해 탈출하면서 판소리 '수궁가'는 끝이 나지요.

별주부전 이야기를 자세히 들여다보면 용왕의 명을 끝까지 수행한 자라를 주인공으로 내세워 충성심을 칭송하는 것처럼 보이지만, 그 뒷면으로는 멍청한 리더와 벼슬값을 못 하는 고위직 나리들의 위선을 풍자했기에 민간에서 인기를 끌지 않았을까 싶네요. 🐻

참치 꽁치 이날치

이처럼 우리 조상님은 물고기 이름도 다양하게 짓고 바닷속 세계를 아주 재미나게 상상했는데요. 각박한 후손들에게는 영~ 그런 센스가 없나 봅니다.

현재 우리가 가장 많이 먹는 생선인 참치는 가리지날 이름이에요. 참치 캔 옆면에 적힌 원재료가 뭔지 한번 살펴보세요. 십중팔구 가다랑어일 거예요. 그러면 대체 왜 가다랑어인데 참치란 이름으로 팔고 있냐고요?

그건 참치는 다랑어과에 속하는 모든 물고기를 총칭해서 부르는 이름이라서 그래요. 🐻

원래 다랑어는 고등어과 다랑어족으로 분류되는 고등어 친척 물고기인데, 참다랑어, 가다랑어, 황다랑어, 눈다랑어, 날개다랑어 등등 크게 분류해도 15종 이상이 될 만큼 다양하다네요. 다랑어와 참치라는 이름이 혼용된 것은 이미 일제강점기인 1930년대 기록에서도 확인된다는데, 왜 그렇게 두 가지 이름이 되었는지는 여러 썰만 존재한다고 해요.

원래 참치는 우리 바다에서 그리 많이 잡히지 않는 어종이었고, 1960년대부터 통조림으로 가공해 판매하자 먼저 통조림 상품이 된 '꽁치'처럼 '참치'라는 이름이 '치' 라인으로 더 라임이 착착 맞으니 그게 낫다고 여겨 지금은 참치가 대중화된 것이죠. 조상님들은 명태 하나에도 여러 명칭을 붙였는데, 지금은 수많은 다랑어를 죄다 참치

로 부르고 있으니 갑자기 반성을 해야
할 것 같은 느낌적인 느낌이 드는군
요. 🐻

오리지날 날치 (출처_
위키피디아)

그나저나 재미있는 건 이 '치' 라인
에는 유명한 국악밴드 이날치도 포함
된다는 건데요.

이날치라는 밴드 이름은 조선 후
기 8대 명창 중 한 명인 '이날치'의 이
름에서 따온 것인데, 이 명창 이름
이날치 역시 가리지날~. 원래 이름은 이
경숙인데 판소리는 물론 청년 시절에는 줄
타기도 잘했다고 합니다. 그래서 사람
들이 '바닷물 위를 힘차게 나는 날치처
럼 줄에서 잘 뛴다'며 이날치라고 불러
아예 예명을 이날치로 했던 것이 21세
기에 다시금 화려하게 부활한 것이죠.
18세기 조선시대에도 유명 연예인은 가
명을 썼던 거군요. 🐻

그러고 보니 라임이 딱딱 맞네요.

국악 세계화의 선두주자,
이날치 밴드 (출처_ 한・아세
안 뮤직페스티벌 운영사무국)

참치 꽁치 이날치

멸치 갈치 자갈치

닐라 닐라 바닐라~ 앗! 이건 아닌가! 🐻

　　3면이 바다로 둘러싸인 우리나라인데 그동안 바다에 너무 무심했던 것 같습니다. 앞으로 넓은 바다로 더 많이 진출해 해양강국이 되기를 소망하며 이상 바닷속 이야기는 끄읕~.

04
하늘에 걸린 물로 만든 문, 무지개

앞서 지적했듯이 조선시대 이후 농업에 치중하고 문을 굳게 걸어 잠그면서 불과 60여 년 전까지만 해도 우리나라의 주력 산업은 농업이었습니다.

농악 한마당 때 펄럭이는 '농자천하지대본야(農者天下之大本也)' 만장을 보면 농사에 대한 조상님들의 심정을 잘 알 수 있습니다. 지금이야 먹을 것이 없으면 수입하면 되지만, 그 옛날엔 흉년이 들면 꼼짝없이 굶어 죽어야 했으니 그 중요성은 이루 말할 수 없었겠지요.

그러니, 매일같이 하늘을 쳐다보며 언제 비가 올지, 하늘의 뜻을 미리 예측하는 것은 백성의 삶을 윤택하게 하는 실용성과 함께, 하늘의 뜻에 따라 왕위에 올랐다는 정통성 차원에서도 지대한 관심사였습니다. 이에 1,500여 년 전 신라 선덕여왕 시절에 첨성대가 세워

경주 첨성대
(출처 _ 위키피디아)

졌고, 조선 세종은 중국 역법과 우리 날씨가 맞지 않자 아라비아 역법까지 반영해 우리 실정에 맞는 칠정산(七政算)이라는 독자적인 역법을 만들어내었습니다. 그때도 중국산은 문제였군요. 🐻

또한 세종의 업적이라고 알지만 실은 문종의 아이디어로 만든 측우기(測雨器) 같은 농사에 필요한 기구를 창조하는 등, 날씨 정보에 무척 민감했지요. 이와 함께 민간에서도 구름이나 바람 등 각종 현상에 각각의 이름을 붙여가며 하늘의 변화를 살폈습니다. 🐻

조선 문종의 아이디어로 탄생한 '측우기' (출처 _ 위키피디아)

천문, 기상과 관련된 우리말

예전에 《아침형 인간》이라는 책이 유행했었는데, 우리 조상님들은 새벽부터 밤늦도록 부지런히 움직이셨고 잠을 오래 자는 것을 죄악시하셨기에 대부분 아침형을 넘어선 새벽형 인간이었어요. 그러나 이 세상 모든 사람이 아침형 인간에 최적화되지는 않아요. 사람마다 생체 리듬이 다 다른데 억지로 맞추는 경우도 많죠. 그저 우연히 아침형 체질인 사람들이 잘난 체하는 거죠 뭐. 🐻

눈부신 햇살, 해의 기운을 받아랏! (출처 _ pixabay)

저는 천문학과 학부생 시절에는 방학 시즌이면 밤새 깨어 있다가 동이 틀 때 잠들었는데요. 제게는 수면 신호였지만 일반인들에게는 기상하라는 의미로 받아들여지는 그런 갓 밝은 상황을 나타내는 우리말이 '갓밝이'예요. 참 직관적이고 예쁘죠? 🐻

그보다 더 밝아져 해가 떠올라 동쪽 지평선 하늘이 붉어지면 '아침놀', 반대로 해 질 무렵 서쪽 하늘은 '저녁놀'이라고 하지요. 어린이 동요 '노을'이나 가요 '붉은 노을' 등의 노래 제목으로 접하다 보니 보통은 '노을'이라고 알지만, 표준어는 '놀'입니다.

그렇게 '놀'이 하늘에 퍼지고 나면 곧이어 눈부신 '햇살'이 퍼져나옵니다. 원래 '살'은 '천체에서 뻗쳐 오는 기운'이라는 의미예요. 그래서 해에서 나오는 살이 햇살이고, 급살, 역마살 등 나쁜 기운에도 '~살'이라는 단어가 끝에 붙는 거지요.

또한 우리가 나이를 셀 때 '몇 살'이라고 하는데, 이때 쓰는 '살' 역시 하늘에서 뻗어나온 기운을 몇 년째 받고 있다는 의미에서 나온

사람이건 꽃이건 햇볕을 쬐면 해바라기 (출처 _ pixabay)

거지요. 여기서 더 나아가 '살다'라는 단어 역시, '살'에서 파생된 겁니다. 🐻

또한 꽃 이름에도 쓰이는 '해바라기'는 원래 '추울 때 양지바른 곳에 나와 햇살을 쬐는 모습'이라는 의미인데, 꽃 중에 노란 큰 꽃이 마치 사람마냥 햇살을 따라 볕을 쬔다고 여겨 이 이름을 붙여줬는데 이제는 거의 꽃 이름으로만 쓰이고 있어요.

달 역시 우리 민족에게 매우 소중한 존재였어요. 매일 밤 모습을 바꾸는 달을 늘 동그란 모양의 해보다 더 중요한 상징으로 이해한 우리 민족은, 전래동화 '해와 달이 된 오누이'에서도 오빠가 달, 여동생이 해가 되었다고 이해했고, 달의 모습에 따라 정한 음력을 사용했지요.

그래서 달이 처음 모습을 드러내는 날을 첫날로 삼았는데, 당초 초생(初生)달이었으나 발음이 변해 현재는 '초승달'만 표준어로 인정하고 있어요. 이와 비슷한 사례가 이승과 저승이지요. 원래는 '이+생(生)', '저+생(生)'이었지만 이제는 이승, 저승으로만 표기하고

있습니다.

　이와 반대되는 사례도 물론 있어요. 천둥의 토박이말인 '우레'를 한동안 '우뢰(雨雷)'라고 썼지요. 원래 '우레'였는데 하필이면 '비 우(雨)', '번개 뢰(雷)'와 발음이 비슷하다 보니, 우뢰를 우레로 잘못 쓴 것이라 여겨 1938년《조선어사전》정리 당시에는 '우뢰'를 표준어로 표기했는데, 이후 국어학자들이 옛 문헌을 찾아보니 당초 15세기 문헌부터 '울에' 또는 '우레'라는 표현이 있음을 알게 되어 이제는 다시금 '우레'가 표준어가 되었습니다. 예전 심형래 감독의 영화 '우뢰매'를 기억하는 분들이라면 깜짝 놀랄 일이긴 하네요. 🐻

　그런데 이 우레라는 단어의 유래를 찾아보면 재미있는 사실을 알수 있어요. 우레는 조상님들이 '하늘이 운다'고 여겨 만든 조합형 단어예요. 즉, '울다'에 명사형 접미사 '게'가 합쳐져 '울게 → 울에 → 우레'로 바뀐 것이지요. 번개도 유사한 형태로 만들어진 단어입니다. 하늘이 번쩍 빛나는 것을 의미하여 '번쩍이다'에 명사형 접미사 '게'가 합쳐져 '번게' → '번개'로 바뀐 것이지요.

하지만 번개와 함께 쓰이는 '천둥'은 토박이말이 아니라 '천동(天動)'이라는 한자어가 변한 말이에요. 예전에는 땅이 크게 흔들리는 지진(地震)을 '지동(地動)'이라고 표현했는데, 하늘에서 큰 소리가 나니 땅처럼 하늘도 지진이 났다고 여겨 지동에 대응하여 천동이라고 한 것이죠. 🐻

또한 우리 조상들은 밤하늘에 빛나는 천체에도 예쁜 이름을 붙인 경우가 많았습니다. 밤하늘에서 해와 달을 제외하고 가장 빛나는 금성(Venus)은 새벽 동쪽 하늘에 보일 때는 '샛별'(한자로는 계명성(啓明星)), 저녁 서쪽 하늘에 보일 때는 '개밥바라기별'(한자로는 태백성(太白星) 또는 장경성(長庚星))이라 불렀지요. '바라기'는 작은 그릇이란 토박이말이니 개가 배고파서 저녁밥을 바랄 무렵에 잘 보인다는 의미로 불렀나 봅니다. 참 예쁘고 정겨운 이름 아닌가요? 저절로 미소가 지어지네요. 🐻

또 북극성(北極星)은 우리말로는 '붙박이별'이라고 불러요. 실은 아주 조금씩 원을 그리며 움직이지만 우리 눈에는 거의 고정된 것처럼 보이다 보니 이런 쉬운 이름이 붙여졌지요. 서양 별자리에서는 북극성을 폴라리스(Polaris)라고 하는데 모 대학교의 아마추어 천문 동아리 명칭이기도 하지요. TMI인가⋯⋯. 🐻

그리고 밤새 별들이 북극성(붙박이별)을 중심으로 도는데, 이 자전(自傳) 현상은 '제돌이'라고 불렀다네요. 그런데 이 이름 왠지 낯익지 않나요? 맞아요. 불법 포획되어 사람들 앞에서 돌고래 쇼를

하다가 사연이 알려져 지난 2013년 제주도 앞바다에 풀어준 돌고래 이름인데, 요즘에는 '제돌이'를 다들 이 돌고래 이름으로만 알고 있죠.

또 요즘에는 야간 불빛이 밝아 여간해서는 보기 어렵지만, 밤 하늘을 가로질러 흐

오리지날 제돌이–별의 자전현상 (일주운동) (출처 _ 위키피디아)

르는 '은하수(銀河水)'는 중국인들이 은처럼 빛나는 물이 흐른다고 하여 붙인 이름이에요. 줄여서 '은한(銀漢)'이라고도 하는데, 제주도 '한라산(漢拏山)'이라는 이름도 이와 관련되어 있어요. 산이 너무 높아 산꼭대기에 서면, '은한(銀漢)을 손으로 잡아당길(당길 나, 拏) 수 있는 산'이라는 의미지요. 🐻

서양에서는 그리스 신화의 영향을 받아 제우스(Jeus) (영어로는 주피터(Jupiter))의 아내이자 누나인 헤라(Hera) 여신의 찌찌를 헤라클레스가 움켜쥐는 바람에 하늘에 모유가 뿌려져 만들어진 것이라 여겨 'Milky Way'라고 부르는데, 이 은하수의 제주도 토박이말은 '미리내'예요. 용(龍)을 의미하는 우리말 '미르' + '강 내(江)'가 합쳐져 '용이 흐르는 강'이라는 의미로 불렸으니, 중국과 다른 우리 고유의 독창적인 우주관이 잘 드러나 있는데 다들 은하수라고만 하니 안타까울 뿐이지요. 🐻

밤하늘에 가장 빛나는 별, 시리우스 (출처 _ 위키피디아)

태양계 행성이 아닌 외부 천체(天體) 중 우리 눈에 가장 밝게 빛나는 별인 시리우스(Sirius)는, 서양 별자리에서는 큰개자리의 알파별(별자리 중 가장 밝은 별)인데, 우리나라에서는 '늑대별'이라고 불렀어요. 그런데 중국에서도 이 별을 천랑성(天狼星), '하늘의 늑대별'이라 불렀으니 이건 다들 비슷하긴 해요. 뭐 개와 늑대는 거의 동일한 동물이긴 하지요. 하지만 요즘 아이들은 시리우스라고 하면 '해리포터 시리즈'에 나오는 '시리우스 블랙'을 흔히 떠올리지요. 🐻

참고로 영어 표현 중 아주 더운 여름 기간(보통 7/3~8/11)을 'Dog days'라고 하는데, 흔히 개가 혀를 내밀 정도로 더워서 나온 표현인 줄 알지만, 실은 큰 개의 눈을 상징하는 시리우스 별이 태양과 함께 동쪽 지평선에 떠오르기 시작하면 여름이 온다는 사실을 알던 고대 로마시대부터 내려온 표현이라고 하네요. 이에 대한 자세한 이야기는 다음 일곱 번째 책에서 알려드리겠습니다. 🐻

천재, 핼리의 등장

가끔 가다가 밤하늘에 아름답게 등장
하는 혜성(彗星)의 토박이말은 '꼬리
별', '살별'이에요. 참 예쁜 이름이죠?

우리 조상님들은 예전부터 혜성의
모양에 따라 동그란 경우, 꼬리가 하나
인 경우, 꼬리가 두 개인 경우 등, 3가지로
세세히 분리해서 천문 기록을 남겨 천체 현
상임을 정확히 알았지만, 서양에서는 중세
까지 지구 대기권 현상으로 잘못 이해하
고 있었어요. 이때, 핼리가 등장합니다.

76년마다 찾아오는 핼리 혜성
(출처 _ 위키피디아)

공전주기를 예측한 에드먼드
핼리 (출처 _ 위키피디아)

성변측후단자, 1759년 우리나라의
핼리 혜성 기록 문서 (© 한국학중앙연
구원, 유남해)

유럽인 : "오, 맘마미아. 하늘에 불길
한 빛나는 빗자루가 나타났다리아~."
종교인 : "말세가 도래했다루야. 모두 참회
하고 하나님께 구원을 요청하자티칸!"
핼리 : "거 정말 문과돌이들은 답이 없다브
리타니카. 저건 그저 태양을 도는 살별이지
옥스포드! 돈 워리 비 해피."

영국의 천재 과학자로서 22세에

최연소로 영국왕립학회 회원이 된 에드먼드 핼리(Edmond Halley)는 혜성 역시 태양계의 천체이며 일정한 주기를 갖고 있다고 확신하여 1758년에 나타난 거대한 혜성의 공전주기가 76년임을 예측했는데, 당시 많은 이들이 비웃었다지요? 하지만 정확히 그가 예측한 대로 76년 뒤 다시 그 혜성이 찾아오면서 '핼리 혜성(Halley's Comet)'이라 부르고 있지요. 다음번 핼리 혜성은 2061년에 찾아오는데, 우리나라에서는 2061년 7월 28일 밤에 가장 잘 보일 거예요. 다 아는 얘기라고요? 🐻

그렇다면⋯⋯, 핼리는 혜성으로만 유명한 분이 아니예요. 그는 17세에 옥스포드대학에 입학한 뒤 중퇴하고 배를 타고 남대서양 중간에 위치한 세인트헬레나섬으로 가 남반구의 별자리를 완성하니, 그의 나이 불과 22세였어요. 그 섬 이름이 낯설지 않죠? 핼리가 방문한 뒤 130여 년 뒤인 1815년, 나폴레옹이 붙잡혀 와 죽은 섬이 바로 이곳이니까요. 🐻

그런데 왜 남반구 별자리 완성이 중요했냐고요? 대항해시대를 맞아 신대륙을 개척하던 당시에는 별자리가 항로를 찾는 중요한 수단이었는데, 네덜란드와 경쟁 중이던 영국이 먼저 남반구 항로 지도를 완성할 수 있게 된 것이지요. 이에 열광한 영국 국왕의 명령으로 옥스포드 역사상 최초로 학부 중퇴생에게 박사 학위를 수여했으며, '남반구의 티코(혹은 튀코) 브라헤'란 별명을 얻었지요. 티코 브라헤가 누구냐고요? 저의 두 번째 책, '과학·경제 편'에 괴짜 천문학자이자 포도주를 마시다가 화장실을 못 가 방광이 터져 죽은 이 사람 이

야기가 있으니 한번 찾아보세요. 🐻

또한 핼리는 수성이 태양을 가로지르는 시간을 관측하여 처음으로 태양계 행성 간 거리를 측정했으며, 최초로 날씨 지도를 만들어 현대 기상학의 아버지로도 불리지요. 또한 수중 탐사를 위한 잠수정도 개발해 직접 바닷속으로 들어가기도 했지요. 하지만 무엇보다도 '만유인력의 법칙'을 발견하고도 20년간 발표를 망설이던 캐임브리지대학 아이작 뉴턴(Isaac Newton) 교수를 설득한 사건이 유명한데, 돈이 없는 왕립협회 대신 본인 돈으로 《프린키피아(Principia)》를 인쇄해 근대 물리학의 시작을 알렸을 뿐 아니라, 예전 그리스 천문도와 현재의 별 위치가 달라진 것을 알아내어 별이 제각기 고유운동을 한다는 사실을 발표하여 그동안 일부가 여전히 '별은 천구에 붙박혀 있다'고 믿고 있던 천동설을 완전히 끝장낸 분이기도 합니다. 🐻

하지만 그에게는 또하나의 중요한 최초 기록이 있으니, 인간의 사망률을 과학적으로 처음 예측한 것입니다. 이를 통해 인구 통계학의 시조가 되었고, 이것이 지금까지 생명보험 회사들이 보험료를 산출하는 기초가 되었어요. 🐻

아아~. 이처럼 위대한 학자이던 핼리는 84세 고령에도 천문대에서 관측하다가 숨진 채 발견되었는데, 그의 손에는 포도주 잔이 쥐어져 있었다고 합니다. 진정한 '남반구의 티코 브라헤'다운 최후였네요. Rest In Peace(RIP). 🐻

다만, 한 가지 언급하고 싶은 것은, 현재 우리나라 외래어 표기법상 Halley를 '핼리'라고 표기하는데, 영국 현지 발음은 '할레이'라고 합니다. 우리나라 국립국어원이 영어 발음 표기 시 영국 발음을 더 우선하면서도 왜 이건 미국식으로 표기토록 하는지 모르겠네요. 실제로 19세기 영국 발음에 충실한 일본에서는 '하레'라고 표기하고 있다네요.

바람, 바람, 바람

또한 우리 조상들은 바람에 대해서도 다양한 표현을 쓰셨는데, 동풍은 '높새바람', 서풍은 '하늬바람', 남풍은 '마파람', 북풍은 '높바람' 또는 '된바람(센 북풍)'이라고 불렀다는 건 잘 아실텐데요. 다만 예전에는 이런 표현이 모두 토박이말이라고 배웠는데, 서풍 하늬바람은 '한의(寒意)바람'에서 유래한 것이라는 주장도 있어요. 실제로 우리나라는 편서풍 지대에 해당되어 겨울에는 매서운 북서풍이 몰아치기에 서쪽에서 부는 겨울 바람을 의미하는 한의바람을 하늬바람이라고 한 것 아닐까 하고 추측한다는 거죠.

그런데, 이처럼 불어오는 방향으로 바람을 표현하는 것에 익숙해서인지, 요즘 학생들이 6.25전쟁의 시작을 '남침'이라고 설명하면, 그것이 '남한이 침략한 것'으로 오인하는 경우가 많아 지난 2021년 국방부가 드디어 '북한의 남침'으로 표현을 정정했다고 합니다. 🐻

그 외에도 우리 조상들은 하늘의 구름이나 비를 묘사하면서 그

모양에 따라 예쁜 이름을 많이 붙였지요.

그래서 '뭉게구름', '새털구름', '꽃구름', '가랑비', '달구비(굵은 비)', '여우비', '싸락눈', '가루눈', '함박눈' 등등, 많은 예쁜 이름을 남겨주셨지만, 요즘에는 점차 그런 표현이 잊히고 있는 것 같아 아쉽기만 합니다. 🐻

'물로 만든 문', 무지개

하지만 이 같은 토박이말 천문기상 용어 중 저에게 가장 인상적인 단어는 무지개예요. 무지개가 어떤 의미인지 아세요? 무지개는 '물로 만든 문'이라는 뜻이에요. 처음 듣는다고요? 🐻

비가 그치고 난 뒤 하늘에 아름답게 걸쳐진 무지개를 보신 우리 조상님은, 이 거대한 아치를 '물로 만든 문'이라고 여기셨나 봅니다. 그래서 '물(水)＋지게(戶) → 무지게 → 무지개'로 부른 것이지요.

물로 만든 문, 무지개
(출처 _ pixabay)

우리는 흔히 gate를 문(門)이라고 번역하는데, 한자에서 gate를 의미하는 단어로는 '門(문)'과 '戶(호)'가 있어요.

'지게'라고 하면 모두들 옛날에 등에 짐을 지고 가는 운반 기구라고만 알고 있는데, 국어사전을 보면 또다른 의미로 '마루와 방 사이의 문'이나 '부엌의 바깥 여닫이문'이라고 적혀 있지요.

실제로 호(戶)를 훈독할 때, '지게 호'라고 하는데 '한쪽 여닫이문'이라는 의미예요. 이 글자가 왜 문이라는 의미가 있나 싶겠지만, 문(門) 글자를 자세히 보면 門은 양쪽으로 열리는 형태이고, 한쪽으로만 열리는 형태가 바로 戶예요. 윗부분 획이 열린 형태로 약간 변형되긴 했지만 門의 절반, 왼쪽 모양이거든요. 즉, 원래 문(門)은 양쪽으로 여는 큰 문이었고, 대부분의 문은 한쪽으로만 여니까 호(戶)는 종종 한 집, 식구(食口)를 의미하는 단어로 쓰였고, 문호(門戶)를 개방한다는 건 모든 종류의 문을 다 열었다는 뜻인거지요. 🐻

그래서 역사서에서도 인구 수를 표현할 때 호(戶)로 표기하는 경우가 많이 나오는데, 예전에는 한 식구별로 세금을 걷고 군인을 징발했기에 여자와 노인, 어린이가 포함된 전체 인구

한쪽 여닫이문, 우리말로 지게
(© 한국중앙연구원, 유남해)

수 대신 집 숫자로 그 나라의 인구 수를 가늠했던 겁니다. 그래서 집을 의미하던 우리말 '집＋게 → 지게'가, 집이라는 의미로 확장된 한쪽 여닫이문 한자 호(戶)에 대응하여 戶를 '지게 호'라고 읽는 것이지요.

서양의 영어로는 Rainbow, 즉 '비(Rain)로 만든 활(bow)'이라고 생각한 것에 비해 훨씬 낭만적으로 보이기는 하지만, 실은 동서양을 막론하고 무지개가 나타나는 것을 불행의 징조로 여겼다는 공통점이 있습니다. 데카르트(René Descartes)와 뉴턴의 실험을 통해 햇빛의 굴절 현상임을 알고 있는 현대인들은 무지개를 보면 기뻐하고 특히 쌍무지개가 뜨면 서로 사진을 공유하는 등 희망의 상징으로 여기지만, 과거 인류는 하늘에 갑자기 보이는 영롱한 원형 무늬를 보면서 왜 저런 이상한 현상이 생기는지 막연한 두려움을 느꼈나 봅니다. 🐻

요즘 우리나라에서도 반려동물이 죽으면 은유적으로 '무지개 다리를 건넜다'고 하는데, 이건 그리스 신화에서 헤라클레스가 사망하자 하늘에 걸린 무지개를 타고 올림푸스산으로 올라갔다고 표현한 바 있듯이 수천 년 된 비유법이라는 것도 아셨으면 해요.

우리가 바쁜 일상 중에 흔히 잊고 지내는 천문과 기상 현상에 대한 예쁜 우리말을 더 자주 불러주면 좋겠습니다. 🐻

05
고약하다 고약해

어느 시대이건 특정 시기에 유행하는 단어나 문구들이 존재합니다. 보통 유행어라고 부르지요. 그중 일부는 살아남아 당당히 표준어로 국어사전에 실리는 경우도 있지만, 어느 순간 흐지부지 사라지는 경우가 대부분입니다. 하지만 오랜 세월 살아남아 지금도 쓰이는 사례 중 뜻밖의 유래가 있는 경우가 존재하니, 그중 대표적인 것이 바로 '고약해'입니다.

고약한 신하, 그놈이 참 '고약해!'

우리가 흔히 까탈스러운 이를 보면 '성격이 고약하다'며 고개를 절레절레 흔드는데, 원래 이 '고약해'라는 단어는 조선 초기 대신이던 '고약해'라는 실존 인물 이름에서 유래한 겁니다. 잉? 그게 무슨 소리냐고요? 🐻

고약해(高若海)는 조선 초기의 문신이었어요. 태조 이성계부터 세종에 이르기까지 4명의 임금을 모시면서 대사헌, 형조참판, 개성부유수 등을 역임했던 분인데, 임금 앞에서 주눅들지 않고 입바른 소리를 잘해 여러 차례 파직과 복직을 반복했다고 하네요. 특히 형조참판을 맡던 당시에 사사건건 세종에게 쓴 소리를 서슴지 않아, 보다 못한 여러 신하들이 처벌할 것을 청했지만 세종은 "직언하는 신하를 내칠 수 없다."며 쓴소리를 계속 참았다고 합니다. 하지만 1434년 임금과 언쟁을 벌이다 자리를 박차고 나가 결국 파직당했고, 1년 뒤에 세종이 다시 불러 고약해의 고언을 경청했다고 하네요. 🐻

어진 성군을 만난 덕에 끝까지 여러 임무를 맡던 고약해는 1442년 개성부유수 직책을 맡아 개성에서 업무를 하던 중 병으로 운명하자, 세종은 강직하고 너그럽다는 뜻의 시호 '정혜(貞惠)'를 내려 그의 충심을 기렸다고 합니다.

《세종실록》 권88 22년 3월 18일 기록에 나오는 형조참판 고약해 (출처_ 국사편찬위원회, 조선왕조실록)

그렇습니다. 입에 쓴 약이 좋은 약이듯 모두가 "예"라고 할 때 쓴 소리를 마다하지 않는 이들도 내치지 않고 귀 기울여주는 조직이 건강한 조직이지요. 암요~. 🐻

하지만 세종 역시 인간이었는지라 고약해의 언행이 계속 마음 한 구석에 남았나 봅니다. 그래서 '훈민정음' 반포 등 여러 과제를 추진하다가 신하들이 반대를 하면, "마치 고약해 같구나!"라고 언짢아했다는데, 이것이 이후 비위를 거스르거나 언행 따위가 사나울 때 쓰이는 말 '고약하다'로 변해 지금까지 이어지고 있는 겁니다. 🐱

또 세종의 후손인 선조에 의해 '도루묵'이라는 생선 이름이 만들어졌다고 알려져 있지요. 임진왜란 당시 의주까지 도망치던 선조 앞에 초라한 밥상이 차려졌는데, 못 보던 생선이 너무 맛있었다고 합니다. 이에 선조가 이 생선 이름이 뭐냐고 묻자 '묵'이라고 부른다고 하자, 너무 이름이 초라하다고 '은어'라고 고쳐 부르게 했답니다. 하지만 전란이 끝난 뒤 어느날 문득 그 은어 맛이 그리워진 선조가 그 생선요리를 내어오라고 했는데, 막상 먹어 보니 그 맛이 안 나더랍니다. 실망한 선조가 "도로 묵이라고 해라."고 했는데, 이를 잘못 이해해 '도루묵'이라는 새 이름을 얻었다고 하는 이야기인데……, 이건 가리지날입니다. 🐻

전북대학교 김양섭 연구원의 2016년 논문에서는, 도루묵은 서해가 아닌 동해에서 잡히고 이미《세종실록지리지(世宗實錄地理志)》에 '은어'라고 적혀 있다는 점 등을 들어, 실은 이성계가 함흥으로 물러

났을 때 일어난 일인데 이것이 후대에 전해지면서 찌질한(?) 선조 임금으로 바뀌었다고 하네요. 🐻

또하나 민간 설화에서는 인절미의 유래도 존재합니다. 도망간 임금의 아이콘, 선조의 못난 아들인 인조는 병자호란 이전에도 '이괄의 난' 때 안동까지 피난 간 적이 있는데, 그때 중간에 들른 공주 공산성(옛 백제의 두 번째 수도 웅진성)에서 임씨 성을 가진 이가 콩고물을 묻힌 떡을 접대했답니다. 이에 그 맛에 반한 인조가 "절미(絶味, 뛰어난 맛)로구나!" 하고 감탄하면서 '임씨가 만든 절미'라 하여 '임절미'라 불렀으나 이후 발음이 편리한 인절미로 바뀌었다고 하지요.

하지만 이 역시도 후대의 창작일 거라고 하네요. 과거에는 떡을 한자로 절병(節瓶)이라고 많이 표기했는데, 이 떡이 잘 늘어나는 성질이 있다 보니 '인절병(引節瓶)', 즉 '잡아당겨 썬 떡'이라고 부른 것이 이후 '인절미'로 바뀌지 않았나라는 주장이 더 유력해 보입니다. 🐻

자린고비 이야기

이와는 좀 다르지만 구두쇠를 가리키는 '자린고비'라는 단어가 있지요. 요즘 젊은이들은 잘 모르지만 IMF 경제 위기 당시 TV에서 근검절약을 강조하면서 자린고비 이야기를 공익광고로 내보낸 적도 있었죠. 그런데 이것이 실제 있었던 이야기인 줄은 대부분 모르고 있

어요. 🐻

자린고비가 구두쇠의 상징이 된 이야기는 이렇습니다.

조선 숙종 시절, 지금의 충북 음성군 금왕읍 삼봉리에 조륵(趙玏)이라는 분이 살았다고 합니다. 워낙 근검절약을 강조한 분이라 허투루 돈을 쓰는 적이 없었다고 하지요. 그러던 어느 날, 집에 절인 굴비 한 마리를 들고 왔답니다. 아내와 아이들이 "이 비싼 굴비가 웬일이냐?"며 좋아했지만 기쁨도 잠시, 조륵은 그 굴비를 천장에 매달아 놓고는 밥 한 술 뜨고는 굴비를 쳐다보고, 또 밥 한 숟갈 뜨고 쳐다보게 했답니다.

그러던 어느 날 사달이 나고 맙니다.

충북 음성군 자린고비 조륵 선생 유래비 (출처 _ usnews.co.kr)

둘째 아들 : "아버지, 큰형이 밥 한 번 먹고 두 번이나 굴비를 쳐다봤대요."

조륵 어르신 : "그게 정말이냐?"

둘째 아들 : "네. 제 눈으로 똑똑히 보았어요. 굴비를 닳게 한 형을 야단치세요."

조륵 어르신 : "옛끼. 오늘이 니 형 생일이잖냐. 너도 니 생일날 두 번 쳐다보거라. 이상 끝!"

그뿐 아니라 부채를 산 뒤 부채가 닳을까봐 부채는 가만히 두고 머리를 흔들어 20년 동안 잘 썼다고 하여 주변 마을에 손가락질 당할 정도로 구두쇠라고 소문이 났다고 하지요. 그래서 당시 그 '절인 굴비'가 발음이 변해 '자린고비'가 되었다고 합니다. 아마도 이 이야기를 어린이용 전래동화 등에서 보신 분이 많겠지만, 실은 실존 인물의 실제 에피소드였던 것이죠. 🐻

하지만 이 이야기는 여기서 끝이 아닙니다. 이처럼 지독한 구두쇠 '자린고비'로 소문났던 조륵이지만 큰 가뭄이 들자 그동안 모아두었던 재산을 흔쾌히 풀어 주변 1만 호에 달하는 백성들이 먹을 쌀을 구해왔다고 합니다. 이에 공덕비가 세워졌고, 이 아름다운 이야기가 그후 《청구영언(靑丘永言)》에 채록되어 지금껏 전해지고 있다고 하네요. 그래서 1997년 IMF 구제 금융 사태 때 다시금 주목받은 자린고비 정신을 되살리고자 1999년 충북 음성군에서 '자린고비상'을 제정해 근검절약을 실천한 이들에게 매년 수여하고 있는데, 마침 2002년 여전히 그 마을에 살고 있는 조륵 선생의 10대손 조성윤 씨가 이 상을 받아 큰 화제가 되기도 했습니다. 🐼

이처럼 수많은 단어의 의미가 세월이 흐르면서 바뀌는 경우가 많은데, '물건을 판매하는 집'을 의미하는 '가게'는 '가가(假家)'라는 한자어가 변형된 겁니다. 조선시대 종로 상가 이외에는 상설 시장을 불허함에 따라 5일장 위주로 마을 공터에 임시 시장이 열리게 되었기에 상인들은 짐을 지고 여기저기 떠돌며 물건을 팔 수밖에 없어서 매일 아침 천막을 치고 물건을 팔다가 저녁이 되면 거두었죠. 이때 상인들이 쓴 임시로 지은 가옥, 즉 '가가(假家)'가 발음이 변해 지금 우리는 '가게'라고 부르고 있는 것이죠. 🐻

기우, 수천 년간 고통받는 기나라

이와 비슷하게 중국의 역사 속 인물에서 유래해 중국 등 한자 문화권에서 지금껏 수천 년 동안 쓰이는 단어가 있으니, 바로 '기우(杞憂)'입니다.

미래에 대해 쓸데없이 하는 걱정을 의미하는 기우는, 옛날 춘추 시대 기(杞)나라에 살던 한 사람이 "하늘이 무너져 해, 달, 별이 땅으로 떨어지면 어디로 피해야 좋을 것인가?" 하고 늘 걱정해 밥도 못 먹고 잠도 못 자서 다른 이의 비웃음을 샀다는 데서 유래한 단어입니다.

아직 우주의 구조를 알지 못하던 옛 사람들은, 하늘은 땅 위를 덮고 있는 거대한 천장이라고 여겼고 해, 달, 별 등은 천장에 매달려 24시간마다 한 바퀴씩 돈다고 여겼는데, 하늘과 땅 사이에는 기(氣)가 차 있어서 땅으로 떨어지지 않는다고 믿었다지요. 지옥은 땅 아래에 있고요. 그래서 선구자들은 하늘까지 높게 건물을 올려 천장에 도달해 그 벽을 뚫고 그 위 천국으로 직접 가려고 시도했는데, 그것이 '바벨탑' 전설로 남아 있지요. 🐻

그런데 왜 하필이면 딴 나라도 아닌 기나라 사람의 근심이 비웃음의 대상이 되었을까요? 이는 중국의 정치와 관련이 있습니다. 🐯

기우 이야기는 《열자(列子)》 '천서편(天瑞篇)'에 나오는데, 기나라(?~BC 445)는 춘추시대에 존재했던 작은 나라이지만 원래 그 왕족은 하(夏)나라의 후예여서 역사가 깊다고 자부하다가 주변 나라들에게 비웃음을 사던 처지였다고 하네요. 네? 하나라(BC 2070~1600)가 어딘지 모른다굽쇼? 🐻

하나라는 중국의 전설적 임금들인 요임금, 순임금 시절 황하의 범람을 치수사업으로 극복한 우(禹)가 임금으로 등극한 뒤, 처음으로 아들에게 왕위를 물려줘 중국 역사상 최초의 왕조로 기록된 나라입니다. 하지만 이후 상(商)나라에 멸망했고, 상나라는 다시 주(周)나라에 망했는데, 이 주 왕조가 몰락하면서 각지의 제후들이 제각각 분열한 것이 '춘추전국시대(春秋戰國時代)'라고 불리는 대혼란기였거든요.

그래서 당시 중국인들은 포악한 군주의 잘못된 행위로 인해 멸망한 하나라, 상나라에 대해 좋지 않은 감정을 갖고 있어서, 하나라 후손인 기나라 사람들을 멸시하는 풍조가 있었다고 하네요. 또한 상나라는 그 수도이던 은(殷)을 넣어 나라 이름조차 은나라로 고쳐서 기록하고, 상나라 후손들은 영토 없이 떠돌면서 물건을 팔고 살았기에 지금도 물건 거래를 하는 사람들을 '상인(商人)'이라고 부르는 것이죠. 🐻

뜻이 변한 불교 용어

그 외에 사람 이름은 아니지만 당초 불교 용어인데 조선시대에 의미가 왜곡되는 경우도 많았는데, 대표적인 사례가 '야단법석(野壇法席)'이에요. 이 단어는 원래 부처님이 '법화경'을 설파하고자 했는데 너무 많은 중생들이 모여들자 실내 법당에서 나와 '들판에 단을 만들고(野壇) 법회를 열었다(法席)'는 데에서 유래된 용어입니다. 이후 큰스님들이 대규모 법회를 열 때 이 용어를 사용했는데, 불교가 탄압되면서 이후 시끄럽고 정신없는 상황을 묘사하는 말로 왜곡된 것

이죠. 🐻

　또 지금은 '막다른 데 이르러 어쩔 수 없는 상황'이라는 의미로 쓰이는 '이판사판(理判事判)' 역시, 조선시대 탄압받던 불교 상황에서 유래한 용어예요. 조선시대에는 불교 사원이 끊임없이 괴롭힘을 당했기에 사찰에서 승려들을 그 역할에 따라 이판승과 사판승, 두 부류로 나누었다고 합니다. 즉, 본연의 참선을 수행하고자 정진하는 승려는 '이판승'이라 불렀고, 이들이 정진할 수 있도록 조정의 노역에 응하고, 절에 찾아와 고기와 술을 내어오라며 갑질하던 일부 못난 유생들의 비위를 맞추고 공양드리러 온 교인들을 응대하는 등, 사찰 유지를 위한 잡일을 도맡아 하는 승려들을 '사판승'으로 구분한 것이죠. 삼국시대부터 고려시대까지 우대받던 불교가 유교 사회로 변한 조선에서는 이단시되면서 승려가 되면 천민 신분으로 강등당하는 사회적 불이익을 감수해야만 했으니, 스님의 역할을 구분하던 이 단어가 막판 인생을 의미하는 용어로 변한 것이죠. 🐻

　건달(乾達)도 불교 용어예요. 간다르바(gandharva)는 산스크리트어의 단어인데, '음악의 신'이라는 의미였고,

음악의 신, 간다르바. "나 원래 착해요~." (출처 _ 위키피디아)

도심 속 천년 고찰 봉은사
(출처_ 위키피디아)

이게 중국에서 한 자로 음을 따서 '건달'로 표기된 거랍니다. 그런데 근면 성실을 강조하던 우리 조상님들이 보기에는 일하지 않고 놀고먹는 것은 옳은 행동이 아니었기에 양아치들을 가리켜 이 단어를 쓰면서 이제는 완전히 의미가 바뀐 경우지요. 🐻

또한 지금은 일상적으로 쓰는 단어 중에도 불교 용어였던 경우가 많아요. '살림'은 산림(山林)이 발음이 편하도록 변한 것인데, 원래는 산으로 들어간 절의 재산을 관리하는 일을 의미했던 것이 일반 가정의 재산 및 생활 관리를 의미하는 것으로 뜻이 확산된 것이죠. 고려시대까지는 절이 도시 한가운데에 많이 있었지만, 조선의 불교 탄압으로 산 속으로 들어가면서 이런 용어가 생겼습니다.

외국인들이 서울 강남 코엑스 바로 뒤에 있는 봉은사 절을 찍은 사진을 공유하며 감탄하는데, 이 절은 최근에 서울 번화가에 생긴 것이 아니라 794년 통일신라시대에 세워져 지금까지 이어져온 거예요. 70여 년 전까지는 서울시 강남 일대가 경기도 시흥군 시골이었기에 잘 보존되었는데, 당초 절의 입구인 일주문이 지하철 삼성역 인근에 있었다고 하네요. 일주문을 지나 본전까지 가던 그 오솔길이 지금의 코엑스와 현대차 신사옥 부지 금싸라기 땅이 된 거지요. 🐻

'식당(食堂)'은, 불교 도량에서 음식 공양을 하던 건물을 가리키던 것인데 이후 음식을 파는 곳으로 의미가 변했고, '강당(講堂)'은 설법을 강의하던 큰 집을 의미하던 거예요. '점심(點心)'은 원래 '마음에 점을 찍는다'는 의미로 아침 식사와 저녁 식사 사이 간단히 음식을 먹으며 마음을 다스리는 시간이었다지요. 인류의 역사에서 하루세 끼를 다 챙겨 먹기 시작한 역사는 그리 오래되지 않습니다.

요즘은 소설이나 영화, 드라마의 주역을 의미하는 '주인공(主人公)'도 원래는 불교에서 '득도한 이', '참된 자아'를 가리키던 단어였다고 하네요. 일상다반사의 '다반사(茶飯事)'도 '차를 마시고 밥을 먹는 일'을 의미하는데, 참선이라는 것이 유별난 방법이 있는 것이 아니며, 차를 마시고 밥을 먹듯이 일상생활이 곧 선(禪, zen)으로 연결됨을 상징하는 말이었다고 해요. 🐻

우리가 아주 짧은 시간을 말할 때 '찰나(刹那)'라고 하는데, 이는 75분의 1초, 약 0.013초에 해당하는 불교계의 시간 단위예요. 흔히 찰나를 가장 작은 시간 단위로 알고 있지만, 찰나의 1000분의 1인 '청정(淸淨)'이 최소단위라네요. 반대로 불교의 최대 수는 《화엄경(華嚴經)》에 나오는 '불가설불가설전(不可說不可說轉)'이라고 합니다. 즉, '설명할 수 없을 정도로 큰 수'를 제곱하고 이를 다시 제곱한다는 의미인데, 현재 서구에서 이름 붙인 최대 숫자 크기인 구골(Googol, 10의 100제곱) 보다 큰 숫자라고 하네요. 인도 철학은 어마

10,000,000,000,000,000,
000,000,000,000,000,000,
000,000,000,000,000,000,
000,000,000,000,000,000,
000,000,000,000,000,000,
000,000,000,000 = 1 googol

10의 100제곱, 1구골
(출처_livescience.com)

구글의 두 창업자가 쓴 책
(출처_amazon.com)

무시하군요. 🐻

우리가 잘 아는 검색엔진 구글(Goolgle)을 만든 래리 페이지(Larry Page)가 원래 '구골'을 회사명으로 쓰려고 했고 동료 세르게이 브린(Sergey Brin)은 '구골플렉스(10을 구골 번 곱한 수)'로 하길 원했다지요? 그런데 한 투자자가 10만 달러 수표를 건넸는데, 거기에 구골을 Google이라고 잘못 적었고 이것이 더 마음에 들어 현재의 이름을 갖게 되었다고 합니다. 🐻

'나락(那落)'은 지옥을 의미하는 고대 인도어인 산스크리트어의 '나라카(Naraka)'의 발음을 한자로 옮긴 것인데, 원래는 바닥이 없는 구멍을 의미한다고 합니다. 무섭네요. 영원히 떨어지는 구멍이라니……. 🐻

나락과 라임이 잘 맞는 '탈락(脫落)' 역시 불교 용어인데, 원래는 '세속의 번뇌를 벗어버리고 몸과 마음이 해탈의 경지에 이른다'는 좋은 의미였다고 합니다.

우리가 고인의 가족에게 "명복(冥福)을 빕니다."라고 애도를 표하는데 이 역시 불교 용어예요. 불교에서는 사람이 죽은 후 환생하기 전에 명부(冥府)에 가서 염라대왕에게 그간의 삶에 대한 심판을 받아 다음 생을 결정받게 된다고 믿었기에, 명부에 가서 좋은 판결을 받으시길 기원하는 의미입니다. 웹툰이나 영화로 '신과 함께'를 보신 분이라면 더 잘 이해하겠네요. 그런데 잘 생각해보면 저런 표현을 써왔다는 건, 이승도 불공평하지만 저승도 불공평한 세상이라고 다들 생각했던 거네요. 🐱

그 외에도 서구 문명을 접하면서 이에 대응하기 위해 차용한 불교 용어들도 있다네요.

당초 《성경(聖經)》은 성스러운 경전이라는 의미로 불교나 유교의 경전들을 통칭하던 단어였지만, 명나라 후기 중국에서 포교하던 서양 선교사들이 'Holy Bilble'을 의미 그대로 한자 번역하면서 사용하기 시작해 각 책자마다 별도의 이름이 있던 기존 불교, 유교 경전들 대신 기독교 경전만을 가리키는 단어로 의미가 변한 것이죠. '관념(觀念)'도 원래는 불교 용어로 '마음을 들여다본다'는 의미였지만, 일본이 근대화 과정에서 영어 'idea'에 대응하는 단어로 쓰면서 이제는 '사상, 이념, 이데올로기' 등으로 의미가 바뀌었답니다.

'무운을 빈다'가 '운이 없다'라고요?

요즘은 한자어 단어 자체의 뜻을 몰라 엉뚱하게 해석하는 실수도 자주 일어납니다.

얼마 전 '무운(武運)을 빈다'라며 장수들이 전쟁터에 나갈 때 승리와 생존을 기원하며 건네던 덕담을 인용한 것을, '무운(無運)', 즉 '운이 없다'라고 오해해 악담을 했다며 한동안 시끄럽기도 했지요.

또한 '금의환향(錦衣還鄕)'의 금(錦)이 '비단'이란 의미를 몰라 '금의=금빛 옷'을 입고 고향 땅에 자랑하러 갔다고 아는 경우가 많아졌다고 하네요. 게다가 학교 선생님이 "넌 참 고지식하구나."라고 나무랐는데, 정작 학생은 '지식이 높다'라고 이해해 기뻐했다는 이야기도 전해지고 있습니다. 🐻

이런 이야기들을 그저 웃으며 들으면 안 되는 것이, 당초 삼국시대까지 북방아시아 교역 루트를 따라 저 멀리 유럽 문물까지 흡수하던 우리 조상님들이 그후 천여 년 이상 중국이라는 거대한 장벽에 가려 한자로 번역된 여러 외래 단어를 받아들이면서 잘못 이해한 용어나 단어들이 얼마나 많았

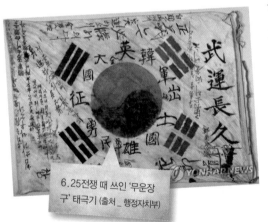

6.25전쟁 때 쓰인 '무운장구' 태극기 (출처_ 행정자치부)

을지 아득하기도 하네요.

이상 근대 이전 우리말 속 가리지날 이야기를 풀어봤습니다.

바로 이어서 이 시기의 우리말·우리글 변화를 요약한 '지식창고'
가 이어지니 참고하세요~. 🐻

19세기까지의 우리말·우리글의 변화

− 훈민정음을 언문이라 낮춰 부른 첫 인물은 과연 누구?

명색이 우리말·우리글 상식사전인데 우리말의 변화 과정도 살펴봐
야겠지요? 🐻

말과 글의 차이를 알자

언어(言語)라는 단어를 풀어보면 '말과 글'이라는 두 의미가 결합되
어 있는 걸 아실 겁니다. 실제로 모든 인간은 먼저 말을 배우고 이후
에 글을 익히지요.

우리 어린 시절을 생각해보더라도, 아기 때 부모님이 반복해 들
려주는 단어를 흉내내면서 단어를 익히고 더 나아가 문장으로 완성

해 나가는 과정을 거치게 되지요. 이때는 오로지 듣고 말하는 방식으로 이루어지다가 이후 비로소 한글을 배우면서 본인의 발음과 글자를 연결시키게 됩니다. 즉, 우리말, '한국어'가 먼저 있었고, 이를 표현할 수단으로 세종대왕이 표기문자인 우리글, '한글'을 창제하신 것이니 엄연히 다른 개념인 것입니다. 🐻

실제 지구상에는 고유의 말은 있지만 이를 표현할 고유 글자가 없는 언어가 훨씬 더 많습니다. 지금 서유럽에서 쓰는 영어, 프랑스어, 독일어 등 다수의 언어는 모두 자기네 글자가 없어서 고대 로마 제국에서 쓰던 로마자 알파벳을 가져다 쓰지 않습니까? 러시아어 등은 그리스 알파벳을 응용한 키릴 문자를 쓰고 있고요.

그런데 일부에서 이걸 헷갈려 해서 "세종대왕이 한글을 만들기 전에는 우리도 중국말 썼나요?" 하고 물어보거나, 100여 년 전 일본, 중국의 일부 학자들이 "한글 표기법이 우수하니 한자 대신 한글로 표기하자."고 주장했다는 뉴스가 나올 때마다

"그때 일본, 중국이 한글을 도입했으면 우리가 어렵게 일본어, 중국어 공부 안 해도 되고 좋았을 텐데……."라고 오해하는 일이 발생하고 있지요. 한글을 도입한다고 말이 바뀌는 게 아니예요. 그냥 표기하는 글자만 바뀌는 거라고요. 🐻

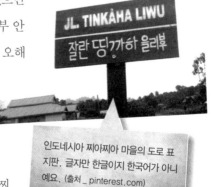

인도네시아 찌아찌아 마을의 도로 표지판. 글자만 한글이지 한국어가 아니예요. (출처 _ pinterest.com)

2008년 인도네시아 소수민족인 찌

아찌아족이 한글을 자기네 표기문자로 쓰기 시작해 화제가 된 바 있습니다. 그간 써온 로마자로는 자기네 된소리 발음을 제대로 구현할 수 없는 데 반해, 한글은 더 명확히 표현할 수 있기에 글자만 빌려 쓰는 거죠. 하지만 일부에서는 한국말을 사용한다는 줄 알고 한국어 문법책을 기증하는 경우도 있었다네요. 🐻

따라서 앞으로는 이 문장을 기억하시길 권장합니다.

"한글은 세상에서 가장 쉬운 글자이지만, 한국어는 세상에서 가장 배우기 어려운 말이다. 한글을 배운 뒤 한국어도 쉬운 줄 알고 본격적으로 뛰어든 자여, 언어의 지옥에 온 것을 환영한다!" 🐻

우리말의 유래

또한 우리말은 어족(語族) 분류에 있어서도 매우 그 유래가 특별한 언어이기도 합니다.

혹시 우리말이 어떤 어족에 속하는지 아세요? 우랄알타이어족 퉁구스어 계열이라고요? 그게요……, 예전에는 그렇게 배웠지만 그건 가리지날~. 지금 언어학계에서는, 한국어는 기존의 어느 어족에도 속하지 않는 고립어족으로 정정하여 완전히 별개의 '한국어족'으로 분류한답니다. 어족 독립 만세~! 🐻

우리말의 유래에 대한 상세한 내용은 《알아두면 쓸데 있는 유쾌한 상식사전》 제3권 '언어·예술 편'에서 설명했기에 요약만 할게요.

당초 어족(語族)이라는 개념은 1783년 영국 심리학자이자 법학자인 윌리엄 존스(William Jones)에 의해 시작된 비교언어학에서 출발했어요. 그후 19세기에 유럽 학자들이 아시아 언어를 연구하던 초창기에 우리말을 우랄알타이어족으로 분류했지만, 이후 연구가 진척되면서 여러 증거를 통해 한국어는 어느 특정 계통에 속하기가 어렵다고 재인식됩니다. 그래서 현재는 한국어와 제주어는 별도의 한국어족으로 분류하게 되고, 제주어는 2010년 유네스코에서 지정한 '소멸이 우려되는 언어'로 지정되기까지 하지요. 일본어와 류큐어(오키나와어) 역시 우리와 유사한 이유로 별도의 일본어족으로 분류되는 상황입니다.

다만 2021년 〈네이처(Nature)〉지에 발표된 연구에서는, 언어학, 고고학, 유전학 연구 결과를 종합해본 결과, 한국어, 일본어, 투르크어, 몽골어 등 트랜스유라시아어족 여러 언어가 기원전 9,000여 년 전 중국 동북부 요하강 유역 농경민에서 비롯되었다고 발표되었어요. 그러자 중국인들이 "중국어가 이들 언어의 원조"라고 뻐기고 있다는데, 뭘 잘 모르고 하는 얘기지요. 결국 그 연구를 통해, 지금은 중국 땅이지만 원래 요하 일대는 황하 문명과 전혀 다른 문명권이었다는 사실을 증명하는 유력한 증거가 발견된 셈입니다. 🐻

우리말의 역사

앞서 우리말의 특징과 탄생 과정을 알아봤는데요. 그후 우리말은 어떻게 변화해온 것인지도 알아야겠지요?

① 고대 국어 (~10세기 신라 멸망까지)

예전에는, 삼국시대 우리 언어는 크게 북방 부여어(夫餘語 : 부여, 고구려, 옥저, 동예)와 한어(韓語 : 삼한, 백제, 신라, 가야) 계열이 있었다고 배웠습니다. 최근에는 이에 대해서도 부정적 의견이 존재하긴 하지만, 실제 역사 기록을 보면 고구려, 백제, 신라에서 쓰는 주요 명사가 달랐던 건 사실입니다. 하지만 세 나라 언어 모두 중국어와는 기본 단어나 문장 구조 등이 완전히 달랐기에 중국 기록에 "세 나라 말은 다 유사하다."고 기록했던 것이죠.

부여어는 받침이 적고 모음이 단순한 북방계여서 현재 일본어도 부여어의 후손이라는 견해가 많습니다. 글자 말고 발음을 대조해보면 유사한 경우가 많다네요. 최근에도 일본어의 기원이 한반도에 있었다는 '대륙일본어'설을 비롯한 새로운 이론이 등장하는 등, 여전히 연구가 진행되는 중입니다. 🐻

반면 한어는 신라가 삼국을 통일하면서 한국어의 모태가 되는 언어인지라 상대적으로 받침 발음이 많고 모음이 풍부한 언어였지요.

그런데, 백제에서는 왕실은 부여어를 쓰고, 백성들은 한어를 썼어요. 잘 알고 계시겠지만 백제를 세운 온조왕이 고구려 주몽왕의 아들이었지만 유리 태자에 밀려 한강으로 이동해서 세운 나라였기에, 기존 백성들은 한어를 쓴 반면 북방 지배계층은 부여어를 사용한 것이죠. 어쩌면 이 같은 언어 차이에 따른 갈등이 결국 백제의 발

현재 한국어	부여(고구려)어	현재 일본어
토끼	오사함 (烏斯含)	우사기 (うさぎ)
파도	내물 (內勿)	나미 (なみ)
물	미 (彌)	미즈 (みず)
셋	밀 (密)	미 (み)
다섯	우차 (于次)	이츠 (いつ)
일곱	난은 (難隱)	나나 (なな)
열	덕 (德)	토오 (とー)

전을 저해한 요소가 되었다는 시각도 존재합니다. 🐻

이후 신라가 삼국을 통일하면서 백제와 고구려 지역까지 점차 신라어로 바뀌어 한반도의 언어적 통일이 이루어지게 됩니다. 표기법은 중국 한자를 차용했지만 이두와 향찰 등으로 우리말을 표기하려는 노력이 이루어진 시기였습니다.

삼국시대 말기의 기록이 돌에 뚜렷이 새겨져 있는 '임신서기석(壬申誓記石)'에는 두 화랑이 열심히 공부하겠다는 의지를 담은 문구가 새겨져 있는데, 중국어 문법이 아니라 우리말 어순에 따라 썼다고 하네요. 이 같은 방식을 변격한문(變格漢文)이라고 하는데, 비록 한자를 차용했지만 자연스러운 우리말 어순으로 표기하려던 조상님의 고뇌가 느껴지네요. 🐻

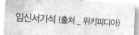

임신서기석 (출처 _ 위키피디아)

② **전기 중세국어 (고려 건국 ~ 14세기)**

신라가 멸망하고 고려 왕조로 바뀌면서 우리말에 큰 변화가 일어납니다. 우선 수도가 경상도에서 경기도로 옮겨져 중심 언어가 바뀌게 되었고, 고려 광종 때 과거제도가 도입되면서 한자어 사용이 급증하게 됩니다. 이에 따라 우리말을 사용하면서도 글은 한문을 사용하는 이중 언어 생활이 본격화되었고, 거의 모든 학술용어는 한자어에 압도되기 시작합니다. 🐻

또한 일상생활 면에서도 신라어 중심에서 북방 부여어 계통이 많이 유입되어 변화가 있었을 것으로 추정되나 명확한 음운 변화 등은 사료 부족으로 인해 구분이 쉽지 않다고 하네요.

이후 조선 초기까지 전기 중세국어 시대로 분류되는데, 이는 고려에서 조선으로 왕조 변화가 큰 혼란 없이 이어지고 수도 역시 개성과 가까운 한양으로 이동했기에 큰 변화는 없었을 것으로 추정된다고 합니다. 🐻

③ 후기 중세국어 (14세기 ~ 17세기)

이 당시에도 전기 중세국어와 큰 차이는 없었지만, 1446년 '훈민정음(訓民正音)'이 반포된 후 발간된 여러 한글 문서에서 14세기에 이중모음, 겹자음이 증가하는 등의 음운 체계에 변화가 생긴 것이 발견된다고 하네요.

인류 역사상 특정 목적을 갖고 한 인물에 의해 창조된 글자는 우리 한글밖에 없다고 자랑하지만, 그건 가리지날이에요. 군주가 백성들을 위해 새로 만든 문자는 제법 존재했지요. 🐻

발해를 멸망시킨 거란(요) 태조 야율아보기와 동생 야율질라가 만든 '거란 문자'가 존재했고, 이 거란 문자를 본떠 1100년 대 금나라 태조 완안아골타가 만든 '여진 문자', 1200년대 원 나라 쿠빌라이 칸의 명령을 받 은 티벳 불교승 파스파가 전 세계의 언어를 한 문자로 표기 하겠다고 만든 '파스파 문자', 1623 년 청나라 시조 누르하치가 명령

훈민정음 해례본 (출처 _ 위키피 디아) (국립한글박물관 소장)

해 만든 '만주 문자' 등이 존재했지만, 막강한 중국 한자 문화에 녹 아 모두 사라졌지요. 🐹

　이에 반해, 오직 한글만이 현재까지 국가 표준문자로 당당히 사 용되는 인공 글자로서, 창제 원리와 연도까지 명확히 밝혀진 유일한 문자라고 해야 정확하답니다.

　이에 UN 국제기구 '유네스코(UNESCO)'에서 1990년부터 매년 9 월 8일이면 세계 문맹 퇴치를 위해 애쓴 개인이나 단체에게 주는 상 이름을 다름 아닌 '유네스코 세종대왕 문해상(UNESCO King Sejong Literacy Prize)'으로 명명한 것은, 우리 겨레가 세계에 자랑할 수 있는 엄청난 지식 유산이 아닐 수 없습니다. 🐹

　이처럼 세종대왕은 백성을 널리 이롭게 하고자 우리말을 정확히 표현할 수 있는 훈민정음 28글자를 만드셨는데도, 일부에서 세종이 혼자 글자를 만들었다는 사실을 믿지 못해 스님 신미대사가 창제했

유네스코 홈페이지의 '세종대왕 문해상' 뉴스 화면 (출처 _ 유네스코 홈페이지 캡처)

다든지, 딸 정의공주가 실제 창제자였다는 다양한 주장이 나오고, 한때는 집현전 학자들이 보조했다는 것이 정설인 양 여겨지기도 했습니다. 🐻

하지만 분명한 것은 '훈민정음'이 세상에 선보이는 과정은 2단계에 걸쳐 진행되었다는 것이죠.

1443년 12월 훈민정음을 첫 공개(창제)할 때까지는 세종 혼자만의 창조가 맞습니다. 몇몇 왕자와 공주가 거들긴 했지만 이는 신하들 모르게 비밀 프로젝트를 수행하기 위해 어쩔 수 없이 가족을 활용한 것이죠. 그런 비밀 프로젝트였으니 첫 공개 당시, 깜짝 발표에 놀란 집현전 학자들을 대표해 부제학(副提學) 최만리(崔萬理)가 거란, 파스파, 일본 문자 등을 알고 있던지라 "한문이 있는데 왜 굳이 오랑캐처럼 자체 글자를 만들려 하시느냐."며 상소문을 올리며 반대한 것이죠.

하지만 세종이 반대한 신하들을 감옥에 가둘 정도로 강하게 밀어붙이자 신하들은 그제야 서늘한(?) 느낌을 받습니다. 저 임금의 할배와 아비가 누구였는지 떠올린 것이죠. 🐻

평소에는 말로 맞장떴지만 피바람 몰아치던 그 집안 DNA가 어디 가겠냐 말입니다. 고려 왕족 제거 작업도 여전히 이루어지던 살벌한 시기에 더 반대하다가는 내 목도 날아갈 것 같은 분위기를 감지한 집현전 학자들은 입 닫고 후속 작업에 참여하게 됩니다. 🐻

이에 백성들이 실제 사용할 수 있도록 창제 과정과 발음 등에 대한 해설집 《훈민정음 해례본(訓民正音 解例本)》 제작에 참여해 발표(반포)하기까지 3년간의 준비 시기에는, 세종과 집현전 학자가 공동 진행한 것이 맞습니다. 그러니 헷갈려서는 안 돼요. 🐻

하지만 이후 활용 과정은 순탄치 않았습니다. 당대에는 과거시험에 적용했지만, 이후 양반층의 반발로 인해 한자는 '진서(眞書)'라 부른 반면, 훈민정음은 '언문(諺文)', '언서(諺書)', '언어(諺語)', '반절(反切)', '암클', '아햇글', '중글' 등으로 비하했지요.

참고로, 일본은 한자 획을 응용한 자체 글자를 만들지만 여전히 한자를 중시했기에 한자는 진짜 글자 '마나(眞名)'로, 자기네가 만든 글자는 가짜 글자 '가나(かな, 假名)'로 불렀는데, 지금도 자기네 고유문자를 '가짜 글자, 가나'라고 부르고 있는 겁니다. 아, 네네. 🐻

언문이라 부른 최초의 인물은 누구?

그런데……, 다들 잘 모르는 이야기가 하나 있습니다.

많은 분들이 "세종대왕님이 훈민정음이라는 멋진 이름을 만들어 주셨는데 양반들이 기득권을 지키려고 언문 등 멸칭으로 불렀다."고 분개하시는데, 이는 가리지날~!

첫 한글 책《용비어천가》
(출처 _ 위키피디아)

훈민정음을 '언문'이라고
최초로 부른 사람은 기록에
남아 있으니……, 두구두
구두구~ 그 괘씸한 인물이
과연 누구냐!

바로바로~, 다름 아닌
세종 본인이셨습니다. 으잉?

게다가 훈민정음을 이용한 책자 제작 및
배포 등을 담당한 기관 이름 역시 세종의 지
시로 처음부터 '언문청(諺文廳)'이라 지었지요. 언문청 설치와《용비
어천가(龍飛御天歌)》제작을 지시한《조선왕조실록》〈세종실록〉28
년(1446년) 11월 8일자 기록의 실제 상황은 이랬을 겁니다.

신하들 : "전하, 새 문자가 반포되었으니 이를 널리 알릴 관청 신설을
윤허하여주소서. 신설 관청은 '훈민정음청'이라 칭하고 집현전 에이
스들을 뽑아 운영코자 하나이다."
세종대왕 : "뭐라? 훈민정음이란 '백성을 가르치려고 만든 바른 소리'
란 의미 아니더냐? 어디 감히 니들이 '전지적 전하 시점'으로 부르려
고 그래? 너희끼리 새 글자를 부를 때는 '언문'이라 하고, 관청은 언문
청이라 칭하라. 난 임금, 너흰 백성, 자나깨나 365일 포에버 명심할지
어다. 콜?"
신하들 : "예이~! 성은이 '망칙'하여이다~."

세종대왕 : "늘 느끼는 건데 너네가 과거시험 통과하고 나더니 더 이상 공부를 안 해요. 그래서 언문 1호 도서로 조선 건국을 찬양하는 《용비 어천가》를 제작하도록! 해동 육룡이 나르샤~ 뿌리 깊은 나무~ 샘이 깊은 물~ 시제 들었지? 드라마 제목 아니다. 잘 써오시게. 라잇 나우!"

《알아두면 쓸데 있는 유쾌한 상식사전》 '한국사 편'에서 세종대왕 님의 흑역사를 다룬 바 있는데, 거듭 세종의 다른 면모를 보여드리 네요. 🐻 아무리 백성을 사랑한 문화 군주셨다고는 해도, 엄격한 신 분제 사회이자 전제 왕권국가였던 당시의 군주는 현대 사회의 지도 자와는 전혀 다른 위치인 겁니다. 또한 세종이 돌아가신 후 신하들 이 정한 묘호 '세종(世宗)'은 4군 6진을 개척해 영토를 크게 넓힌 '정 복 군주'라는 뜻이니, 절대 부드러운 분이 아니셨던 겁니다. 🐻

그런데 왜 세종은 본인이 만든 훈민정음을 왜 굳이 언문이라고 불 렀을까요? 지금은 언문이 '한글을 속되게 이르던 말'이라고 국어사 전에도 실려 있지만, 원래는 일상생활 속 대화를 그대로 적은 구어 체 문장(口文)을 의미한다고 합니다. 실제로 지금도 우리가 정식 문 서에 쓰는 표현과 일상생활에서 쓰는 대화 표현은 상당히 다르지요.

문서나 노래가사에서는 '그', '그녀' 등 3인칭 대명사를 쓰고 문장 끝에도 '~하다.', '~했음.' 등을 쓰지만, 일상 대화에서 그런 표현을 사용하지는 않잖아요? 제 책 표현 역시 상당수가 구어체를 그대로 썼기에 다른 책들에 비해 낯설어 보이듯이요. 🐻

그래서 당시에는 아직 한문이 학술용어로 더 유용했기에 한글은

'말하는 대로 기록할 수 있는 문자'라는 의미로 '언문'이라는 표현을 쓴 것인데, 이게 후대에 악의적으로 변질된 것입니다. 🐻

또한 많은 자료나 드라마 등에서 세종이 만드신 한글의 활용을 적극 방해한 인물로 세조나 한명회, 연산군 등을 거론하지만, 이 역시 가리지날입니다. 🐻 ('한글'이라는 명칭은 1913년에 등장하지만, 편의상 이후 한글로 명칭을 통일합니다.)

세조는 왕자 시절, 형 문종, 동생 안평대군과 함께 아버지를 도와 훈민정음 창제에 깊숙이 관여했던 인물이고, 우리가 잘 아는 '세종어제 훈민정음 – 나랏 말쌈이 듕귁에 달라……'로 시작하는《훈민정음 언해본》(한글 설명서)을 발간토록 지시한 것도 세조 본인이었습니다. 그러니 그 책자에 아버지가 돌아가신 뒤에 정해진 묘호 '세종'을 붙일 수 있었지요. 또한 본인이 독실한 불교 신자였기에 백성들을 위해 많은 불경을 언해본으로 출간하기도 한 분이니, 그가 한글을 탄압했다는 것은 말이 안 되지요. 🐻

그리고 연산군이 한글로 된 비난 투서에 화가 나서 한글 사용을 전면 금지한 적이 있었는데, 이를 두고 그의 치세 때 완전히 공문서에서 한글 사용이 끝난 것처럼 기술한 경우도 있는데, 그건 일시적인 화풀이였어요. 실제로는 연산군도 치세 초기에는 아버지 성종처럼 솔선수범하는 유교 군주로서 불교는 탄압하는 한편, 백성들의 생활 향상을 위해 그 어느 후대 왕보다도 더 열심히 한글 번역본 작업 지시를 내렸고, 여전히 과거시험에 한글 사용이 가능했습니다. 또한 궁궐 옆에 지은 불법 민가들을 철거토록 한 것은 사실이나, 그건 역대 임금들도 다 하던 무허가 건축물 철거 지시였고, 타 임금들과 달리 쫓겨날 백성의 안위를 걱정해 겨울에는 시행치 말도록 당부했다고 하지요. 🐻

실제로 한글의 활용이 위축되는 건 중종 반정 이후 실세가 되는 사림파에 의해 노골화됩니다. 그들로서는 한자를 통해 유학을 배운 기득권층의 권력 유지에 신경을 썼을 뿐, 일반 백성은 교화되지 않는 무지렁이로 있는 편이 나았거든. 👹

이후 조선 임금들이 예전처럼 신하 위에서 군림하지 못한 상황에서 점차 한글은 궁중 여인들과 백성들 위주로만 사용하게 됩니다.

④ 근대 국어 (17세기 ~ 19세기 말)

고려시대에 비해 큰 변화가 없던 조선 전기 우리말은 임진왜란과 병자호란을 거치면서 발음이 크게 변화했습니다. 세상이 각박해지다 보니 된소리 낱말이 늘어나고(고→코), 구개음화가 생겨납니다. 원순모음화도 이뤄져 믈 → 물, 블 → 불, 플 → 풀로 발음이 바뀌고, 모음조화 법칙도 흐트러지기 시작했답니다.

또한 일본 어법이 역류해 주격조사 '가', 종결어미 '~다.'와 '~까.'가 사용되기 시작합니다. 우리가 군대 등에서 '다, 나, 까'로만 말하라고 하지만, 알고 보면 일본어에서 유래한 종결어법이지요. 🐻

이처럼 우리말의 변화를 구체적으로 알 수 있는 것은 다수의 한글 편지가 남아 있기에 가능했던 것이고, 지금도 새로운 한글 자료가 나오면서 추가 연구도 계속되는 상황입니다.

당초《훈민정음 언해본》에서 보듯 한글의 자모 모양은 반듯반듯한 고딕체 스타일이었는데, 당시 붓이 일반적인 필기구였던 만큼 이후 대비 등이 쓴 편지에서 보면 한자 획처럼 붓놀림에 의해 자모 끝에 삐침이 나오게 되니, 이를 가리켜 '궁궐에서 쓰는 서체', 즉 '궁서체'라 부르게 되고, 오늘날의 우리도 진지하게 잘 사용하고 있습니다. 🐻

이후 한글로 쓴 편지나 서책들이 증가했는데, 현종 11년(1670년) 장계향(張桂香)이라는 부인이 한글로 된 음식 요리책《음식 디미방》을 펴내니, 146가지 요리의 조리법이 적혀 있어요. 아들인 이현일(李玄逸)을 이조판서로 키운 양반가 안주인이 직접 정리한 이 도서는, 어떤 음식을 먹었는지도 알려주지만, 당시 주방 용어를 한글로 어떻게 표현했는지도 알려주어 귀한 유산이 되고 있는데, 오랫동안 저자가 누군지 알지 못하다가 2002년에 본명이 적힌 신위가 발견되었습니다. 🐱

또한 18세기 영·정조 시절에는 민간 경제가 되살아나면서 한글 소설 붐이 일어나《홍길동전》을 비롯해《춘향전》,《전우치전》,《심청전》,《홍부전》,《장화홍련전》 등 한글 소설 창작이 이어집니다. 이에 국어학자들이 당시 한글 소설을 분석해 해당 시기의 발음과 단어 변화에 대한 단서를 알게 되는 것이죠.

제가《알아두면 쓸데 있는 유쾌한 상식사전》'한국사 편'에서 최초의 한글 소설《홍길동전》은 허균이 쓴 작품이 아니며 숙종 이후에 만들어진 작품이라는 점을 설명드린 바 있는데, 왜 갑자기 영·정조 시대에 한글 소설이 대거 출현하게 되었을까요?

이는 조선 초만 해도 엄격
히 금지하던 민간 시장이 활성
화되면서 각 시장마다 책 대여
점(세책점)이 인기를 끌게 되면
서 이름을 숨긴 한글 소설 작가
들이 돈을 벌 수 있었기 때문이
었지요. 즉, 도서 대여점이 이
미 300여 년 전에 존재했다는 건데요. 당
시에는 종이 자체가 비쌌고 책이 귀하던

국립한글박물관 소장 《홍길동
전》 (출처 _ 위키피디아)

시절이라 세책점 주인장들은 빌려간 책이 금새 해지는
것을 방지하고자, 표지는 두꺼운 삼베로 싸고 종이에 들기름을 발랐
다고 하니 지금으로 치면 비닐 코팅을 했던 셈이랄까요? 🐻

또한 한글도 모르는 이가 많던 시절이라 시골 장터에서는 한글
소설을 읽어주는 '전기수(傳奇叟)'라는 직업도 출현했다고 하네요.
이들 대부분은 아버지는 양반이지만 어머니가 천민이어서 출세길
이 막힌 서얼들이었다고 합니다. 그래서 그중 누군가가 서얼의 과거
응시 기회를 차단한 세종 시대를 배경으로 《홍길동전》을 만들어 자
신들의 신세를 한탄하면서 신분 차별이 없는 판타지 소설을 쓴 것이
겠지요. 이들은 전용 시설 없이 장마당에서 사람들에게 빙 둘러싸인
가운데 재미난 한글 소설을 낭독해야 했으니, 어떻게 돈을 받을지
고민하다가 묘안을 냅니다. 즉, 한창 이야기가 절정에 이르는 순간
딱! 낭독을 멈추어버리는 거예요. 그러면 맛깔나게 이야기를 듣던

청중들은 애가 타서 동전을 던져주며, "어여 읽게나~! 궁금해 죽겠다네."라며 재촉했는데, 그 방법 또한 이름이 남아 있으니 '요전법(邀錢法)'이라 불렀다고 기록되어 있습니다. 🐨

이 같은 풍경은 중국에서는 더 일찍이 원나라 시절부터 유행했기에 원말명초 시기에 전기수들의 낭독을 모아《삼국지》,《수호지》,《서유기》,《금병매》등 중국 고대 소설이 등장하게 되지요.

우리나라 역시 전기수들이 맛깔난 이야기를 한 후에 책자를 즉석에서 팔았다는데, 누군가가 쓴 원본 소설이 인기를 끌면 전기수들이 자기 입맛에 맞게 고쳐 필사했기 때문에, 《춘향전》의 경우 완산본, 한양본 등 수많은 판본이 존재하고 결말이 바뀌는 경우도 흔했지요. 저작권이란 개념이 없던 시절이니까요. 🐨

그래서 구한말 등장하는 신소설에 이르기까지 옛 한글 소설의 원문을 보면 대부분 4·4조의 운율로 이루어져 있는데, 이는 전기수들이 읽기 편하고 듣는 이들에게도 잘 각인되게 하기 위함이었고, 이 원칙은 지금도 동일해서 시위 현장에서 외치는 구호는 대부분 4·4조 운율로 되어 있답니다. "못살겠다, 갈아보자", "호헌 철폐, 독재 타도", "○○○은 각성하라~!"

이러한 풍경은 김홍도의 그림〈담배썰기〉에도 부채를 부치며 책을 읽어주는 장면으로 그려져 있는데 이 직업도 애환이 많았습니다. 《조선왕조실록》〈정조실록〉14년(1790년) 8월 10일 기록에 따르면, 당시 종로 거리 약재상가와 담뱃가게가 모여 있던 골목 공터에서 이업복이란 전기수가 이야기를 풀고 있었는데, 그만 한 청중이 악당

이야기에 분개하다가 전기수에게 낫을 휘둘러 죽이고 만 겁니다. 책 읽는 솜씨가 어찌나 뛰어났던지 그만 현실과 낭독을 구분 못 한 것이죠. 🐻

김홍도의 〈담배썰기〉. 부채 든 이가 전기수 (출처 _ 위키피디아)

이런 일은 지금도 여전하니 악역을 맡은 연기자를 본 시민이 현실과 드라마를 구분하지 못해 때리거나 욕하는 경우가 종종 발생하지요. 이처럼 조선 후기 한글 소설의 발달에는 전기수가 큰 역할을 했는데, 놀랍게도 이 직업은 1960년대까지 시골 장마당에서 명맥을 유지했다고 하네요. 🐻 하지만 전기수 직업의 명맥을 끊은 것은 다름 아닌 라디오의 보급이었다지요. 당시 6.25 휴전 후 언제 다시 북한이 침공해올지 모른다는 불안감 속에 혹시 모를 위기상황이 닥치면 빠르게 대처하기 위해 집집마다 라디오를 장만하도록 독려했죠. 그래서 정부에서는 보조금을 지급해 싼 가격으로 각 가정에 라디오를 보급했고, 뉴스와 더불어 라디오 일일드라마를 내보낸 것이 본의 아니게 전기수란 직업을 사라지게 만든 것이죠. 🐻

이처럼 서서히 변화하던 우리말은 1876년 개항을 맞으면서 그동안 접하지 못했던 수많은 서구 문물 앞에서 엄청난 변화를 겪게 됩니다.

그 이야기는 다음 2부에서 계속~!

삼국시대 이후 오랜 세월 다수의 한자어가 유입되긴 했지만 더디게 변화해오던 우리말은 1876년 개항과 더불어 서구 문물을 접하게 되면서 크나큰 변화를 겪게 됩니다. 오랜 세월 중국을 거치면서 변형된 한자어로 유입되던 각종 외래 문물이 직접적으로 민간에 노출되면서 새로운 단어들이 다양한 방식으로 소화되기 시작합니다.

정치, 경제적으로 거대한 외세의 압박 속에서 위기감을 느낀 조선 왕조는 허울뿐이긴 하지만 대한제국으로 거듭나며 그동안 천시하던 한글을 드디어 국문(國文)으로 인정하고, 국문법 정리 등 언어 면에서도 근대화를 추구합니다.

하지만 불행히도 일본에 나라를 빼앗긴 후 민간의 노력 속에 간신히 버티던 우리말·우리글은 일본의 민족 말살 정책으로 인해 하마터면 사라질 뻔한 위기에 처하지만, 여러 선각자의 투쟁 속에 희망의 불씨를 이어 나갑니다. 생존이 걸린 위기의 시대를 해쳐온 우리말글 이야기를 함께 알아보시죠.

2부

개항부터
대한제국,
일제강점기의
우리말·우리글

01

떼돈을 벌어보자, 조선 개항의 뒷모습

1876년, 일본과의 불평등한 강화도조약으로 3개 항구를 개항하면서 우리나라의 근현대가 시작된다는 사실은 잘 아실 겁니다. 보통 역사책에서는 이후 혼돈의 소용돌이로 휩쓸려 들어간 정치적 사건만 나열하는데, 당시 대다수 조상님들은 어떤 변화를 가장 먼저 체감했을까요?

오랜 세월 은둔의 왕국에서 살던 조상님들은 인천, 부산, 원산 등 개항 항구를 통해 들어온 새로운 문물에 크게 놀랐다고 합니다. 이미 청나라를 통해 가느다란 쇠바늘, 안경 등이 암암리에 유통되긴 했지만 일부 품목에 국한된 반면, 개항 이후 본격적으로 일본, 청나라 상인은 물론 영국, 독일 상인들까지 양질의 제품을 조선에 선보인 겁니다. 이에 우리 조상님들은 신세계에 열광하게 되니, 삽시간에 전국에서 불티나게 팔리기 시작합니다. 응? 어떻게 이들 제품이 순식간에 조선 팔도에 팔릴 수 있었냐고요?

그건 조선 보부상 네트워크가 풀가동한 덕분이었습니다. 🐻

신용 끝판왕, 조선 보부상 네트워크

삼국시대부터 전국에 다수의 시장이 존재했지만 주자학에 기반한 조선 왕조가 들어서면서 땀흘려 일하지 않고 중간에서 돈을 버는 상업을 악의 근원으로 여겨, 농업 자급자족 경제로 회귀하고 엄격한 행정 체계를 완비하면서 국가에 납품하는 종로 시전을 제외하고는 상설 시장을 없애버립니다. 🐻

그러면 일반인들은 대체 어떻게 물건을 구한 걸까요? 그건 봇짐 지고, 지게 지고, 전국을 다니던 보부상이 전담했습니다.

보부상이라는 단어는 '보상'과 '부상'을 합친 것인데, 봇짐장수라 불린 보상(褓商)은 비싼 비단, 면, 종이, 모시, 보석류, 침 등 고가품을 취급한 상인이고, 지게에 큰 물건을 지고 다닌 등짐장수 부상(負

구한말 경북 안동시장
(출처_우리역사넷)

商)은 덩치는 크지만 단가는 낮은 그릇, 가구, 부엌용품, 생선, 소금 등을 취급했어요. 이들은 각자 품목과 판매 영역이 나뉘어 있어서 타 상권을 침해하지 않는다는 불문률이 있었고, 이를 어길 경우 자체 징계를 했는데 관가보다 더 엄격했다고 하네요. 🐻

우리는 흔히 장돌뱅이 보부상을 매우 불쌍하다고 여기지만 그런 이미지는 가리지날. 불법인 듯 불법 아닌 불법 같은 보부상 네트워크는 500여 년간 조선 지하경제를 꽉 쥐고 있었고, 이들의 배후는 다름 아닌 이씨 왕가였어요. 🐻

구한말 보부상 사진
(ⓒ 국립중앙박물관)

그럼 대체 보부상은 어떻게 왕실을 등에 업고 파워풀한 민간 권력을 쥐게 되었을까요? 그 출발점은 조선 태조 이성계로 거슬러 올라가야 합니다. 야사이기는 하지만, 조선을 건국하기 전 이성계가 아직 북동면에 살 당시에 여진족의 공격을 받아 위기에 처했는데, 그때 홀연히 나타나 구해준 이가 백달원(白達元)이었다고 하네요. 이에 이성계는 조선 건국 후 생명의 은인에게 보답을 하니, 전국의 행상(行商)을 독점할 수 있는 부상권(負商勸)을 그에게 준 것이지요. 그래서 백달원의 깃발 아래 전국 단위의 보부상 연합이 결성되었고, 조정에 세금을 내고 신분증(채장)을 발급받는 국가 공인 자격증 협회가 되었던 겁니다.

조선 후기가 되면 전란 후 기근 사태로 조정의 명령이 먹히지 않기 시작하면서 음성적으로 전국 곳곳에 시장이 생기기 시작합니다. 처음에는 금난전권(禁亂廛權, 난잡한 시장을 막는 권리)으로 막지만 결국 1791년, 정조가 종로 육의전을 제외한 시전의 금난전권을 폐지해 드디어 민간 시장이 합법화되니 전국에 1,000여 개의 장터가 생깁니다.

당시 한양에는 역사와 전통을 자랑하는 운종가(종로2가)에 이어 베오개(종로5가)와 소의문(서소문동) 등, 세 군데 시장이 컸다고 하는데, 이중 서소문 시장은 약재와 골동품 짝퉁 천국이었다고 합니다. 그중 가짜 인삼은 도라지와 더덕을 아교로 붙여 만들거나, 인삼 껍데기 안에 족두리풀 가루를 채워 넣고 심지어 납까지 넣어 무게를 늘렸다고 하네요. 🐻

하지만 아무리 민간 시장이 허용되었더라도 아무나 물건을 팔 수 있었던 것은 아니었으니, 보부상의 허락을 받아야 가능했습니다. 이를 모르고 물건을 팔다가 보부상들에게 두들겨 맞아 죽는 경우도 있

었다네요. 🐨

비록 중국이나 일본에는 못 미치는 규모였지만 이들의 단결력과 네트워크는 상상 이상으로 강해, 자체 무장을 하고 다니면서 약속을 어긴 회원과 임의로 장사한 비회원에게 테러도 감행했는데 관청에서도 방관할 정도였다고 합니다. 즉, 허가받은 조폭 수준이었던 거지요. 이에 임진왜란 때에는 물자 수송을 담당하고, 조선 후기 민간경제가 활성화되면서 더 세력이 커지다 보니, 조정의 요구에 응해 동학농민운동 때에도 관군과 나란히 진압 작전에 나섰고, 이후 구한말 고종은 이들이 조정 허가를 받아야 장사할 수 있다는 약점을 이용해 어용 황국협회를 결성토록 해 정치 깡패 역할까지 하게 만듭니다. 🐨

구한말 외국인 여행기 중에 이들 보부상 신용 네트워크에 대해 경외감에 가득 찬 기록이 남아 있어요. 당시 부산항에 도착해 한양까지 가게 되었는데 부산항에서 환전을 하니 어마어마한 엽전 꾸러미로 바꿔 주더랍니다. 그때까지 지폐란 것이 없었고, 경복궁 재건으로 백납전을 남발해 인플레이션이 심해져 당시 1달러 당 6,000개의 엽전과 교환되었다네요. 우리가 보통 사극에서 1냥이란 단어를 들으면 엽전 1개라고 생각하지만, 실제 1냥은 100전, 즉 엽전 100개 꾸러미(지금 시세로 5~10만 원 내외)였어요. 🐨

그래서 말 두 마리를 빌려 환전한 돈꾸러미를 싣고 가야 했는데, 안내를 맡게 된 통역사가 그 꼴을 보더니 "그 많은 엽전을 어찌할 거냐, 나를 믿고 편하게 어음으로 바꾸라."고 권했답니다. 하지만 생전 처음 보는 이가 하는 말을 못 믿어 그대로 돈을 싣고 출발했는데,

어라? 여행 기간 중 만난 다른 이들은 죄다 어음 종이 하나만 들고 한양까지 가는 길에 주막에 들러 밥도 먹고 잠잘 때마다 보여주면, 주막 주인은 그 종이

에 먹은 금액을 기재하고 돌려주더랍니다. 당시 주막 주인들도 모두 부상청 회원이어야 장사를 할 수 있었고, 단순히 식당과 여관만이 아니라 금융업까지 하던 상황이었거든요. 그렇게 한 달여 여행 끝에 한양에 도착해 사설 환전소를 가보니, 어음 종이에 적힌 식대와 숙박비 기록을 보고 그만큼만 제외하고 돈으로 바꿔 주더라는 거죠. 그제야 그 백인은 이 은둔의 왕국에 놀라운 신용 금융 네트워크가 존재하고 있다는 사실에 경탄해 마지 않았다고 하지요. 🐻

그렇습니다. 비록 국가에서 시행하려던 지폐는 아무도 안 믿어 실패한 조선이지만 보부상 연합이 보증하는 어음, 즉 조선판 신용카드 제도는 탄탄한 네트워크가 구축되어 있던 겁니다. 우리가 어떤 민족입니까? 엉뚱한 규제만 안 하면 민간에서 알아서들 어마어마한 일을 해내는 DNA는 이미 이때도 그 능력을 발휘하고 있었건 거죠. 🐻

이처럼 나름 탄탄한 전국 보급망을 갖춘 보부상들은 수입상품 판

매가 호재임을 깨닫고 항구에 몰려 가서 외국 신식 물건을 구매한 뒤 전국 5일 장터에 이를 널리 뿌리면서 명칭도 함께 전파하기 시작합니다. 사실 오랫동안 보부상 네트워크는 의주 및 국경 지대를 통해 중국에서 화장품, 침 등을 수입했고, 유럽에서 인기를 끌기 시작한 화려한 일본, 중국제 채색 도자기를 들여와 양반층에 팔아 떼돈을 번 전력이 있었어요.

참, 그런데 우리가 흔히 쓰는 '떼돈'이란 단어는 어디서 유래했는지 아세요? '뗏목을 판 돈'에서 유래한 거예요. 🐻

과거 우리나라는 제대로 된 도로가 거의 없어 강과 바다를 통한 운송이 더 용이했습니다. 예전에는 나무꾼을 '떼꾼'이라고 불렀는데, 이들은 강원도와 충청도에서 나무를 베고 묶어 뗏목을 만들어 한강에 띄워 하류로 흘려보냈지요. 그런데 말이 쉽지 산에서 나무를 강까지 끌고 가는 것부터가 만만치 않았어요. 가을에 미리 나무를 베어 일정한 길이로 자른 뒤 겨울이 되길 기다린 후 눈이 내려 미끄러워진 산길을 따라 강까지 밀고 내려와서 강에 띄웁니다. 하지만 이들 떼꾼이 반년에 걸쳐 강까지 끌고 온 뗏목을 노리는 이들이 있었으니, 지역 도적들이 빼앗거나 협박을 해서 헐값에 강매하고 제대로 돈도 주지 않는 경우가 허다했다고 합니다.

어째 요즘도 이와 비슷한 사례를 본 듯한데……. 이 같은 모리배들에게는 '떼돈'이야말로 대박 돈벌이었기에 이 쓸쓸한 단어가 지금까지 내려오는 겁니다. 🐻

이처럼 보부상들이 중국과 일본을 통해 몰래 들여온 물건을 팔자 당시 조선에 얼마 남지 않은 도공들도 신토불이를 외치며 채색 도자기 기술을 개발하는 등 나름 분발하지만, 아뿔싸! 개혁군주라고 알려진 정조이지만 치세 말년이 되면 만민평등을 부르짖는 천주교에 위기감을 느껴 '공자천국 불신지옥'을 외치는 문체반정(文體反正)을 일으키며 서학 탄압과 함께 기술 개혁도 금지시키니, 조선은 채색 자기를 만들지 못하고 백자에서 종결됩니다. 백자를 보면서 지금에야 '소박한 순백의 미'라고 칭송하지만 이 같은 슬픈 속사정이 있는 거예요. 🐼

그런데 도자기 기술자, '도공(陶工)'이라는 단어는 일본식 표현입니다. 원래 우리나라에서는 '사기장(沙器匠)'이라 불렀다는데 다시금 되살렸으면 좋겠습니다. 🐼

이처럼 암암리에 해외무역으로 떼돈 맛을 본 보부상들에게 개항은 절호의 기회였지만, 나라가 송두리째 망하면서 조선총독부는 단칼에 보부상 협회를 강제 해산하고 3,000칸을 자랑하던 종로 시전도 파산하게 됩니다. 당시 종로 상권 최후의 거상은 대창무역 백윤수 씨였는데 세계적 비디오 아티스트 고(故) 백남준 님의 할아버지였지요. 🐼

이미 인천을 거쳐 한양에 진출했던 일본 및 중국 상인들은 이후 평양 등 대도시 상권을 차지하고 백화점까지 설립하기 시작하는데, 시류에 밝은 일부 조선 신흥 상인들과 다수의 지주층도 일제에 부합해 부를 거머쥐게 되고, 소작농들은 조선 시절 50% 뜯기던 소작료를 일본식으로 70%까지 빼앗기게 되다 보니, 결국 견디다 못해 만

주 등 해외로 떠나게 되지요. 🐻

신문물 단어의 유래

일단 눈물은 쓰윽~ 닦고, 다시 이야기를 이어갑시다.

오랜 기간 우리는 거의 전적으로 중국을 통해 외래 물품을 받아들였습니다. 명나라 때까지는 '당(唐)'이라는 접두어를 써서 이름을 붙이니, 당나귀 등이 있었습니다. 그후 청나라를 통해 들어온 물품에는 앞에 오랑캐 '호(胡)' 자를 붙여 불렀습니다. 겉으로는 숙일지언정 만주족 오랑캐라고 속으로 비웃고 있었던 거지요. 그래서 호도(胡桃, 지금의 호두), 호떡, 호밀, 호배추, 호추(지금의 후추), 호콩(지금의 땅콩) 등으로 불렸고, 그동안 조선 의복에는 없던 의복 내 주머니를 보고는 오랑캐 주머니, 즉, 호(胡)주머니라 부르게 되지요. 🐻

일본을 통해 들어온 물건들에는 '왜(倭)' 자를 붙였어요. 왜간장, 왜감자, 왜낫, 왜무, 왜콩 등의 단어가 이에 해당되지요.

개항 이후 서양 물건이 들어오면서 우리와 유사한 물건들은 앞에 '양(洋)' 자를 붙여 양약, 양변기, 양옥, 양단(색실로 수를 놓은 고급비단), 양동이, 양배추, 양송이, 양은, 양재기, 양잿물, 양철(함석), 양초, 양파, 양회(시멘트) 등으로 부르게 되고, 서양 정장이 소개되면서 양복(洋服)이라 부르죠. 또한 1910년 서양식 버선(말, 襪)이라는 의미로 양말(洋襪)이란 단어가 만들어집니다. 🐻

다만 지퍼(zeeper)는 나중에 도입되었기에 일본식 명칭인 '자꾸'라고 부르고, 1927년 국내 학교에도 도입된 영국 해군 세일러(sailer) 군복 스타일 학생 교복은, 일본식으로 세라복(セ-ラ-服)이라 부르게 되지요. 신식 봇짐 또한 '가방'이라는 이름으로 소개되는데, 가방은 원래 네덜란드어 '카바스(kabas)'가 일본에서 '가방'이라 변형된 것이 그대로 유입되었지요. 또한 일본인들이 선보인 천연고무로 밑창을 깐 신발은 '고무 단화(ゴム 短靴)'라고 소개되는데, 이 역시 고무나무 수지의 프랑스어 표현인 '고므(gomme)'를 일본인들이 '고무(ゴム)'라고 부른 것이 지금껏 쓰이고 있어요.

당시 유럽도 일부 포장된 도로를 제외하고는 흙길이어서 가죽구두만 신고 나가면 뽀얗게 흙먼지가 쌓이거나 비라도 오면 진흙탕에 엉망이 되다 보니, 프랑스가 주로 지배하던 동남아시아 식민지에서 들여온 고무를 덧씌운 방수 덧신 갈로쉬(galoche)가 유행이었는데, 이게 일본을 거쳐 우리나라까지 온 겁니다. (《알아두면 쓸데 있는 유쾌한 상식사전》 '일상생활 편'의 지퍼 얘기 때 소개한 갈로쉬가 다시 등장하네요. 🐨)

하지만, 당시 들여온 일본산 '고무 단화'는 밑창만 고무이고 윗부분은 가죽이나 천으로 된 스타일이었는데 접착력이 낮아 잘 떨어졌다네요. 이를 눈여겨본 평양 출신 이병두 선생이 현재 우리가 알고 있는 일체형 조선 스타일 '거북선표 고무신'을 개발했는데, 방수도 잘될 뿐 아니라 미끄럼 방지 기능까지 더해 일본산을 몰아내어 지금까지 사용되고 있는 거지요.

또 하나

재미있는 건

우리가 씹는 껌은 영어 'gum'에서 나온 단어이고, 젤리라는 의미로 쓰는 '구미'는 독일어 'gummi'에서 유래한 것인데, 이 단어들 모두 원래 의미가 고무인데 우리에게 소개된 상품에 따라 다 달리 불리고 있다는 사실입니다. 🐻

다만, 지금도 논란이 있는 단어는 구두인데요. 이 단어의 유래에 대해 한일 양국이 정반대의 주장을 하고 있습니다. 🐻 우리나라 기록상 1906년 〈대한매일신보〉 기사에 처음 '구두'라는 단어가 등장하기에 남성용 서양 가죽신이 개항 당시 들어오면서 일본어 쿠츠(く つ, 靴)가 발음이 변한 것이라고 추정하고 있어요. 반면 일본에서는 4~8세기 고대 일본 시 모음집《만엽집(萬葉集)》에 신발이란 의미로 '쿠츠'가 나오는데, 이 시집 내 다수 단어가 한반도에서 유래한 만큼 한반도에서 신발을 의미하던 구두가 발음이 변해 '쿠츠'가 되었다는 주장이 신빙성이 높아 보인다고 하네요. 요새 중국 때문에 원조 논쟁이 시끄러운데, 이 구두라는 단어는 한일 양국이 서로 상대방이 원조라고 주장하는 웃픈 상황이 연출되고 있습니다. 🐻

그 외에도 일본식으로 변형된 단어가 많이 쓰였는데, 우리가 속

옷으로 입는 러닝 셔츠(running shirts)를 어르신들이 일본식 발음인 '난닝구'라고 부르시잖아요? 그 외에도 크림(cream)도 '구리무'라고 많이 불렸지요. '동동구리무'.

이처럼 러닝(running)을 '난닝구'로 읽는 방식은 일본식 영어 발음인데, 일본에서는 지금도 '~ng'로 끝나는 단어는 꼭 '~ㅇ구'라고 발음하지요. 스프링구(spring), 하이킹구(hiking) 등등요.

제가 일본어를 배우면서 '일본인들이 발음만 문제가 있는 게 아니라 귀마저도 안 좋나? 왜 '~ng'를 굳이 'ㅇ구'라고 발음하지?'라고 의아하게 생각했는데, 나중에 알고 보니 19세기까지 영국 영어에서는 '~ng'를 발음할 때 마지막에 'g' 발음을 했더군요. 즉, 일본이 메이지유신 이후 서구 문명을 배우고자 유럽으로 여러 차례 견학단을 보낼 당시 접했던 19세기 영어 발음을 지금도 유지하는 겁니다.

원래, 영어에서는 'ng' 두 글자가 합쳐져 '응' 발음이 나는 것이 아니라, n 뒤에 g 또는 k가 오면 n이 'ㄴ'대신 'ㅇ' 발음으로 바뀌는 것이었습니다. 그래서 지금도 nk 발음은 'ㅇ크' 즉, bank는 '뱅크', wink는 '윙크'로 마지막 k음을 내는 반면, 19세기 말부터는 ng 발음 시 마지막 g 발음은 안 내기 시작했다고 합니다. 🐻

우리에게 《위대한 유산(Great Expectations)》, 《크리스마스 캐럴(A Christmas Carol)》 등으로 잘 알려진 영국 대문호 찰스 디킨스(Chales Dickens)가 당시에 신문에 쓴 기고문에서 "요새 젊은 것들은 ng발음할 때 g 발음을 안 해서 큰 일"이라고 한탄한 대목이 있답니다. 🐻

이처럼 150여 년 전 접했던 영어 발음을 지금도 고수하는 등, 일본인들은 외부의 변화에 민감하게 반응하면서도 신문물이 일단 일본식으로 정착되면 그때부터는 매우 보수적으로 안 바꾸고 일본 전통이라고 주장하는 특성이 있습니다. 그러다 보니 '도장을 사랑하는 국회의원 모임'이 있어서 전자결재 도입을 반대하고, 여전히 팩스를 사용하는 등, 여러모로 아날로그적인 면을 보이면서 21세기 전자산업이 디지털로 변환되는 시기에 우리나라가 역전의 기회를 잡게 된 것이죠. 🐻

신문물 얼리어답터 고종

실제로 우리나라는 이미 구한말에도 신문물의 수용 면에서는 일본보다 더 유연한 모습을 보여주었습니다. 예전 일본이 서구에 문호를 개방하던 16세기에 우리나라도 진즉 개방했더라면 어땠을지 두고 두고 미련이 남지 않을 수 없네요. 🐻

건청궁에 처음 불을 밝힌 시등식
(출처 _ 한국전력공사 전기박물관)

실제로 개항 이후 동양 3국 중 조선 왕실이 가장 최신 문물에 열광하게 됩니다. 우리나라 경복궁, 창덕궁 등에 백열등을 설치했던 건 잘 아실텐데요. 우리보다 먼저 서구 문명을 접한 청나라와 일본은 민간에서는 많은 변화가 있었지만, 역사와 전통을 강조하는 왕실 분위기로 인해 감히 궁전 내에 서양 신문물을 설치하지는 못했다고 합니다.

하지만 우리의 얼리어답터 고종은 동양 3국 중 최초로 1887년 3월, 경복궁 뒤편 건청궁에 전등을 설치하게 하니, 중국 청나라나 일본보다 2년 빠른 기록이지요. 🐻 이는 1882년 미국과 수교조약을 맺은 다음해에 미국 대통령을 알현하기 위해 보낸 보빙사(報聘使) 중 유길준(兪吉濬)이 뉴욕과 보스턴 밤거리를 밝히고 있는 백열등 전구를 보고 고종에게 "신세계가 열렸다."고 보고하자, 1887년 3월에 과감하게 경북궁 궐 내 북쪽에 새로 만든 건청궁에 무려 750개의 백열전구를 설치할 수 있는 대형 발전기를 들이며 등을 밝게 했는데, 에디슨(Thomas Edison)이 백열전구 시연에 성공한 1879년 10월로부터 채 만 8년이 안 된 시기였습니다. 🐻 (시리즈 2권 '과학·경제 편'에 쓴 조선 보빙사 통역관을 맡았던

얼리어답터 고종 황제
(출처 _ 위키피디아)

호기심 대마왕 로웰 이야기 기억나시죠?

영조가 조선통신사로부터 고구마 이야기를 듣고 빨리 갖고 오라고 채근한 '빨리빨리 DNA'를 이어받은 고종은, 보빙사의 보고를 받자마자 이하영(李夏榮) 주미공사 대행에게 빨리 기술자를 초빙해 오라고 재촉했다고 합니다. 당시 "인천, 부산, 원산 항구의 관세로 나중에 갚겠다고 약속하여 200만 달러를 대출받아 미국 용병 20만 명을 데려오라. 내 친히 이들 미군을 이끌고 청나라를 정벌하고 평양에 짓고 있는 풍경궁 태극전에 앉아 대제국을 다스리겠다."는 고종의 터무니없는 미션을 수행 중이던 이하영은 워싱턴 정계에서 아주 유명했어요.

그게……, 외교를 잘해서가 아니라 갓에 두루마기 입고 구두에 선글라스를 쓴 독보적인 패션을 뽐내며 밤마다 무도회장을 찾아가 금발 아가씨들에게 수작을 부리고 있었거든요. 🐻 그의 증언에 따르면 실제로 뉴욕은행을 통해 100만 달러를 우선 빌렸다는데, 그 돈 중 일부로 밤마다 워싱턴 사교계를 흔들었고 사귄 백인 아가씨도 있었다네요. 당시 '상투 댄디'란 별명을 모르는 이가 없었다고 하니, 한류의 유행은 이미 이때 징조가 보이고 있었던 겁니다. 🐻

이에 '워싱턴 DC 밤의 황태자' 이하영은 고종 황제의 친서를 들고 에디슨 전기회사를 방문합니다.

이하영 : "하우 두유 두? 아임 코리안 엠버서더, 미스터리(mystery)한 미스터 리(Mr. Lee)."

에디슨 : "뉘신지메리카? 난 요새 백열등 파느라 바쁜 몸인데 무슨 일 이시유나이티드?"

이하영 : "대한제국 황제 폐하께서 귀사의 백열등을 경복팰리스에 라이트닝하고 싶어하신다조선."

에디슨 : "왓 어 원더풀~! 드디어 동아시아에 우리 에디슨이 진출할 찬스를 겟했다리카!"

이하영 : "럭셔리한 모델에 최고 기술자 붙여서 보내 달라코리아. 우

리나라 별명이 글로벌 호구이지모닝캄."

에디슨 : "돈 워리 비 해피, 최고 기술자 엄선해서 바로 태평양 너머 띄우겠다디슨!"

이에 에디슨은 "동아시아 지역에 진출할 수 있는 교두보가 될 수 있다."는 기대감에 전기 기술자 중 윌리엄 맥케이(William Mckay)를 선발해 아시아 시장 개척이라는 엄중한 미션을 수행하라고 보냅니다. 요즘 서구 명품 브랜드들이 한국 시장을 아시아 진출 교두보로 삼는 전략은 이미 이때 시작된 거네요. 🐻

당시 사람들은 이 신기한 등불에 감탄을 금치 못했는데, 연못 물로 발전기를 돌려 전깃불이 밝혀지자 '물불'이라고 불렀다네요. '물로 만드는 불'이라 참 이상하면서도 매력이 있는 단어였네요. 또한 일부에서는 밝게 빛나고 뜨거운데도 불이 붙지 않아 '묘화(妙火)'라고도 불렀다고 합니다. 🐻

이 무렵 기계에 많이 들어가는 부품인 용수철(龍鬚鐵)이라는 단어도 만들어내니, 한자어이긴 하지만 이건 우리나라에서 만든 신조어예요. 영어 spring을 일본인들이 그저 '스프링구'라고 부른 데 비해, 우리 조상님들은 '용의 수염 같은 철조각'이라고 창작해내신 거죠. 🐻

하지만 전등 설치에 기대가 부풀었던 고종의 바람과 달리, 당시 백열전구는 내구성이 약해 자주 불이 나가는 단점이 있었어요. 혹시나 또다시 궁궐이 습격당할까봐 전전긍긍하던 고종은 오후 3시에

일어나 새벽에야 잠드는 일과를 반복했기에 전등이 나가면 불안감이 커져 득달같이 고치라고 요구했답니다. 그러던 중, 태평양을 건너오자마자 발전기 설치하고 밤마다 땜빵 공사하러 불려다니던 기술자가 온 지 얼마 지나지 않아 조선인 조수가 호기심에 당긴 권총에 맞아 사망하고 말지요. 🐻 이에 다시 기술자를 보내 달라고 요청하지만, 부푼 기대를 안고 보낸 직원이 사망한 데 화가 난 에디슨이 더 이상 인력 파견을 거부해 새로이 영국에서 기술자를 데려올 때까지 6개월간 전등 사용이 중단되었답니다.

게다가 당시에는 최첨단 제품인지라 전기 요금이 엄청 비쌌기에 많은 비용을 지불해야 해서 대신들의 원망이 컸고, 발전기 열을 식히기 위해 향원정 연못 물을 사용하다 보니 연못 속 물고기가 떼죽음 낭하면서 당시 백성들 사이에서는 흉흉한 괴소문이 돌면서 '물불'은 어느새 '건달불'로 바뀌어 불렸다네요. 🐱

그후 고종은 1894년 5월에 새로이 미국 사업가를 초빙해 창덕궁에도 전등을 달게 하는데, 당시 미국인 토마스 파워(Thomas W. Power)가 발전기를 들여와 공사를 했지만 자꾸 지연되었다고 합니다. 이에 고종이 왜 공사가 늦어지는지 알아보니, 아 글쎄……, 신하들마다 그에게 뇌물을 달라고 하도 요구를 해서 약속한 공사대금보다 더 많은 돈을 뜯게 생긴 터라 포기하려던 참이었다죠. 그래서 결국 고종이 따로 불러 본인의 비상금을 털어 웃돈을 얹어주고서야 겨우 공사가 완료되었다고 합니다. 아오~! 이 개돼지 나리들 같으니라고! 🐗

그리고 전화기도 1896년 경운궁(지금의 덕수궁)에 설치했는데, 이 신통한 기기에 신난 고종이 궐 내 각 건물은 물론 기차길을 따라 서울에서 인천까지도 전화선을 개통하게 하지요. 그후 인천까지 연장한 지 불과 3일 뒤, 고종은 김창수라는 한 젊은이가 일본인을 죽인 뒤 "국모의 원수를 갚고자 했다."고 주장한 일로 사형에 처해질 예정이라는 사실을 알고는 급히 전화를 걸어 집행 중지를 명령하여 애국 청년의 목숨을 구하지요. 네~ 맞습니다. 청년 김창수(金昌洙), 훗날 김구 선생님은 고종의 얼리어답터 능력 덕분에 사형 집행 당일 극적으로 풀려났고, 이후 조국의 독립을 위해 일생을 헌신하게 됩니다. 🐻

그런데 내용을 보다 보니 계속 궁전이 바뀌고 있지요? 네, 당초 경복궁에 기거하던 고종은 창덕궁으로 갔다가 '아관파천(俄館播遷)' 후 경운궁으로 이사하는 긴급 상황에서도, 끊임없이 새 문물을 자신의 거소에 도입했던 거지요. 🐻

이후에도 고종은 미국 자본을 끌어들여 1898년 전차, 전화, 전등 사업을 위한 '한성전기주식회사'를 설립하고 미국인 기사장 맥렐란(R.A.McLellan)을 초빙해 1899년 5월 신문로에서 동대문까지 전차를 개통한 뒤, 1900년 4월에는 종로 전차 정거장 매표소에도 가로등을 설치하기에 이릅니다. 전차 운행 역시 일본보다 3년 빠른 거예요.

하지만 맥렐란이 데려온 조수 기술자는 불과 6개월 만에 과로사하고, 그 역시 얼마 지나지 않아 귀국해버리지요. 세종대왕이 장영실을 부려먹은 건 일찍이 알고 있었지만, 외국에서 초빙한 첨단 기술자도 갑질로 과로사했다는 역사적 사실을 알게 된 이과돌이는 그저 웁니다. "어서 와 조선은 처음이지? 요즘도 그래." 🐨

이처럼 고종은 최신 문물 수용에 매우 적극적이어서 다수의 국내 1호 기록을 만들어냈는데, 우리나라 커피 시음 1호가 고종이라는 건 잘 알려져 있는데요. 다수의 자료에서는 1895년 명성황후가 시해된 후 고종이 러시아 대사관으로 피신한 아관파천 당시 처음 커피를 맛봤을 거라고 나오지만 이는 가리지날.

1882년 서양 국가 중 최초로 미국과 '조미수호통상조약'을 맺자 뒤이어 영국도 외교관을 파견했는데, 외교 고문을 맡고 있던 독일인 묄렌도르프(Möllendorff)가 이들에게 커피를 대접했다고 기록이 남아 있으니, 아관파천 이전에 조선 왕궁 내에서 커피를 마시고 있었던 겁니다. 당시에는 커피를 음차해 '가비차'라고 불렀는데, 백성들은 까만 물 색깔을 보고 마치 서양 탕약 같다고 하여 '양탕(洋湯)'이라고도 불렀다네요. 🐻

고종이 커피를 즐겨 마시던 덕수궁 정관헌
(출처 _ 위키피디아)

게다가 1883년 영국과 수교를 맺자마자 영

국 홍차도 도입해 마시기 시작했다고 하지요. 그건 또 어떻게 아느냐 하면, 1884년부터 3년간 어의로 활동했고 한국 최초의 서양식 병원 '제중원(濟衆院)'을 세운 알렌(Horace Allen)이 "궁에 들어가면 홍차나 커피를 대접받았다."고 일기를 남겼거든요. 🐻

그후 1896년 10월 8일자 〈독립신문〉 광고면에 '고살키 상점에서 모카 커피와 자바 커피를 판다'는 광고가 실린 것으로 보아, 민간에서도 1890년대에 이미 커피를 접했고 일제강점기 때 경성 시내에 다수의 커피숍이 사랑받았다고는 하지만 그건 어디까지나 일부 상류층에 해당된 얘기였지, 시골에서는 일제강점기가 끝날 때까지 커피라는 존재를 아예 모른 경우도 허다했다고 합니다. 🐻

여담입니다만, 강원도 철원이 고향인 아버지의 기억에 따르면, 6.25전쟁 중 국군과 UN군이 북진하면서 마을에 미군이 들어왔다가 비상식량 C-Ration 박스를 남겨 놓고 떠났고, 마을 어르신들이 모여 언박싱 행사를 하셨다고 합니다. 주민들은 박스 안 봉지에서 설탕, 소금과 함께 까만 가루가 들어 있는 종이봉지를 봤는데, 그게 뭔지 몰라 다들 고민했다네요. 그러다가 한 할아버지가 맛을 보시더니 "어이쿠 쓰다. 거 양놈들도 몸보신한다고 탕약 같은 걸 먹나 보네. 우리도 미제 약 나눠 마십시다."라고 하셨답니다. 그래서 물을 끓여 온 마을 주민이 커피를 나눠 마셨고, 다들 생전 처음 접한 강력한 카페인 효과로 밤새 심장이 두근거려 잠을 못 이뤘다네요. 하지만 어르신들은 다음날 아침에 모여 "역시 미제 탕약은 효과가 바로 나오

는구먼!"이라고 감탄하셨다고 합니다. 🐻

에디슨이 고종에게 선물한 벨기에식 와플 제조기
(출처 _ 국립고궁박물관)

다시 얼리어답터 고종 이야기로 돌아가봅시다. 고종은 전차 도입에 만족하지 않고 1903년, 즉위 40주년을 기념해 미국에서 전용 자동차를 들여오니, 한반도 역사상 최초의 자동차 보유자가 되기도 했지요. 하지만 1년 뒤 러일전쟁이 터지고, 난리통에 자동차가 사라져버렸다고 합니다. 또한 고종이 남긴 유물 중에 토머스 에디슨이 만든 와플 굽는 기계도 나온 것으로 보아 와플을 처음 맛본 사람 역시 고종이었을 거라고 하네요. 아마 앞서 소개한 전등 기술자가 조선에 올 때 에디슨 사장님의 특별 선물로 가져온 것이었나 봅니다. 거 좋은 건 다 본인이 하셨구만! 🐻

하지만 이처럼 왕실부터 백성들까지 수입 제품에 열광하면서 해외 자본이 조선의 경제권을 장악해 나간 반면, 조선은 팔 물건이란 것이 없다 보니 돈이 없던 왕실은 일본과 서구 열강에게 금광 발굴권, 철도 부설권 등 이권을 내주게 됩니다. 🐻

그래서 외국인에게 넘긴 금광에서 일하던 조상님들은 금이 발견될 때마다 백인 관리자들이 "No Touch!"라고 다급히 외치며 달려오자, "아, 코쟁이들은 금을 '노다지'라고 부르는구나."라고 잘못 이해

했기에 지금도 노다지란 단어가 횡재라는 의미로 쓰이고 있죠. 🐻

'을씨년스럽다'의 유래

이처럼 야금야금 조선의 경제를 장악해 나가던 일본은 청일전쟁을 통해 청나라를 몰아내고 주도권을 잡지만, 조선 왕실이 러시아에 밀착하자 을미사변을 통해 명성황후를 시해하는 등, 악랄하게 반대 세력을 제거하기 시작하지요. 🐻

하지만 러시아는 일본에 비해 거대한 덩치를 가진 국가이다 보니 당초 일본은 비밀리에 러시아에게 "북위 39도 선에서 조선을 나눠 가지자."고 제안하지만, 한반도를 모두 차지하려던 러시아는 이를 반대하고 나섭니다.

1902년 영일동맹
체결 기념 엽서
(출처 _ 위키피디아)

이는 임진왜란과 정유재란 사이 휴전 기간 중 일본이 명나라에게 "조선 8도를 절반씩 나눠 먹자."고 제안한 것과 유사한데, 일본의 대륙 진출 야망은 수백여 년간 이어지고 있다는 걸 잊어서는 안 됩니다. 🦭

하지만 러시아가 얼지 않는 항구를 차지해 대양으로 나오는 것을 적극 저지하고자 중동

지역에서 19세기판 냉전, '그레이트 게임(The Great Game)'을 전개 중이던 영국과 미국은 머나먼 극동아시아에 군대를 파견하기가 쉽지 않자 파트너로 일본을 낙점하고 적극 지원해, 결국 일본이 러일전쟁마저 승리하고 일본의 조선 병합을 자연스레 인정하게 됩니다.

이에 병합 첫 단추로 을사보호늑약을 맺어 대한제국의 외교, 국방권을 빼앗게 되니, 1905년 을사년의 상황이 너무나 암울했기에 그후 암울한 상황을 묘사할 때 사람들이 "을사년스럽다"고 얘기한 것이 구전되면서 '을씨년스럽다'로 전해지고 있는 것이죠. 🐻

다만, 을사보호조약을 최근 을사보호늑약이라고 바꿔 부르는데 '늑약(勒約)'은 '억지로 맺은 조약'이라는 의미라고 하지만, 일반인들이 쉽게 알지 못하는 단어이니 차라리 '불법조약', '강제조약' 등 다른 단어로 바꿨으면 좋겠습니다.

뒤이어 1907년 대한제국 정부가 일본에 빌린 빚을 갚지 못하는 상황이 되자 조만식(曺晩植) 선생 등 민간에서 '국채보상운동'을 전개하는 국가 부도 상황이 되니, 국권 상실에 선행되어 나타난 거지요. 그런 뼈아픈 역사를 겪었음에도 불과 90년 뒤인 1997년 대한민국은 또다시 외환 위기로 IMF 구제 금융 신청이라는 굴욕을 당하고 맙니다. 우리의 현실을 제대로 직시하지 못하면 실수를 반복하게 되는 겁니다. 🐻

우리나라에서는 1910년 8월 29일 한일합방이 선언된 경술국치부터 1945년 8월 15일 해방 때까지 35년간 일제로부터 식민지배를 당했다고 하지만, 북한에서는 1905년 11월 17일 을사보호늑약부터 이미 국권을 상실했다고 여겨 일제 통치기간이 40년이라고 더 길게 산정하고 있긴 합니다.

그런데 1949년 제정된 뒤 매년 광복절 기념식에서 부르는 '광복절 노래'를 보면, 해방 당시에는 우리나라 역시 일제 치하를 40년으로 여긴 모양입니다. 같이 불러볼까요?

> "흙 다시 만져보자 바닷물도 춤을 춘다.
> 기어이 보시려던 어른님 벗님 어찌하리.
> 이 날이 사십 년 뜨거운 피 엉킨 자취니
> 길이길이 지키세 길이길이 지키세~."

노랫말 가사는 분명 40년인데, 제가 학교에서 배울 때는 일제 36년이라고 하다가 이제는 다시금 35년으로 줄어들긴 했는데……, 기간을 줄인다고 그 치욕이 줄어들까요? 🐻 왜 우리가 나라를 잃었는지 내부 요인은 물론 당시의 국제 정세를 냉정히 분석하고 다시는 이 같은 비극이 없도록 늘 대비하고 후손에게 알려주는 것이 훨씬 더 중요하다고 봅니다.

일제강점기로 넘어가기에 앞서, 잠시 울적한 마음을 달래줄 이야기로 넘어갈게요.

02
알고 보면 억울한 샌드위치

개항기 때 들어온 외국 음식 이름들도 유래가 아주 다양합니다. 그 중 가장 먼저 소개해야 할 것이 아마도 '빵'일 것 같네요. 다들 영어를 처음 배울 때 의아하게 생각하게 되는 단어 중 하나가 '브레드(bread)' 아닌가 싶네요.

저는 어릴 적에 빵이 영어 단어인 줄 알았는데 정작 영어 시간에 브레드라고 부르는 걸 알고 충격이 컸어요. 🐻

요즘 아이들은 '브레드 이발소' 애니메이션을 접해서 그런지 충격이 덜해 보이긴 하더군요. 🐻

카스텔라의 탄생

빵이라는 단어는 포르투갈어 '빠오(pão)'가 일본식 발음 '빵(パン)'으로 바뀐 거라는 건 다들 아실텐데요. 왜 하필 포르투갈어가 사용된 것인지는 다 나름 사정이 있습니다.

임진왜란이 발발하기 49년 전인 1543년, 서양 국가 중 처음으로 일본과 공식 교역을 시작한 나라가 포르투갈이었거든요. 1494년 교황 알렉산드로 6세(Papa Alessandro VI)가 스페인과 포르투갈 두 나라에게 세계를 공평하게 나눠 먹게 선을 그어준 '토르데시야스 조약(Treaty of Tordesillas)'을 통해 우리나라와 일본 등, 동아시아는 포르투갈 영역이라고 지정해준 거지요. 어이 잠깐만요~! 누구 맘대로? 어처구니가 없네. 👣

그래서 처음 포르투갈 선원들을 통해 이 밀가루 발효 음식, 빠오를 처음 접한 일본에서 포르투갈어가 변형된 '빵'이라는 이름이 정착되었고, 이들에게서 제빵 기술을 배워 일본 실정에 맞게 오븐에 굽지 않고 서양에는 없던 물엿을 넣어 만드는 '카스텔라(Castella)'라는 일본식 빵도 나가사키에서 처음 만들

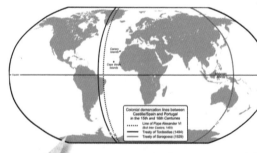

세상을 반씩 나눠 먹자는 토르데시야스 조약 (출처 _ 위키피디아)

어지게 되며, 별사탕, 양갱과 함께 새로운
별미로 일본 쇼군은 물론 조선통
신사들에게도 사랑을 받게 되지
요. 이에 조선통신사 사신들이 이
빵 이름을 '가수저라(加須低羅)'라
고 적어왔답니다. 그런데 그후 다
시 간 조선통신사 일행에게 카스텔
라 빵을 내주지 않자 "지난번 통신

원조 나가사키 카스텔라
(출처 _ smatra.jp)

사들이 맛있다고 한 빵을 왜 우린 안 주나? 지금 우리 무시하느냐?"
고 호통을 치며 내놓으라고 한 적도 있었답니다. 거 정말, 먹는 거에
진심인 민족인데 일본 너네들 왜 그랬니? 나리들을 화나게 하면 안
돼~. 🐻

　정조시대 실학자로서 평생 2만 권의 책을 읽어 조선 최고의 박물
학자로 평가받는 이덕무(李德懋)는 '가수저라' 만드는 레시피도 적
어 놓았다고 하니, 일부 얼리어답터들이 개항기 이전에도 카스텔라
를 해 드셨나 봅니다.

　그후로도 오랜 기간 일본인들은 포르투갈어 방식으로 알파벳 표
기를 해왔기에 지금도 일본 돈을 세는 단위인 엔을 'Yen'이라고 표
기하고, 1889년 설립된 에비스 맥주도 'Yebisu'라고 표기하고 있답니
다. 🐻

서양 요리 이름의 유래

식빵이란 단어는 한자 '식(食)'과 '빵(パン)'이 결합한 건데요. 이 표현도 일본에서 만들어진 것입니다.

1866년 영국인 로버트 클라크(Robert Clarke)가 일본 도쿄 남쪽 항구도시 요코하마에서 '요코하마 카나가와 베이커리(Yokohama Kanagawa Bakery)'라는 가게를 열고 빵 장사를 했대요.

이 가게에서 제빵 기술을 배운 우치키 히코타로(打木 彦太郎)가 1888년 독립해 본인 이름을 딴 '우치키빵' 가게를 차리면서, 영국 제과점에서 팔던 새로운 네모난 빵을 '서양인이 주식으로 먹는 빵'이란 의미로 '쇼쿠빵(食パン)'이라 이름 붙인 것이 우리나라 방식으로 한자 첫 글자를 읽어 '식빵'이라 부르고 있습니다. 현재 일본에서는 요코하마에서 빵집을 차린 로버트 클라크보다는 그의 아들인 에드워드 클라크가 더 유명한데, 그는 교토대학 교수가 되어 럭비 보급에 앞장섬으로써 '일본 럭비의 아버지'라 불리고 있어요. 🐻

또한 중국인들도 개항 항구와 한양, 평양 등지에

식빵의 원조, 지금도 영업 중인 '우치키빵', since 1888 (출처 _ likejp.com)

상인들이 진출하게 되니 중국 요리 전문점과 중국식 과자점이 유행하게 됩니다. 그러면서 1905년 인천 중국집 '산동회관(이후 공화춘으로 상호 변경)'에서 중국식 붉은 된장, 춘장(차오장)에 캐러멜을 넣은 까만 짜장면이 첫선을 보이게 되고, 중국 과자점에서 판매한 동그랗고 안에 속을 넣은 빵은 만주족이 먹는 둥근 밀가루 떡과 유사하다고 여겨 오랑캐 빵, 즉 '호빵(胡+パン)'이라 부르게 됩니다. 🐻

그외에도 일본을 통해 서양식 음식이 전파되면서 일부 명칭이 왜곡되어 들어옵니다. 그중 대표적인 것이 '카레'입니다. 처음에는 영국 요리로 착각했던 일본인들이 '커리(curry)'를 잘못 알아듣고 '카레(カレ-)'라고 부르는 바람에 우리도 여태껏 카레라고 부르고 있지요. '화이트 셔츠(White Shirt)'가 '와이셔츠(Y-Shirt)'로 불리는 것처럼요. 🐻

돈가스의 탄생

또한 영국에서는 '포크 커틀릿(pork cutlet)'으로 불리는 돼지고기 튀김 요리는 1899년 도쿄 한 식당에서 '돈카츠', '돼지 돈(豚)+카츠(カッ)'라고 팔기 시작했는데, 일제강점기 때 우리나라에 소개될 때 츠(ッ) 발음이 표기하기 어렵자 '돈까스'라고 표기한 것이 지금껏 이어지고 있어요. 그런데 국립국어원에서는 된소리가 늘어나 국민 정서가 나빠진다며, '돈가스'가 맞는 명칭이라고 하고 있죠. 그런데 오랫

오스트리아 슈니첼
(출처 _ 위키피디아)

우리나라 왕돈가스
(출처 _ blog.naver.com)

동안 '짜장면'도 '자장면'만 표준어라고 하다가 2011년부터는 둘 다 표준어로 인정하고 있는데, 왜 '돈까스'는 안 되는 건가요? 🐻

원래 커틀릿 요리는 이탈리아에서 시작된 '코톨레타(cotoletta)'라는 요리가 프랑스를 거쳐 영국을 거쳐 일본까지 전파된 겁니다. 또한 이탈리아와 인접한 오스트리아와 독일에도 이와 유사한 '슈니첼(Schnitzel)' 요리가 존재하는데, 다만 브라운소스 대신 레몬즙을 뿌린다는 것이 다르지요. 실제로 비엔나에서 먹어 보니 소스만 없을 뿐이지 예전 왕돈가스랑 똑같긴 했습니다. 🐻

그런데 우리나라 돈가스(라고 쓰고 돈까스라고 읽는다)는 고기가 얇고 진한 브라운 소스를 얹는 반면, 일본식 돈카츠는 고기가 두껍고 깨를 갈아서 소스를 만드는 등, 스타일이 다르긴 해요. 그래서 일부에서는 우리나라 돈가스는 일본 유래가 아니라 해방 후 미국에서 직수입한 것이라고 주장하는 경우도 있는데, 이미 1925년 옛 서울역 2층 '그릴' 식당에서도 팔렸고, 지금도 일본 내 100년이 넘는 돈카츠 원조집들은 우리나라 왕돈가스처럼 브라운 소스를 얹은 얇은 돼

지고기 튀김을 제공하고 있어요. 당시에는 영국식 커틀릿으로 만들기에는 고기도 부족했고, 여러 번 튀기기 어렵다 보니 고기를 두들겨 펴서 크게 보이게 했고, 일본인들이 천년 이상 육식을 하지 않아 고기 잡내에 대한 반감도 심했기에 일본식 튀김, 덴뿌라 방식으로 만들어 오히려 슈니첼과 유사해졌던 겁니다. 그러다가 1960년대 이후 유럽에서 원조 커틀릿을 배워온 신진 요리사들이 고기를 두껍게 튀기는 현재의 일본식 돈카츠를 만든 것이 대세가 된 거라고 하네요. 🐻

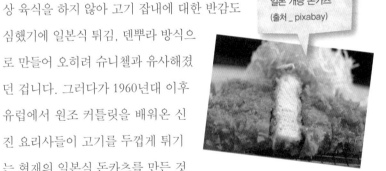

일본 개량 돈카츠
(출처 _ pixabay)

다시 우리나라로 돌아오면, 요즘엔 거의 찾아보기 어렵지만 1980년 대까지만해도 경양식(輕洋食) 식당이 인기였지요. 즉 '가볍게 먹는 서양 요리'라는 의미인데, 이 용어 자체가 일본에서 건너온 것이에요. 일본에서는 1900년대부터 유행했는데 우리나라는 1930년대 들어 경성(서울) 시내 백화점 등에서 일본식으로 변형된 서양식 요리, 즉 오므라이스, 함박스텍(일본에선 '함바그 스테끼'), 돈가스가 본격적으로 소개되었으나 사실 대다수 식민지 조선인들은 구경조차 못한 음식이긴 했습니다. 🐻

최근 들어 이때의 원조 '함바그 스테끼'를 재현한 프랜차이즈도 등장했는데, 원래 명칭은 '햄버거 스테이크(Hamburger stake)'이지요. 이는 독일 함부르크에서는 예전부터 고기를 그냥 굽지 않고 다진 후 빚어서 구워 먹는 요리법이 발달했기에 함부르크식 스테이크라고 불렀다는데, 우리로 치면 떡갈비 스타일이라고나 할까요? 🐻

독일 최대의 항구도시인 함부르크는 영국과 서유럽, 동유럽을 잇는 지리적 장점 덕분에 예전부터 유럽 각국에서 많은 사람들이 무역 거래차 방문하던 곳이어서 함부르크식 요리가 인기를 끌었다고 하네요. 이에 19세기 미국으로 이민 간 독일인들이 미국인들에게도 익숙한 함부르크 스타일의 스테이크 요리를 판매해 큰 인기를 끌었는데, 이때 일본을 거쳐 우리나라에 들어오면서 오랫동안 경양식 집에서 일본식 발음인 '함바그 스테끼', 또는 줄여서 '함박스텍'이라는 이름으로 사랑받았지요.

햄버거의 시작

그런데 '함박스텍' 이야기를 하다 보니 왠지 햄버거랑 어감이 비슷하죠? 맞아요. 다 고향이 함부르크예요. 🐻

　매력적인 패스트푸드 햄버거는 해방 이후 미군에 의해 알려지긴 했지만, 우리나라에서 본격적으로 햄버거가 유행하기 시작한 것은 1979년 '롯데리아'의 등장이라고 봐야 할 겁니다. 당시에는 햄버거 단품 하나가 짜장면 값보다 비싼 요리였던 기억이 나네요. 🐨 또한 1989년 맥도날드(McDonal's)가 압구정동에 1호점을 오픈할 당시에는 인기가 대단했지요.

　지금은 사라졌지만 중국 베이징 천안문 광장에 세워졌던 세계 최대 규모 맥도날드 천안문 지점에서는, 마치 패밀리 레스

1955년 맥도날드 햄버거 1호점 (출처 _ 맥도날드 페이스북)

토랑처럼 생일을 맞은 고객 테이블에서 축하 노래를 불러주는 광경도 본 적 있어요. 🐻

우리나라에 햄버거 프랜차이즈가 진출할 때부터 메뉴 중 치즈버거 등이 존재했고 미국 햄버거 브랜드 '버거킹(Burgerking)'도 있다 보니, 많은 분들이 햄버거를 '햄(Ham)＋버거(Burger)'로 이해해 버거가 동그란 빵이라고 아는 경우가 많은데 이건 글로벌한 가리지날입니다. 🐻

생각해보세요. 햄버거 안에는 햄이 없어요. 그 안에 들어가는 건 작게 만든 스테이크예요. 햄버거의 오리지날 명칭은, '햄버거 샌드위치(Hamburger Sandwich)', 즉 함부르크식 샌드위치라는 의미입니다. 🐻

이 요리는 맥도날드를 설립한 아저씨가 만든 것이 아니라……, 앞서 소개한 햄버그 스테이크와 동일하게 19세기에 미국으로 건너간 독일계 이민자들이 함부르크 스타일로 구운 스테이크를 동그란 빵에 넣어 팔기 시작하면서 영어식 발음으로 햄버거 샌드위치라고 이름 붙인 것이었지요. 그러니 햄버거에 들어가는 고기 패티는 '햄버그 스테이크' 미니 버전인 겁니다. 🐻

독일어는 명사 뒤에 -er을 붙여 형용사로 쓰거나, 해당 명사로 만든 물건이라는 의미로 쓰기 때문에 함부르크(Hamburg) 스타일이란 의미로 '함부르거(Hamburger)'라는 단어를 쓴 것인데, 사람들이 '햄버거 샌드위치'라는 이름이 너무 길다고 느껴 샌드위치라는 뒷 단어를 빼고 그저 영어식으로 '햄버거'라고 부르는 거죠.

그래서 오랫동안 미국에서는 우리가 '트리플치즈버거'라고 부르는 음식은 '트리플치즈 샌드위치'라고 표기하는 등 패티의 내용에 따라 '○○○샌드위치'로 표기해온 것인데, 햄버거가 전 세계로 퍼지면서 비영어권 국가들에서 '버거'가 햄버거용 동그란 빵이란 의미로 잘못 받아들여져 모든 동그란 샌드위치 이름을 죄다 '○○○버거'라고 사용하기 시작했고, 미국에서도 완전히 의미가 변해버린 상황입니다. 🐻

샌드위치 탄생의 비밀

이처럼 샌드위치는 빵 사이에 고기와 채소 등 각종 재료를 넣는 햄버거와 토스트까지 다 아우르는 이름인데, 이 요리 이름의 유래는 다들 아실 겁니다. 샌드위치 백작이 맨날 트럼프 도박을 하느라 밥 먹을 시간도 아까워하다가 어느날 하인에게 고기와 야채 등을 다 빵 사이에 넣어서 가져오라고 하자, 다른 노름꾼들도 죄다 "나도 샌드위치처럼~!"이라고 요청하면서 유명해졌고, 이후 그의 이름이 요리 이름으로 굳어졌다고요.

그런데……, 이 유래는 사실 가리지날입니다. 샌드위치 백작을 흠집내기 위한 영국 정치계의 가짜 뉴스였다네요. 🐻

실상은 이렇습니다.

영국의 귀족인 존 몬태규 샌드위치 (John Montague Sandwich)는 샌

드위치 가문의 4대째 백작이었는데, 그의 가문은 대대로 영국 해군의 요직을 맡아온 집안이었다고 합니다. 이에 그 역시 영국 해군성에서 근무했는데, 제임스 쿡(James Cook) 선장이 태평양과 남극 탐사를 희망하자 이를 적극 지원해 주었다고 하네요. 이에 쿡 선장은 1776년 3차 항해 도중 발견한 섬들의 이름을 '샌드위치 제도'라고 붙여 샌드위치 백작의 은혜를 갚았지만, 상륙했던 그 섬에서 원주민에게 신으로 추앙받아 대접을 거하게 받던 중 원주민이 주는 술을 너무 마시다가 실수하면서 인간임이 발각되어 맞아 죽고 말지요. 예나 지금이나 술이 문제네요. 🐻

그런데……, 태평양에 그런 이름의 섬이 없다고요? 네. 지금은 이름이 바뀌었어요. 원주민들이 원래부터 부르던 '하와이'라는 이름으로요. 만약 미국이 독립하지 않았고 하와이 제도가 영국 영토가 되었다면, 아마 지금도 '샌드위치 제도'라고 부르고 있을 겁니다. 그랬으면 영화 '친구'의 대사도 바뀌었겠지요. "니가 가라~. 샌드위치!" 🐻

어째서 그렇게 자신하냐고요?

쿡 선장이 뉴질랜드 인근 섬들도 처음 발견했는데, 그 섬들은 지금도 '쿡 제도(Cook Islands)'로 불리고 있으니까요.

제임스 쿡의 이름을 딴 쿡 제도 위치 (출처 _ 위키피디아)

이처럼 영국 해군을 좌지우지하던 샌드위치 백작이 샌드위치라는 빵 요리를 만들게 한 것은 사실이지만, 실제로는 도박을 하기 위해서가 아니라 일하느라 바빠서 점심 먹을 시간도 아까워 만든 요리였으니, 탄생한 연도가 1762년이었다고 하네요. 🐻

하지만 샌드위치 백작이 열심히 노력해 대영제국 해군 대장으로 승승장구한 것까지는 좋았는데, 하필 그때 바다 건너 아메리카 식민지가 독립하겠다고 반란을 일으키니……, 미국 독립전쟁이 터진 겁니다. 그저 가업을 이어받았을 뿐 실제 상황을 잘 몰랐던 샌드위치 백작이 전쟁 상황에 대해 올바른 판단을 하지 못하면서 영국 해군이 미국-프랑스-스페인 연합 함대에 연이어 패배하고 맙니다. 이에 보급에 차질을 빚으면서 식민지 파견 영국군이 패배해 결국 미국이 독립하자, 영국 의회에서 패전 책임자로 몰려 집중 비난을 받게 됩니다. 🐻

게다가 오페라 가수 마사 레이(Martha Ray)와의 불륜까지 알려지자 분노한 영국 시민들이 그의 집에 몰려가 돌을 던져 유리창을 죄다 깨버리는 등 여론이 악화되어, 결국 1782년 모든 공직에서 물러나게 됩니다. 당시 샌드위치 백작은 열성적인 휘그당원(지금의 영국 자유당)이었는데, 반대편이던 토리당(지금의 보수당)에서 악의적으로 "샌드위치 백작은 하라는 일은 안 하고 친구들과 도박하느라 시간이 모자란다고 빵에다가 고기와 채소를 넣어 먹기까지 했다."고

The Original 1762

'샌드위치 백작' 로고가 새겨진 오리지날 1762 샌드위치는 길쭉하다규~! (출처 _ cookmagazine.ph)

악성 루머를 퍼뜨렸다고 합니다. 당시 워낙 악평에 시달리던 샌드위치 백작은 이 루머에 해명할 틈도 없이 노름꾼 이미지까지 뒤집어쓸 수밖에 없었던 것인데, 이 가짜 뉴스가 현재까지 이어지고 있는 거라네요. 네……, 인생은 운빨이 제일 중요하지요, 암요.

이처럼 당시에는 샌드위치 백작이 도박이나 하려고 만든 요리라고 손가락질을 받은 샌드위치 요리가 이제는 세계적으로 성공한 영국 원조 요리가 되었으니 역사의 아이러니이긴 합니다.

그후 오명을 뒤집어쓴 샌드위치 백작 후손들은 왜곡된 진실을 바로잡고자 수백 년간 애를 써왔지만 별 소용이 없었다지요. 이에 4대 백작과 이름마저 똑같은 11대 백작인 존 몬태규 샌드위치 백작은 놀라운 발상을 하게 되니, 2004년 '샌드위치 백작(Earl of Sandwich)'이

라는 샌드위치 체인점을 오픈한 겁니다. 샌드위치 원조 가문에서 진짜로 샌드위치 프랜차이즈 사업을 시작한 거지요. 오오~ 진짜가 나타나셨도다! 🐻

현재 이 체인은 미국에서 시작해 영국, 프랑스 등으로 확장해 원조 샌드위치 백작이 즐겨 드셨다는 1762년 오리지날 샌드위치를 비롯한 다양한 메뉴를 팔고 있다고 합니다. 실제로 해당 체인점 사이트(https://www.earlofsandwichusa.com/menu/)에 접속해보면, 샌드위치 백작의 오리지날 샌드위치 모양은 식빵처럼 네모나지 않고 길쭉한 서브웨이 샌드위치와 유사한 모양이에요. 🐻

자~, 빵 이야기의 결론은 이렇습니다

원래 샌드위치 백작이 먹던 오리지날 샌드위치는 길쭉하고 둥근 빵이었고 식빵은 나중에 나온 것인데, 우리나라에는 네모난 식빵이 먼저 소개되어 샌드위치 역시 네모난 것을 먼저 접했고, 뒤늦게 동그란 햄버거와 길다란 샌드위치를 보면서 각각 다른 명칭으로 부르는 겁니다. 게다가 구운 식빵 샌드위치는 '토스트'라고 따로 부르는데, 이 이름 역시 '구워진(toast) 샌드위치'를 줄여 '토스트'라고만 부르는 말이에요. 🐻

일본을 거쳐 유래된 여러 서양 음식 이름 이야기는 어떠셨나요?

뒤이어 일제강점기 때 시작된 트로트 음악을 통해 당시 시대와 우리말·우리글을 살펴보겠습니다.

03
트로트의 재발견, 국악의 재발견

음악은 우리 일상생활에서 즐거움과 위안을 주고 스트레스를 해소해주는 소중한 활력소가 되고 있지요.

　최근 우리 가요가 K-POP이라는 이름으로 전 세계적으로 주목받자, 여러 방송사에서 국민투표 형태의 아이돌 가수 발굴 프로그램을 제작해 인기를 끈 뒤 트로트 음악계에서도 변화가 시작됩니다. 2019년 개그맨 유재석이 '유산슬'이라는 부캐(부캐릭터)로 트로트 '합정역 5번 출구'를 불러 MBC 연예대상 신인상을 수상하더니, 모 종편 채널에서는 '내일은 미스 트롯', '미스터 트롯' 등 트로트 신인가수 투표 프로그램을 통해 송가인, 임영웅, 영탁 등 새로운 스타가 탄생하고, 왕년의 대스타 나훈아가 2020년 추석 언택트 공연으로 건재함을 과시하는 등, 새로이 트로트 열풍이 불고 있습니다. 🐻

　이 같은 열풍의 배경에는 TV를 시청하는 연령대가 장·노년층으

로 옮겨가면서, 이들이 좋아하는
트로트 장르의 부활을 시도한 것
이 아주 적절하게 맞아 떨어졌
다는 분석도 나오지요. 실제로
힙합에 익숙한 젊은층은 트로
트라고 하면 왠지 촌스럽고 토속적인 음악
이라는 거부감이 있고, 음반 및 스트리밍 시
장에서도 트로트 음악의 시장 점유율이 열악

내일은 미스 트롯. 송가인
이어라~ (출처 _ TV 조선 '내
일은 미스 트롯' 방송 캡처)

의 대명사, 인디 음악에도 못 미치는 것이 현실입니다.

그런데 트로트는 언제부터 시작된 음악일까요? 그리고 왜 우리
전통가요라면서 명칭은 영어로 '트로트(Trot)'일까요?

나만 궁금한 것은 아니었을 터
……, 속 시원히 풀어드립니다. 🐻

트로트가 촌스럽다는 인식은
1960년대 이후 트로트가 가요계의
변방으로 밀리면서 나타난 가리지
날 이미지입니다. 처음 이 땅에 등
장할 당시의 트로트는 대단히 서
구적이고 고상한 음악으로 여겨졌
어요. 🐻

트로트의 원래 의미를 처음 알게 해
준 그룹 Genesis의 〈Foxtrot〉 앨
범 재킷(1972) (출처 _ yes24.com)

'잰걸음으로 걷다'는 의미를 가진

'트로트(Trot)'라는 이름은, 1910년대 미국과 유럽에서 유행한 '폭스트로트(Foxtrot)'라는 춤곡 이름이 줄어든 것이에요. 그런데 사실 이 폭스트로트라는 장르는 '4/4박자 빠른 춤곡'을 의미하기에 슬픈 가락이 주류인 트로트 음악과는 영~ 어울리지 않는 생뚱맞은 이름이긴 해요. 아, 물론 가수 송대관이 지난 2000년 새천년을 맞으며 '네박자'라는 노래를 히트시키기는 하지만요. 🐻

트로트의 탄생과 1차 전성기

우리나라 트로트의 탄생은 1920년대이니 벌써 100년에 가까운 역사를 갖고 있습니다. 그러나, 트로트는 탄생 당시 서양 음악은 물론 당대 일본에서 크게 유행하던 '엔카(演歌)'의 영향을 받게 됩니다. 그래서 서양식 7음계가 아닌 동양 전통의 5음계를 사용한 2박자풍의 새로운, 뽕짝 음악이 탄생하게 된 겁니다.

동양 5음계를 '궁상각치우(宮商角徵羽)'라고 아는 경우가 많지만 그건 중국 명칭이고, 실제 우리나라 음계는 '중임무황태(中林無黃太)'라고 합니다. 원래 서양에서도 도와 높은 도 사이가 5음계인 것을 알고 있었지만, 하나님이 천지를 창조한 7일을 숭상하여 뉴턴은 무지개색을 7색으로 정의내렸고, 음계 역시 반음인 파, 시를 추가해 7음계로 만들었지요.

그런데 이 7이라는 개념은 하늘에서 다른 별은 움직이지 않지만 유독 태양과 달, 5개의 행성만이 따로 움직이는 것에서 의미가 확장되어온 것이에요. 동양의 음양오행설(陰陽五行說)도 이 같은 천문학 지식을 바탕으로 음(달) / 양(태양) / 오행(다섯 행성)으로 풀이해 나온 결과이니, 천문학이야 말로 인류의 최초이자 최후의 학문인 것이었던 것이었습니다. 🐻

그런데 트로트에 영향을 준 일본 엔카는 트로트보다 30여 년이 빨랐습니다. 일본이 구미 열강에게 문호를 개방하면서 서양 음악이 일본 전통 민요와 혼합되어 '엔카'라는 장르가 1880년대에 등장하게 됩니다. 다만 초기의 엔카는 지금 우리가 알고 있는 일본식 2박자 뽕짝과는 전혀 다른 개념의 음악이었어요. 어느 시대이든지 새로운 해외 문물을 가장 먼저 수용하고 이를 발전시키는 이들은 젊은이들이었는데, 당시 사회혁명을 꿈꾸던 일본 청년들이 지금으로 치면 반사회적 성향의 운동권 투쟁가로서 서양 행진곡에 일본 전통 음악을 접목한 엔카를 만들었다고 합니다. 🐻

엔카라는 이름은 기록상 1888년 '엔카장사단(演歌壯士團)'이라는 젊은 청년 연극 단체가 화제를 불러일으키면서 새로운 음악 명칭으로 굳어진 것이라고 합니다. 이름 자체가 '공연(演) + 노래(歌)'라는 뜻이니, 이들이 사회 변혁을 부르짖던 소극장 무대에서 누구나 따라 부르기 쉽고 같이 합창하기 좋게 후렴구를 만든 2~3분 분량의 짧은 공연곡들이 엔카의 원조였던 것이죠. 그래서 당시 나온 대표적인 곡이 '다이너마이트 노래(ダイナマイト節)'였다고 합니다. 응? 🐻 우리나라 가수 최초의 빌보드 1위 히트곡인 방탄소년단(BTS)의 '다이너

마이트'와는 아무 상관이 없어요. 🐻

"사회 변혁을 위해 노력하다가 안 되면 다이너마이트를 쾅!"이라고 합창하는 이 노래가 당시 저항가로 널리 알려졌다는데, 일본 정부가 이 어마무시한 노래를 금지곡으로 지정해버립니다. 금지곡의 역사도 길군요.

그런데 당시 생존해 있던 알프레드 노벨(Alfred Nobel)이 이 사실을 알았다면 반가워했을까요? '다이너마이트'는 노벨이 1866년에 처음 만든 고체형 폭탄 상표명이었는데, 불과 20여 년 뒤 일본에서 이미 폭탄의 대표 명사로 인식되었으니 말이죠. 🐻

이처럼 엘리트 대학생들을 겨냥해 영어를 도입한 과격한 혁명가이던 엔카는, 그후 어쩌다 멜랑콜리한 노래로 변했던 걸까요?. 🐻

이는, 이 새로운 형태의 노래가 입에 착착 감긴다는 것에 착안해 극장 공연을 하던 기성 음악가들이 애환과 실연, 비참한 심정을 노래하는 가사를 가진 대중적인 노래로 말랑말랑하게 바꾸어 일상 속에 파고들었기 때문입니다.

당시 일본 대도시 중심가에 위치한 극장에서는 가부키 등 전통 공연도 했지만, 막이 내려간 사이사이에 바이올린 연주에 맞춰 그날의 뉴스를 전하는 형태의 만담 노래꾼들이 존재했는데, 이들은 간결하고 모던한 엔카를 적극 수용해 처음에는 '도레미솔라' 5음계이던 것을 일본 민요풍으로 바꾸어 3음을 낮춘 '라시도미파' 5음 단조인 요나누키(四七拔き, ヨナ拔キ) 음계로 바꾼 것이 주효해 시민들에게 어필했다고 합니다. 🐻

이 같은 극장 공연이 당시 일본에서 유행했던 것은 17세기부터 도쿠가와 막부가 정

에도시대 가부키 극장 내부 그림 (출처 _ 위키피디아)

권 유지를 위해 지방 영주의 가족을 인질로 삼아 막부의 중심지인 에도(지금의 동경)로 1년마다 한 번씩 지방 영주 다이묘들이 정기적으로 방문하도록 강제하면서 시작됩니다. 이는 우리나라도 고려시대까지 지방 호족의 자제를 수도로 불러들여 반란을 견제한 것과 동일한 맥락인 거죠. 이에 지방 영주가 에도 막부를 방문할 때마다 많은 수행원을 동행해야 했기에 교통 요충지인 오사카, 나고야가 숙박과 유흥을 즐길 수 있는 상업 도시로 발달하면서 여관, 가부키 극장, 유흥가 등 도시 인프라가 커졌고, 19세기 후반에는 각지에 대형 극단과 서커스단이 등장해 엔터테인먼트 산업이 크게 일어나던 시기였기에 대중 오락을 함께 즐길 공연 인프라가 이미 갖추어져 있었던 겁니다. 🐻

이런 과정을 겪으며 일본에서 극장을 중심으로 엔카가 확산되던 시기에 우리나라는 불행히도 일제의 식민지가 되면서 고스란히 그 영향을 받게 됩니다. 당시 우리 조상들은 개화기 신문물의 홍수 속에서 새로운 구경거리를 만나게 되는데, 일본에서 건너온 유랑 서커스단과 활동사진(영화) 등을 접하며 자연히 엔카를 듣게 되고, 1920

년대 레코드 산업이 기지개를 켜면서 드디어 서양 음악 기조에 일본 엔카와 우리나라 전통 민요가 혼합된 새로운 음악, '트로트'가 탄생하게 됩니다. 🐻

그래서 우리나라 최초로 레코드로 녹음된 1926년 '사의 찬미'는 4/4박자 빠른 춤곡이라는 의미의 트로트라는 이름에 걸맞게 루마니아 작곡가 이오시프 이바노비치(Iosif Ivanovici)의 왈츠곡 〈다뉴브강의 잔물결〉의 일부를 따서 가사를 붙여 만들었지요.

그런데 엄밀히 말해 1920년대 노래를 트로트라고 부르는 것은 가리지날이에요. 당시에는 그저 '신민요(新民謠)' 또는 '유행가'로만 불렸고, 해방 후 1956년에 이르러서야 일간지에서 '트로트'라는 명칭이 등장하니, 아마도 첫 레코딩한 신식 노래의 특징에서 유래하지 않았나 싶습니다.

그나저나 이 노래가 지금도 유명한 이유는, 당시 작사를 하고 노래를 부른 가수 윤심덕이 이 노래 녹음 뒤 귀국하던 배에서 연인과 대한해협 바다에 뛰어들어 동반자살하는 유명한 사건이 터졌기 때문입니다. 🐻 구한말 일본으로 유학 보낸 조선 청년 다수가 친일파가 된 터라, 조선총독부 역시 조선의 똑똑한 젊은이들을 뽑아 관비 유학생으로 일본에 보내 친일파로 포섭하게 되는데, 윤심덕은 음악

장학생으로 선발되어 한국인 최초 소프라노로 성악을 전공했었지요. 이에 윤심덕은 자신의 여동생은 미국으로 유학 보내고자 그 비용을 마련하기 위해 일본에서 이 노래를 녹음했는데, 마침 오랜 연인이던 김우진을 현지에서 다시 만나게 되었다지요. 당시 그녀의 나이 서른 살. 문제는 극작가 김우진은 유부남이었기에 이루어질 수 없는 사랑이었지요. 그래서 레코드 녹음을 하고 같이 귀국하던 두 연인은, 이루어질 수 없는 사랑을 비관해 대한해협을 건너던 배에서 그만 바다로 뛰어들어 동반자살하고 맙니다. 🐻

하지만 두 사람이 사라진 정황만 있을 뿐 직접 뛰어드는 것을 목격한 사람도 없고 사체도 찾지 못해, 이후 '사실은 자살하지 않고 일부러 자살로 꾸민 후 유럽으로 도피했다더라.'거나, '일본 레코드사가 흥행을 노리고 죽였다.'는 등, 여러 억측이 쏟아져 나오게 되죠. 하지만 그 미스터리는 영원히 풀리기 힘들어 보입니다. 🐻

어쨌든 이 사건은 레코드 판매에는 호재가 되니, 당시 무려 10만 장의 레코드를 팔았다고 합니다. 🐻 10만 장 판매가 뭐 그리 엄청난 일인가 싶겠지만, 1926년 당시 축음기는 부잣집

1936년 월간지 〈조광〉에 실린 채규엽(하세가와 이치로) 음반 광고 (출처 _ 영남일보)

이 아니면 구입하지 못할 값비싼 사치품이었는데, 이 사건 이후 축음기와 레코드 판매가 급증했다고 하니 당시에 얼마나 화제가 되었는지 가늠이 되는 거지요.

이 같은 극적인 스토리로 시작된 트로트는 1926년부터 10여 년간 첫 전성기를 맞습니다. 당초 첫 레코딩은 윤심덕이 했지만 원래 성악가였고 데뷔하기도 전에 자살로 끝나면서, 채규엽이 우리나라 최초의 직업 가수가 됩니다. 모르는 사람이라고요? 그럴 수밖에요. 이 사람은 일본에서 레코딩한 후 인기가 좋았는지 일본식 예명인 '하세가와 이치로(長谷川一郎)'로 활동하면서 일본어로 노래를 불렀고, 해방 후 월북했기 때문에 우리 음악사에서는 사라지게 됩니다. 🐻

하지만 '찔레꽃'의 김교성, '홍도야 우지마라'의 김준영, '타향살이'의 손목인, '애수의 소야곡'을 만든 박시춘 등, 유명 작곡가들이 이 시기에 등장하고, 최근에 '1930년대 서태지'라는 별명을 얻은 남인수를 비롯해 '황성옛터'를 부른 이애리수, '타향살이'의 고복수, '목포의 눈물'의 이난영, '나그네 설움'의 백년설 등 전설적인 명가수와 명곡들이 탄생합니다. 🐼

그리고 옛날 기록을 보면 놀라운 것이, 당시 한반도에서 이들의 노래를 레코딩하고 유통한 회사 중 다수가 지금도 운영 중인 글로벌 회사들인 폴리도르(Polydor) 레코드, 빅터(Victor) 레코드, 컬럼비아(Colombia) 레코드였다는 겁니다. 🐨

이처럼 우리나라에서 트로트가 태동하자마자 전성기를 맞던 당시, 일본에서도 재미난 현상이 일어납니다.

1931년 일본에서는 코가 마사오(古賀政男)라는 가수가 등장하는데, 그동안 엔카 가수들이 하지 않던 3박자 리듬과 구성진 콧소리 창법으로 노래하면서 폭발적인 인기를 끕니다. 그는 평생 5,000여 곡을 작곡해 일본 대중음악계에 큰 발자취를 남겼고, 고향인 후쿠오카현에 기념관도 있다고 하네요. 🐻

후쿠오카에서 태어난 그는 아버지를 여읜 후 어머니를 따라 인천으로 건너와서 7세부터 19세까지 한반도에서 살았는데, 서울 선린상고(지금의 선린인터넷고) 재학 시 만돌린 동호회에서 연주를 배웠고 우리나라 민요를 많이 들었던 경험을 살려 조선 민요 특유의 느낌을 엔카에 접목했다네요. 🐻 그래서 소속사이던 일본 컬럼비아 레코드사는 흥행에 불을 지피기 위해 오버 마케팅을 합니다.

코가 마사오 앨범 재킷
(출처 _ yes24.com)

古賀政男
心のギター

음반사 : "주목하시라~! 신인 가수 '코가 마사오' 등장시마스~."

일본 국민 : "저 얼굴 넓적한 젊은이는 뭘 잘하나쇼까?"

음반사 : "놀라지 마쇼. 엔카의 원조, 조선 현지에서 콧소리와 꺾기 창법을 마스터했다사마~."

일본 국민 : "혼또니? 엔카가 조선꺼였스무니까? 역시 본고장 스타일은 뭔가 다르다니뽄!"

음반사 : "우왓. 대박시마스~ 땡큐 고자이마스~."

즉 '엔카의 원조인 조선 민요를 접목한 신인 가수'라며 코가 마사오의 특이한 이력을 강조한 것이죠. 일본의 역사 왜곡은 이처럼 워낙 전통이 깊은지라 당시에는 '엔카의 원조가 한국'이라고 마케팅한 것이 원인이 되어 일본에서는 오히려 '엔카가 한국에서 유래했다'고 아는 경우가 많고, 우리나라에서도 이를 근거로 "엔카와 트로트의

원조는 우리나라 민요인데, 일본이 원조라고 우긴다."라고 주장하는 분들도 있습니다. 🐻

물론 우리나라에서도 개화기에 '창가(唱歌)'라 불리는 서구 음악을 접목한 새로운 노래가 시도되었지만, 주로 찬송가 등 서양 멜로디에 우리말 가사를 붙인 수준이었지요. 반면 엔카는 서양 음조에 일본 민요에서 주로 쓰이던 2박자 5음 단음계가 결합해 30여 년간 발전해 왔고, 그후 코가 마사오에 의해 우리나라 꺾기 창법이나 변박자 등이 영향을 준 셈이기에 두 나라 간에 서로 문화를 주고받았다고 보는 것이 맞습니다. 실제로 우리나라 민요 중 일본식의 2박자 5음 단음계를 쓴 경우는 없어요. 🐻

당시 우리나라 일부 음악가들은 트로트의 유행에 반감을 느껴 민요풍의 노래를 발표하니, 흔히 전래 민요라 잘못 알고 있는 '울산 아가씨' 등의 신민요가 이때 나온 창작곡들입니다. 반면 일본의 엔카는 조선의 민요를 흡수한 후로도 미국의 재즈, 독일군 행진곡 등의 영향을 지속적으로 받으며 여러 갈래로 뻗어, 트로트와는 별개의 장르로 나아가게 되고요.

그런데, 트로트 이야기를 하다가 왜 군이 잘 알지도 못하는 엔카 이야기를 하냐고요? 에잉~, 우리 모두는 엔카를 잘 알고 있어요. 🐻 친숙한 '우주소년 아톰', '마징가Z', '캔디캔디' 주제가 등, 1950~1970년대 일본 어린이 만화영화 주제가도 경쾌한 엔카입니다. 그 노래들이 우리말로 번안되어 우리나라 노래인 척 TV에 계속 나왔거든요. 이들 노래는 뽕짝 2박자 리듬이어서 느리게 음을 꺾으며 부르면 바로 엔카가 되죠.

　이 같은 두 박자 엔카풍 노래는 우리나라에서도 교가, 군가, 행진곡 등에 널리 쓰였지요. 실망이라고요? 어르신들 나이대에 들은 음악이 엔카와 엔카에서 파생된 트로트가 주류였으니 어쩔 수 없어요. 지금 우리가 자랑하는 K-pop은 어디서 유래한 겁니까? 미국, 유럽 팝 음악이 원류잖아요. 그러니 역사를 해석할 때는 시대 배경을 헤아려 봐야 해요. 🐻

해방 후 트로트의 2차 전성기

하지만 트로트 음악은 1937년 중일전쟁이 발발하면서 라디오에서 퇴출됩니다. 중단된 음악 활동은 해방이 되어 부활하게 되지만, 미군과 함께 들어온 최신 팝송이 젊은이들에게 파고들면서 트로트와 라이벌 관계가 됩니다. 그래도 50년대 주류 음악은 트로트였는데, 당시 '신라의 달밤' 등 옛 추억을 그리는 노래와 함께 6.25전쟁을 다룬 '이별의 부산정거장', '굳세어라 금순아' 등이 유행하지만, 여전히 레코드와 전축은 부자들의 전유물이었고 고급 클럽은 대도시에만 존재했기에 사회 주류층에서만 환영을 받았다고 하네요. 🐻

　그러던 트로트는 1960년대 라디오의 보급과 함께 전국적으로 확산되고 대중화되기 시작합니다. 이 시기에 '엘레지의 여왕' 이미지가 화려하게 등장하고, 아직 음반 시장이 미약하던 상황에서 가수들의 지방 리사이틀 공연이 주 수입원이 되면서, 특정 지역 이름을 넣거나 민요와 결합한 노래들을 잇따라 선보이게 되지요.

이후 대학가를 중심으로 젊은 지식층에서 김민기, 양희은으로 대표되는 포크 음악과 록, 팝이 유행하면서, 트로트는 점점 구세대 음악으로 밀려나게 됩니다.

하지만 여전히 중·장년층에게는 1970~1980년대까지 남진 vs 나훈아의 라이벌 구도에 김연자, 계은숙 등 여러 여성 가수들이 세련된 트로트를 선보이며 인기를 이어갑니다. 나훈아는 어린 시절 부산 동구 초량동에 살았는데, 제 큰고모집 옆의 옆집 아들이었다네요. 그래서 가끔 큰고모가 TV에 나훈아가 나오면 "가가 중학생 때도 길에서 노래를 흥얼흥얼 부르며 다녔는데 그때는 커서 뭐가 될꼬 걱정했었다."고 회상하십니다. 🐻

제 기억에도 1970년대 부산 남포동 극장가에서 남진, 나훈아 리사이틀이 화려하게 펼쳐졌고, 심지어 취객이 올라와 깨진 맥주병으로 가수를 공격해 부상을 입히는 등 과격한 팬심도 선보였지요. 그러고 보면 요즘 아이돌그룹을 향한 팬심은 귀여운 수준이에요. 🐻

1990년대 이후, 발랄한 트로트로의 전환

1970년대 포크, 록 음악에 이어 1980년대부터 새로운 발라드 음악이 인기를 끌면서 변진섭의 트로트풍 발라드 '홀로 된다는 것'이 거의 마지막 1위곡이 될 정도로 위축되고, 소위 밤무대에 진출한 개그맨과 탤런트들도 트로트 음반을 우후죽순 내다 보니 트로트 장르의 위상 자체도 흔들리게 됩니다.

게다가 1980년대 디스코 유행에 이어 유럽 댄스 뮤직이 큰 인기를 끌면서, 우리나라에서도 소방차, 박남정, 김완선 등 댄스 가수들이 활약하자 이에 맞서 트로트 역시 새로운 길을 모색하게 되는데, 1980년대 중반 주현미의 '쌍쌍파티'가 첫 신호탄이 됩니다. 반주단 대신 신디사이저 전자음에 맞춰 유로 댄스풍을 가미한 흥겨운 트로트가 인기를 끌자 다른 가수들도 흥겨운 트로트로 변신하면서 과거와 같은 애절한 노래와 결별하게 되지요. 🐻

당시 '성인가요'라고 불리며 다시 부활하던 트로트는, 1993년 서태지와아이들이 랩 음악을 선보이고 뒤이어 듀스, H.O.T, 젝스키스 등 아이돌그룹이 잇따라 등장하면서 다시금 침체에 빠지다가, 2004년 장윤정의 '어머나'의 성공 이후, 박현빈에 이어 홍진영까지 흥겹고 쿨한 사랑 노래와 서양식 7음계로 변신을 거듭하고 있는데다가, 최근 여러 TV프로그램을 통해 새로운 트로트 가수들이 주목받는 상황입니다.

이런 한국 트로트의 변신은 여전히 큰 변화 없이 위축되고 있던 일본 엔카계에도 신선한 충격으로 다가오니, '몽키 매직'으로 유명한 이박사의 EDM 트로트가 오히려 일본에서 더 큰 인기를 끌기도

했습니다. 🐼

지금까지 본 것처럼 트로트는 가장 오래 이어져온 대중음악으로서 록, 댄스 음악 등 새로운 장르와의 적극적인 융합을 통해 끈질긴 생명력을 이어온 것이지요. 최근 일어난 트로트 열풍은 그동안 음악 소비자 집단에서 소외되어오던 중·장년층에게 새로운 즐거움을 줄 뿐 아니라, 새로운 가수들의 영입을 통해 트로트의 부흥을 이끌 수 있는 계기가 되었다고 봐야겠죠? 🐵

우리 국악의 재발견

하지만 엄연히 국악이 있는데 일본의 영향을 받은 트로트를 전통 가요라고 칭하는 것에 대해 안타까워하는 분들도 있습니다. 생각해보면 우리가 흔히 음악을 배운다고 하면, 피아노부터 떠올리고 초등학교 입학 때부터 서양 음계를 배우는 반면, 전통 음악에 대한 교육은 매우 부족한 것이 엄연한 현실입니다.

일제 식민지를 거치고 서구 문명에 압도당하는 가운데, 빨리 선진국을 따라잡아야 한다는 강박감 속에 우리 전통은 낡고 버려야 할 것이라는 생각이 널리 퍼지면서 생긴 현상이지요. 🐻 그러다 보니 국악은 접할 기회가 적고 왠지 촌스럽고 구태의연하다는 인식을 가지는 반면, 서양 클래식 음악을 감상하는 것은 고상하고 우아한 취

미로 여기는 인식이 오랜 기간 이어져온 것이 사실이니까요. 🐻

하지만 국악계도 지속적인 변신을 꾀하고 있습니다. 이제는 우리나라 대표 국악으로 널리 알려진 사물놀이는, 사실 1978년 처음 등장한 신개념 국악이에요. 🐼

역사적으로 서구에서도 귀족층이 즐기던 클래식 음악과 대중이 즐기는 민속음악이 있었듯이, 우리 역시 조선 후기가 되면 양반층이 즐기던 판소리와 평민이 즐기던 마당놀이, 농악(풍물놀이)이 다양한 갈래로 발전해왔어요. 하지만 20세기 들어 압도적인 외래 문물에 밀려 점차 쇠퇴하던 중, 국악의 부흥을 꾀하던 김용배, 김덕수 등 선구자들이 1978년 2월 22일 창덕궁 인근에 위치한 소극장 '공간사랑'에서 농악의 주요 악기인 꽹과리, 징, 북, 장구 4개 악기만으로 앉아서 연주하는 새로운 공연을 선보인 것이 대성공을 거두니, 최초의 사물놀이 공연으로 기록되고 있습니다. 🐼

1978년 역사적인 첫 사물놀이 공연, 왼쪽부터 이종대, 김용배, 김덕수, 최태현 (출처 _ 월간 〈객석〉)

뒤이어 그해 12월에 정식으로 '사물놀이' 연주단이 결성되는데, 당시 민속학자인 심우성 선생님이 "4개의 악기로 연주하는 풍물놀이이니 사물놀이라고 하면 어떠냐?"고 제안하여 풍물패 이름을 '사물놀이'라고 지은 것이 이제는 아예 장르 명칭이 된 것이지요. 지금은 사물놀이를 대표 국악으로 여기지만, 처음에는 원로 국악인들이 "야외에서 흥겹게 춤과 어우러지던 풍물을 너무 변형했다."고 탐탁지 않게 여기셨다고 하지요. 🐻

1980년대 들어 천하장사 씨름대회를 통해 "천하장사 만만세~" 노래가 유행을 하고 전통 마당극 공연이 화제를 불러일으키는 등 지속적인 변화를 꾀했고, 2000년대 초반에는 송소희보다 앞선 '원조 국악 소녀' 이자람 등이 결성한 '타루'라는 국악뮤지컬공연단이 출범하는 등, 국악의 현대화는 끊임없이 시도되고 있지요. 🐻

아 참! 원조 국악소녀 이자람은 인디밴드 '아마도이자람밴드'의 리더 이자람과 같은 인물입니다. 포털 인물 검색에서는 2008년 데뷔한 것으로 나오지만, 실제 데뷔는 1984년이에요. "예솔아~ 할아버지께서 부르셔~ 예~ 하고 달려가면~너 말고 니 엄마"하는 노래를 부른 예솔이가 실은 이자람 씨예요. 🐻

최근에도 프로젝트 그룹 '씽씽'이 먼저 미국에서 주목받더니, 2020년 한국관광공사가 얼터너티브 국악 그룹 '이날치'와 퍼포먼스 그룹 '앰비규어스댄스컴퍼니'의 새로운 퓨전국악을 소재로 각 도시를 소개하는 유튜브 광고영상 'Feel The Rhythm of Korea'를 공개했는데, 이것이 전 세계적으로 크게 각광을 받으면서 오히려 해외 지

인들을 통해 우리나라로 역소개되기에 이릅니다. 🐻

물론 이 노래들이 유튜브에 광고 비용을 지불하고 노출된 것이라서 일부에서 비난하기도 하지만, 일단 무언가를 알리려면 충분한 마케팅 비용을 들여야 하고, 그렇게 돈을 써도 콘텐츠가 좋지 않으면 실패하기 마련이니, 이 같은 국악의 세계화 도전은 칭찬해야 한다고 생각합니다.

원래 이 글 주제는 '트로트의 재발견'인데, 결론은 '국악의 재발견'인 것 같네요. 🐻

어쨌거나 앞으로 우리 국악도 트로트처럼 국민들에게 더 널리 사랑받고, 해외에서도 한국의 새로운 멋으로 널리 알려지길 기원해봅니다. 🐻

04
화려한 쇼윈도 도시 경성의 뒷모습

일제강점기를 묘사한 문학작품이나 영상물은 대부분 암울한 풍경을 묘사하지만, 1920~30년대 기록물을 보면 참으로 낯선 의외의 풍경과도 맞딱뜨리게 됩니다. 1930년대 세계대공황 시기에 오히려 조선은 수치상으로는 경제적으로 번영하고 인구도 늘어나는 등, 우리가 보통 생각해온 암울한 식민지라는 이미지와 맞지 않아 당혹스러울 때가 있어요. 그러다 보니 일부에서는 통계 수치만 보고 일본이 조선을 근대화시켜주었다고 주장하는데, 실제는 일본의 대륙 진출을 위한 쇼윈도 전시장과도 같은 허망한 화려함 속 아픔이 도사리고 있었고 결국 파국으로 치닫게 됩니다. 🐻

화려한 식민지를 만든 일제의 속셈

일본을 충격에 빠뜨린 3.1 만세
운동 (출처 _ 위키피디아)

식민지 조선에서 트로트가 1920
년대부터 인기를 끈 데에는 배경
이 있었으니, 일본은 1919년 3.1
만세운동을 겪자 식민지 지배
방식을 '문화정치'로 바꿔 조선
인의 불만을 잠재우려 한 것이
죠. 당시 일본은 서구 열강을 매우 의식하던
상황이었습니다. 유일한 비(非) 서구 국가로서
열강의 마지막 한자리를 차지한 그들로서는 식민지 조선을 개화시
키고 있다고 홍보하던 참인데, 식민지 조선인들의 강력한 반발이 널
리 알려져 매우 난감해진 것이죠. 🐻

당초 대한제국을 합병한 일본은 헌병을 앞세워 공포 분위기를 조
성하면서도, 한편으로는 조선 시절 하층민을 이용해 분열을 조장합
니다. 실제로 초대 데라우치(寺内正毅) 총독은 그간 고관대작들에게
억울하게 땅을 빼앗겼던 이들의 요청을 검토해 원 주인에게 땅을 돌
려주어 이를 칭송하는 송덕비(頌德碑)가 곳곳에 세워지기까지 했지
요. 하지만 곧 마각을 드러내어 동양척식회사를 앞장세워 토지 측량
을 한 뒤 미신고된 땅을 모두 몰수하여 일본의 재산으로 만들어버리
고, 기존 대한제국 언론과 교육기관을 폐쇄하면서 일본에 순응하는
인간으로 개조하려 했습니다. 또한 살인 미수 사건을 꾸며 신민회

독립지사 105인을 구속하는 등 공포 분위기를 조성했지요. 👹

하지만 3.1 만세운동 이후 문화정치로 바꾸어 유화정책을 통해 조선인의 불만을 다른 쪽으로 돌린 것이 먹히기 시작합니다. 이에 서서히 일본의 지배에 순응하면서 많은 이들이 친일파가 되어가니, 다수는 그동안 출세길이 막힌 서얼, 중인, 양민 등 소외되었던 이들이었지요. 🐱

식민지를 연구한 결과를 보면, 어느 식민지이건 3가지 부류로 나뉘게 되는데, 그냥 현실에 순응하는 이가 가장 많고, 그다음은 지배자에게 충성하는 이가 많으며, 적극적으로 투쟁에 나서는 이들이 비율상 가장 적다고 합니다.

이처럼 식민지 경영이 잘 되어가던 중, 1929년 미국의 경제대공황 여파로 경제가 어려워지자 일본 수도 동경에서조차 네온사인을 금지하는 등 엄격히 통제를 하던 시기에도 조선총독부는 경성 등 대도시에는 기차역 앞에 유흥지를 조성하여 네온사인을 설치하고, 주점, 댄스홀(당시엔 '딴스홀')의 심야 영업을 조장하니 경성은 환락의 도시로 유명해집니다. 🐻

이에 1928년 시내 노선버스 운행에 이어 '경성명소유람버스'라는 시티투어 버스를 운행하는 등, 당시 불어닥친 조선의 황금 개발 열풍을 널리 알려 일본 청년들에게 '노다지를 캐면 한방에 부자가 될 수 있다'며 조선 이주를 독려합니다. 1924년 식민지 조선에 경성제국대학을 설립한 데에도 이런 배경이 존재한 거지요.

때마침 우리나라 땅에서 금이 잇따라 발견되자 10년간 5,500여

개의 갱도가 파헤쳐져 캘리포니아 금광에 맞먹는 어마어마한 금이 쏟아져 나왔고, 일본은 세계 6위의 금 보유국으로 우뚝 서며 경제 위기를 극복하는 데 요긴하게 써먹습니다. 비록 몇몇 조선 금광왕이 탄생했다지만, 조선시대에 중국에게 공물로 뺏기지 않으려고 광산을 폐쇄했던 것이 부메랑이 되어 그간 땅에 묻혀 있던 한반도 금, 은이 탈탈 털려 일본의 배를 불려준 것이죠. 🐻

게다가 일제는 1931년에는 철원에서 내금강까지 이어지는 금강산 관광열차까지 개통해, 조선 일주 관광 코스를 만들어 일본인들의 관광을 유도하며 일본이 조선을 널리 개화시켰다고 해외에 선전합니다. 🐻

일상생활의 변화

이 무렵 우리 음식문화에도 큰 변화가 생기니, 과학기술의 발달로 1920년대 제분기가 본격 도입되면서 드디어 고추를 잘게 부수어 고

춧가루를 만들 수 있게 되어 빨간 김치가 대중화됩니다. 1930년대 평양에서 출간한 《조선 요리 대백과》에서도 김장김치 레시피는 백김치 위에 고추를 잘게 실처럼 썰어서 넣는 방식을 표준으로 적었을 정도로 고춧가루의 역사는 채 100년이 되지 않았고, 고추장은 6.25 전쟁 이후 밀가루가 싸게 보급되면서 널리 쓰이게 됩니다. 🐻

삼계탕도 이때 개발된 요리이지요. 응? 🐻 조선시대 때는 닭으로 탕을 안 했냐고요? 아뇨. 닭국을 만들긴 했지만 당시에는 마늘과 닭의 조합이 몸에 해롭다고 여겨 넣지 않아 닭비린내가 심했대요. 그래서 "몸이 아픈 세손(정조)에게 치료용으로 먹였다."고 《조선왕조실록》〈영조실록〉에 나와요. 그러다가 일제강점기에 요리점이 늘어나면서 인삼과 마늘까지 넣는 삼계탕이 개발되었다는 것이 정설입니다. 그런데도 중국에서는 이 삼계탕도 탐이 나서 옛 광동요리 중 닭을 삶은 요리가 있었는데, 조선에 건너가 삼계탕이 되었다는 엉터리 주장을 하고 있지요. 🐻

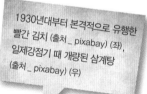

1930년대부터 본격적으로 유행한 빨간 김치 (출처 _ pixabay) (좌), 일제강점기 때 개량된 삼계탕 (출처 _ pixabay) (우)

다시마에서 추출한 글루탐산나트륨으로 '감칠맛'을 내는 조미료, 아지노모도(味の素)도 널리 쓰이기 시작합니다.

당시 일본 스즈키상회는 경성에 지사를 내고 신문에 '김장에 아지노모도를 넣으면 맛있어집니다'라고 광고해 인기를 끌었고, 해방 이후 그 맛을 잊지 못해 '미원', '다시다' 등 유사 제품이 현재까지 이어지고 있지요.

한동안 MSG가 몸에 나쁘다고 잘못 알려져 기피 대상이 된 바 있어요. 그런데 MSG는 싫다던 일부 음식 평가단이 방송에 나와 맛있다는 표현을 하면서 연신 "감칠맛이 난다."고 칭찬하는 것을 보고 어이없어 한 적이 있습니다. 그 감칠맛이 바로 MSG(글루탐산나트륨) 맛이란 말이에요. 🐻

서구식 주택도 지어지면서 새로운 용어들이 많이 들어옵니다. 집 입구를 가리키는 현관(玄關)도 일본식 용어인데, 원 뜻은 '현묘(玄妙)한 도(道)로 들어가는 곳"이라는 의미로, 일본 불교 사찰의 출입구 즉, 일주문을 가리키던 말이었다고 합니다.

의복생활에서도 머리 모양과 의상이 서구화되기 시작합니다. 우리나라 최초의 단발(短髮)머리는 1922년 강향란이라는 기생이 시도했는데, 신문 기사가 날 정도로 화제가 되었다네요. 뒤이어 글로벌 스타 최승희가 단발머리를 하면서 경성 아가씨들이 유행에 동참합니다. 뒤이어 1930년대가 되면 펌(permanent) 스타일도 등장하는데, 당시에는 전기로 머리를 지진다고 해서 '전발(電髮)머리'라고 불렀답니다. 장발, 단발, 전발……. 라임이 맞네요. 🐻

참고로 바리깡은 프랑스에서 개발된 이발도구로서, 원래 명칭은 '통되즈(Tondeuse)'였지요. 하지만 1883년 일본에 도입되었을 당시 회사 이름인 '바리캉 에 마르(Bariquand et Marre)' 상표가 널리 알려져 이후 우리나라에서도 '바리깡'이라는 이름으로 불린 겁니다.

강향란의 단발 사건을 주제로 한 음악극 '낭랑기생' 포스터 (출처 _ 정동극장)

이와 비슷하게 회사 명칭이나 브랜드 명칭이 일반명사화 되는 경우가 많은데, 스테이플러(Stapler)가 '호치키스', 투명 테이프(Duck Tape)가 '스카치 테이프' 등으로 불리고 있어요. 1930년대 선보인 선글라스도 국내에서는 오랫동안 미국 회사 명칭인 '라이방(Ray-Ban)'으로 불렸지요. 🐻

단발머리로 유행을 선도한 글로벌 스타 최승희는 현대 무용 및 조선 전통 무용수로서 1932년 일본 공연을 시작으로 유럽, 미국, 남미 등 세계 순회공연을 한 최초의 한류 스타였지요. 무용수로만 알려져 있지만, 이때 '향수의 무희' 등 자작곡과 함께 번안곡 '이태리의 정원'이라는 노래를 레코딩해 세련되고 도시적인 인텔리 음악으로 인기를 끌게 되지요. 이 노래가 궁금하면 영화 '박열'의 OST를

찾아보세요. 메인 테마곡으로 나오
는데, 상당히 세련된 노래더라고요.
🐻

또한 여러 영화에도 출연하는
등 무용, 음악, 영화 등 여러 방면
에서 뛰어난 활약을 보인 최승희
의 미국 공연 때에는 찰리 채플린
(Charlie Chaplin), 어니스트 헤밍웨
이(Earnest Hammingway) 등이 관
람을 했다고 하며, '동양의 이사
도라 덩컨'이라는 애칭도 받게
됩니다. 게다가 영화배우 로버트
테일러(Robert Tailer)는 그녀에게
반해 할리우드 영화 진출을 알
아봐주기까지 하지만, 중일전
쟁이 발발하면서 한국인 최초

최초의 한류 스타 최승희와 마라
톤 영웅 손기정 (출처 _ 위키피디아)
(위), 최승희의 현대 무용
(출처 _ 나무위키) (아래)

의 미국 영화 출연은 무산되고 말았고 해방 후 월북하면서 오랫동안
우리나라에서는 잊힌 인물이 되었지요. 🐻

이렇듯 1920~1930년대 경성의 풍경은 참으로 기묘했으니 한복
을 입은 중·노년 조선인과 기모노를 입은 일본인들과 함께 서구식
양복에 선글라스, 중절모와 지팡이를 짚은 '모던 보이'와 양산에 뿔

테 안경, 원피스에 하이힐, 스타킹을 차려 입은 '모던 걸'들이 전차를 타고 삼삼오오 명치정(지금의 명동) 거리로 나와 미츠코시백화점 옥상 카페에 모여 아이스커피와 함박스텍을 즐겼다지요. 🐻

당시 경성 백화점들은 야외 레슬링 경기, VIP 고객을 위한 서커스쇼 등 각종 이벤트와 함께, 전국에 우편으로 신상품 카탈로그를 보내는 우편 판매 및 계절별 바겐 세일 등 치열한 마케팅 활동을 전개했고, 밤이 되면 화려한 네온사인 속 다방과 댄스홀이 손님을 맞이하고, 크리스마스 이브에 양식당이 바가지를 씌워 항의가 빗발쳤다는 기사가 연일 신문에 도배됩니다. 또한 황금광 시대를 맞아 금광을 발견해 엄청난 부를 축적한 이들이 화제가 되고, 주식과 부동산 투기로 벼락부자가 된 이가 있었다지만, 화려함을 꽃피우던 경성에 살던 60만 명 중 약 1/6에 해당하는 10만 5,000명은 여전히 토굴집에 사는 극빈층이었으니, 당시 이들을 '세궁민(細窮民)'이라 불렀다고 하네요. 🐻

또한 이 당시 서구 패션이 조선 땅에서도 각광받았는데, 당시 막 선보인 나일론 스타킹과 함께 일본식으로 '부라자'라고 불렸던 브래지어(brassiere) 속옷도 인기를 끌게 됩니다. 🐻

처음 브래지어를 개발하고 1914년 2월 이를 특허낸 이는, 메리 펠프스 제이콥(Mary Phelps Jacob)이라는 여성이었어요. 파티에 가려고 코르셋을 입다가 짜증이 나서 대용품으로 만든 것인데 너무 편하자 이를 주변에 나눠주었고, 입소문이 나자 아예 특허 등록을 하고 본격적으로 생산한 것이죠.

원래 코르셋은 중세 시절 남성들이 본인의 우람한 가슴과 어깨를 자랑하려고 입던 것인데, 이후 여성들이 자신의 허리를 잘록하게 강조하려고 널리 쓰면서 여성 속옷이 되었지요. 그러던 것이 이제는 여성 억압의 상징으로 불리니 원래 출발점을 알고 나면 좀 아이러니 하긴 합니다. 🐻

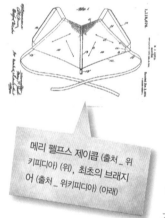

메리 펠프스 제이콥 (출처 _ 위키피디아) (위), 최초의 브래지어 (출처 _ 위키피디아) (아래)

어쨌거나 브래지어로 큰돈을 벌게 된 제이콥 여사는 술주정꾼 남편과 이혼하고 일곱 살 연하남과 연애를 했지만 주변 시선이 따갑자 아예 프랑스 파리로 이주해 '블랙 선 프레스(Black Sun Press)'라는 출판사를 설립해 운영했다고 합니다. 돈에 쪼들렸다면 잘 팔릴 책만 만들었겠지만, 이미 부자였던 그녀는 그간 출간이 어려웠던 유망한 젊은 작가들을 키웠는데, 이를 통해 제임스 조이스(James Joyce), 어니스트 헤밍웨이, D. H. 로렌스(D. H. Lawrence), T. S. 앨리엇(T. S. Eliot)이 첫 책을 출간하게 되니, 따지고 보면 브래지어가 문학 발전에 큰 기여를 한 것이죠. 🐻

다만 최근 온라인상에서 《톰소여의 모험(Adventures of Tom Sawyer)》, 《허클베리 핀(Adventures of Huckleberry Finn)》을 쓴 소설가 마크 트웨인(Mark Twain, 본명 새뮤얼 클레멘스)이 이 브래지어의 후크 개발자라고 알려지고 있는데, 이건 절반은 가리지날이에요.

앞서 설명한 대로 제이콥이 브래지어를 특허출원한 것이 1912년인데, 마크 트웨인은 이미 1910년에 사망했으니 부활하지 않고서야 브래지어 후크를 만들 수가 없지요. 그가 만든 건 정확히는 멜빵을 고정하기 위한 후크였고 1871년에 특허를 낸 것인데, 이게 벌이가 영~ 시원치 않자 부인이 "쓸데없는 거 만든다고 시간 허비하지 말고 글이나 쓰라."고 핀잔을 주자 소설에 매진하니 《톰소여의 모험》이 이렇게 해서 나온 소설이었다고 합니다. 🐮 결국 그는 생활고에 시달리자 더 잘하는 소설이나 쓰자며 발명가의 꿈을 접은 것이죠. 이후 최초의 브래지어가 뒷부분도 끈으로 연결된 일체형이어서 불편하던 것을 마크 트웨인의 후크로 열고 닫게 개선한 것이니 전후 순서가 바뀌어 알려지게 된 것이에요.

하지만 화려한 쇼윈도 도시 경성과는 달리 지방의 사정은 더욱 열악해지니, 일본 내 쌀 소비량이 늘자 조선에서 쌀을 수입해 일본에 파는 무역이 증가했는데, 매년 생산량보다 수출량이 늘어나 한반도에는 식량 부족 사태가 발생합니다. 🐻

앞서 인구가 늘어났다고 했는데 이는 일제가 정치를 잘해서 그런 것이 아니라 서양의학의 확산과 함께 상·하수도 공사가 진행되어 각종 전염병이 줄어들면서 영아 사망률이 낮아진 덕이었지요. 이에

1920년대까지는 조선인들의 평균 키가 점점 커졌지만, 쌀을 빼앗기게 된 1930년대부터 다시 키가 줄어들었고 해방 후에도 만성적인 식량 부족으로 1970년대까지 일본인보다 평균 신장이 작았습니다. 🐻

일본으로 가는 배에 싣기 위해 군산항에 쌓아 놓은 쌀 가마니 (출처 _ 우리역사넷)

특히 곡창지대이던 호남에서는, 원활히 일본으로 쌀을 보내기 위해 군산항과 목포항이 크게 확장되면서 당시 경성, 평양, 대구, 부산에 이어 5, 6번째 대도시로 성장했어요. 또한 기존 기차 이외에 수송 차량 이용이 늘어나니, 전주에서 군산에 이르는 고속화 신작로가 가장 먼저 개통되기에 이릅니다. 하지만 그 이익의 다수는 고스란히 일본 무역상들과 일부 조선 지주층이 다 가져갔지요. 🐻

식민지 예술의 부흥과 갑작스러운 중단

일본이 대륙 진출 야망을 불태우며 일본인들의 이주를 유도하기 위해 의도한 조선의 경제 부흥 정책 속에 식민지 조선인들의 문화적 역량이 꽃피우게 됩니다. 이 당시 여러 일간지가 발간되면서 다수의 문학가들은 기자 생활을 하면서 동시에 각종 동인지를 통해 소설과 시를 쏟아냈고 영화 산업도 활성화됩니다. 1926년 10월 1일 단성사에서 나운규 감독의 영화 '아리랑'이 상영되었고, 독일에서 만든 최초의 SF영화 '메트로폴리스(Metropolis)'도 국내에서 상영될 정도였지요. 🐻

문학 영역에서는, 구한말 신소설이라는 과도기를 벗어나 1917년 와세다대학교 철학과 학생이던 이광수가 〈매일신보〉에 연재한 장편소설《무정(無情)》을 통해 구어체 문장, 구체적 상황 묘사 등을 구사하며 현대 장편소설로 나아갑니다. 이광수는, 영어 3인칭 대명사 'he/she'에 대응하고자 '그'라는 3인칭 대명사를 제시하며 작품 속 주인공들의 대화에 "조선이 발전해 나가기 위해서는 과학을 공부해야 한다."며 주인공이 '생물학'을 배우겠다고 다짐하는 장면을 넣었지요. 아아~! 그는 100여 년 전에 이미 바이오산업의 발전을 예견했나 봅니다. 🐻 이외에도 카프(KAPF) 활동, 청록파 시인 등 일제 치하 문학인들은 엄청난 창작열을 불태워 우리나라 현대문학의 길을 제시하셨지요.

또한 방정환 선생님을 필두로 한 동화 창작도 활발히 전개되고 어린이를 위한 노래, 동요도 등장하니, 우리나라 최

춘원 이광수 (출처 _ 위키피디아) (좌),
1931년 《무정》 초판본
(출처 _ 위키피디아) (우)

초의 동요 '반달'도 1924년에 발표됩니다. 흔히 첫 구절인 '푸른하늘 은하수'가 제목이라고 잘못 알고 있지만요. 🐻

'반달'을 만든 윤극영 선생님은 서울에서 태어나 경기고등보통학교(경기고)를 졸업하고 서울법학전문학교를 입학한 수재였지만, 음악에 더 관심이 많아 일본 유학길에 올라 동양음악학교에서 바이올린과 성악을 공부하던 중 방정환 선생님을 만나 색동회 활동을 함께합니다. 당시만 해도 어린이를 위한 노래라고는 찬송가를 개사하거나 일본 동요뿐인 사실에 한탄하며, 우리말로 된 창작 동요를 만들기 시작하지요. 하지만 1923년 관동대지진 참상을 목격하고 학교를 중퇴한 뒤 1924년에 조선으로 되돌아오는데, 이때 누나의 남편이 사망했다는 소식을 듣고, 혼자 남은 누나가 얼마나 외로울지 상상하며 쓴 노래였다고 하지요. 그가 가장 심혈을 기울인 부분은 2절 마지막 가사였다고 합니다. "샛별이 등대란다 길을 찾아라."

그는 2년 뒤 당시까지 작곡한 노래를 모아 1926년 《반달》이라는 제호로 동요집을 발표하니, 지금도 널리 애창하는 '설날', '고드름', '기차길 옆', '따오기' 등의 창작 동요가 널리 알려지게 됩니다. 🐱

하지만 윤극영 선생은 동요집 발간 후 안정된 직업을 찾아 1926년 만주 용정으로 이주해 조선족 학교에서 음악선생님을 했는데, 일제 말기 만주에 살던 문학예술인들도 친일단체에 가입되면서 그 역시 친일 작품을 썼다고 하네요. 그후 제2차 세계대전이 끝나고 공산당이 만주를 장악한 뒤 친일파로 몰려 사형 선고를 받았지만, 그가 전 민족이 애창하는 '반달'을 작곡한 사실을 알고는 재능이 아깝다며 3

년형으로 감형해주었고, 출소 후 수레를 끄는 험난한 생활을 하다가 남한으로 탈출하여 '어린이날 노래'를 발표하는 등, 왕성한 활동을 하며 1970년에는 대한민국 '국민훈장목련장'을 받으신 분이죠. 🐻

그중 대표곡으로서 애절하면서도 희망을 노래한 '반달'은 발표 당시부터 큰 화제가 되었고 지금도 남북한 모두 널리 부르고 있는데, 문제는 중국에서는 자기네 노래라고 우기고 있다는 겁니다. 그 이유는 조선족 사회에서도 널리 이 노래가 불렸었는데, 1950년대 북경에서 조선족 가수가 '반달'을 '소백선(小白船)'이라는 제목으로 중국어 음반을 발표한 것이 큰 인기를 끌면서 1979년에는 아예 중국 전국 통용 음악 교과서에 중국 동요로 수록되어 있기 때문이라네요. 🐼

하지만 윤극영 선생님은 1903년 대한제국에서 태어나 일본제국 신민이 되었다가 '반달'을 발표할 당시 한반도에 있었고, 비록 1926년부터 1948년까지 만주에 머물렀지만 이후 대한민국 국민이 되었으니, 1949년 건국한 중화인민공화국과는 전혀 무관한데 이런 억지를 부리는 것이죠. 🪆

현재 중국은 심지어 윤동주 시인도 중국인이라고 우기는 상황입니다. 용정시에 있는 그의 묘 앞에 한자로 번역한 '서시'가 버젓이 서 있고, 안내문에도 '중국 조선족 시인'이라고 붙여 놨답니다. 🪆

이 역시 윤동주 시인이 지금의 중국 영토에서 태어났기 때문인데요. 하지만 이주한 조선인 자녀로서 본인은 대학 입학 서류에도, 일본 경찰에 체포되었을 때도, 본적 함경북도로 명기할 정도로 본인과 일본 당국 모두 조선인으로 뚜렷한 인식을 하고 있었습니다. 당시 일본은 호적을 정리할 때 출생지뿐 아니라 본적 등을 기재했는데, 이는 일본이 기존 열도를 벗어나 각지에 식민지를 확장하는 과정에서 창씨개명을 강제했는데 이름만으로는 조선인도 일본인과 구분이 쉽지 않기에 식민지에서 태어난 일본인과 일본에서 태어난 외국인을 구분하기 위해 본적을 중요시했습니다. 그런데도 중국은 억지로 출생지가 동북3성이라는 이유만으로 윤동주 시인마저 중국인이라고 우기는 것이죠. 칭기즈칸도 중국 영웅이라고 하는 상황이니……. 🐻

잠시 중국의 억지까지 이야기가 흘러갔네요. 🐻

어쨌거나 식민지 치하 문화활동은 1937년 중일전쟁 시작과 함께 갑작스레 중단되고 맙니다. 당시 일제는 전쟁을 일으키면서 '명랑한 국민가요만 허용한다'며 모든 유행가 방송을 중단하는데, 뒤이어 제2차 세계대전으로 이어지면서 대중가요는 완벽한 암흑기를 맞게 되

윤동주 시인 (출처 _ 위키피디아) (좌),
유고시집 《하늘과 바람과 별과 시》
(출처 _ 윤동주문학관) (우)

고, 문학인들은 일제 찬양 작품만 쓰도록 강요당하면서 상당수가 친일 문학을 쓰는 상황으로 몰립니다.

게다가 일제는 '생활개선 운동'이라고 하여 검은색 국민복을 권장하고, 여성들에게는 작업용 바지(소위 몸뻬 바지)를 입게 했는데, 1944년 이후로는 치마 입은 여성은 버스, 전차를 타지도 못하게 했다지요. 순사들은 흰 조선옷을 입은 이들에게 먹물을 붓는가 하면, 더벅머리를 한 청년들은 바리깡으로 머리를 밀고, 여성들의 짧은 치마도 풍기문란으로 단속하는 등, 다시금 식민지 초기처럼 강한 압박을 전개합니다. 🎂

이처럼 중일전쟁의 시작으로 다시금 억압된 식민지 조선은 1945년 해방될 때까지 우리말·우리글은 사용 금지되고 민족 일간지 폐간에 이어 일본식 이름으로 창씨개명을 강요당하고, 드디어 일본군 징집과 강제 징용, 위안부에 이르기까지 육체와 정신을 송두리째 빼앗기게 되었으니, 식민지의 발전은 결국 제국 지배자가 만든 허상일 뿐이란 것을 잊어서는 안 됩니다. 🐻

또 한번 눈물을 쓰윽~ 닦고, 다음 3부에서는 해방 후 우리말·우리글의 발전을 알아봅시다.

개항기부터 일제 해방까지
우리말·우리글의 변화

– 국가문자 위상 정립부터 소멸 위기까지 롤러코스터를 탄 우리말·우리글

앞서 [지식창고 1]에 이어 개항기부터 일제강점기까지의 우리말은 어떻게 변했는지 살펴볼까요?

조선 후기 완만한 변화를 보이던 우리말은 1876년 강화도조약이 맺어지면서 그동안 한자에 잠식되어가던 토박이말에 또다시 외국어가 유입되면서 큰 변화가 일어나기 시작해, 이제는 외래어로 우리말에 녹아들어 현재에 이르고 있습니다.

개항 이후 – 밀려든 외래어 물결 속 국가문자 위상 정립

개항 이후 인천, 부산, 원산항에는 차이나타운과 일본인 마을이 형성되고, 유럽 상인들도 찾아와 신문물을 팔게 되는데, 전국의 보부

상도 몰려와 앞다퉈 물건을 받아 가면서 자연스레 그 이름도 수입 됩니다. 그러나, 이 같은 혼란을 맞아 앞서 소개한 대로 오히려 민족 고유 정신에 대한 자각과 함께 외국인들에 의한 한글의 재발견도 이뤄지고, 다양한 국립, 민간 교육기관이 한글 교육을 시작하면서 1894년 대한제국 선포와 동시에 한글을 국가문자(國家文字)로 선포, 줄여서 국문(國文)이라고 공표하여, 한글이 우리나라의 공식문자로 당당히 인정받게 됩니다. 🐷

이 같은 사회 분위기 속에서 1896년 최초의 순한글신문 〈독립신문〉이 발간 되면서 한글이 보편적으로 사용되기에 이르고, 띄어쓰기와 마침표 등 문장기 호들이 정착됩니다. 이때 〈독립신문〉의 교열 담당이던 주시경(周時經) 선생이 한글 이론과 표기법의 통일을 절감하며 1905년《국어문법》을 펴내는 등, 한글 과 국문법에 대한 본격적인 연구활동 을 시작합니다. 또한 나라에서도 '국 문연구소'를 설치해 1909년 주시 경, 어윤적 등 학자들이 형태소 기본형 을 고정한 '형태음소적 표기'를 원칙으로 하는 〈국문연구 의정안〉 보고서를 발표하 며 맞춤법 통일을 시도하는 등, 제도적으

순한글과 띄어쓰기를 시작한 〈독립신문〉 (출처 _ 위키피디아) (위), 〈국문연구 의정안〉 (ⓒ 한국학중앙연 구원, 유남해) (아래)

로도 한글을 널리 보급하고자 노력을 기울입니다. 🐼

또한 여러 문학인들이 한글 신소설《혈의 누(血의 淚. 피눈물)》,
《자유종》,《금수회의록》등을 발표하고, 외국의 발전된 과학기술을
따라잡자는 생각에 프랑스 SF작가 쥘 베른(Jules Verne)의《철세계
(Les Cinq cents millions de la Bégum(원제는 인도 왕비의 유산)》를 번역해
발표하는 등, 문학적으로도 한글의 보급에 큰 역할을 합니다.

일제시대 – 억압 속에서 완성한 한글 맞춤법

하지만 대한제국 공식문자로 인정받았던 한글은 1910년 나라가 망
하면서 일제에 의해 존폐 위기에 내몰리게 됩니다. 🐻

1912년 조선총독부는 대한제국 시절 '국문'이라 불리던 한글을 다
시 '언문'이라고 격하하면서 이치에 맞지 않는《보통학교용 언문 철
자법》을 발표합니다. '경성어를 표준으로 한다 / 표기법은 표음주의
(소리 나는 대로 표기)에 의한다 / 한자음을 언문으로 표기하는 경우
종래의 철자법을 쓴다 / 아래아는 폐기한다'는 이 원칙은, 식민지 교
육의 편의를 위해 만든 것이었지요. 🏯

이 같은 정책에 맞춰 '조선어 및 한문'이라는 과목으로 조선어와
한문을 통합하고, 이외의 교과서는 모두 일본어로 가르치게 됩니다.
이에 따라 주당 수업시간 중 조선어 수업 비중은 17.4%에 불과하
고, 일본어 수업은 43.5%에 이르게 되지요. 이후 태평양 전쟁이 시

작되던 1941년부터는 조선어를 아예 쓰지 못하게 합니다. 🐻

주시경 선생 (출처 _ 위키피디아) (좌), 1927년에 창간된 잡지 〈한글〉 창간호 (출처 _ 국립한글박물관 소장) (우)

가끔 인터넷에서 일본인들이 1912년 '언문 철자법' 발표를 거론하며 '조선에서도 버림받은 한글을 되살려준 것이 일본 지배 덕분이었다'라고 주장하지만, 이미 대한제국 시절 한글을 국가 표준으로 정하고 맞춤법을 통일하던 과정에서 중단되었던 역사적 진실을 외면하는 겁니다. 🐻

이에 1908년 조선어학회를 창립하는 등 활발한 활동을 전개하던 주시경 선생님이 1913년 〈아이들 보이〉라는 잡지에서 처음으로 우리 글자를 '한글'이라고 부르자고 제안하지만, 그 다음해 불과 39세 나이에 운명하시죠. 🐻

그후 여러 선각자들이 밀려들어오는 신문물과 각 학문별 전문용어에 대응하는 우리말 단어를 새로이 창작하기 시작합니다. 1919년 2월 8일, 일본의 수도 도쿄 한복판에서 우리 유학생들이 독립선언할 당시 '2.8 독립선언서'를 작성했던 춘원 이광수는, 앞서 언급한 대로 1917년 소설 《무정》을 통해 영어의 'he, she'에 해당하는 3인칭 대명사로 '그'를 처음 사용합니다. 또한 3.1운동의 도화선이 된 2.8 유학생 독립선언 동지였음에도 계몽주의 성격인 이광수의 작품 세계를 비판하며 라이벌로 등장한 김동인은 'she'에 해당하는 '그녀'라는 단어를 창조하고, 영어 시제를 의식하여 소설에 과거 시제를 도입함으로써 문학의 시간성을 확립하는 한편, 문학작품에 구어체를 적극 사용하는 등 우리 문학의 발전에 기여합니다.

또한 소파 방정환 선생은 1920년 새로이 '어린이'라는 단어를 만들어냅니다. 🐨

방정환 : "이제, 우리 아동들에게도 격에 맞는 호칭을 불러주어야 하오."

시민들 : "이보쇼, 애새끼들을 애새끼라고 부르는 게 뭐가 문제요?"

방정환 : "선생님. 그러면 젊은 사람은 뭐라고 부르십니까?"

시민들 : "젊은 사람이야 젊은이라 하지요."

방정환 : "그러면 늙은 사람은 뭐라고 부르십니까?"

시민들 : "그야 늙은이이지 않소?"

방정환 : "그러면 어린 사람은 뭐라 불러야 하오?"

시민들 : "그게……, 그러니까……, 어린이?"

방정환 : "그렇지요. 젊은 사람은 젊은이, 늙은 사람은 늙은이라 부르는데, 우리 민족의 희망인 어린 아이에겐 어찌 아이놈, 애새끼라 하는 것이오? 모름지기 어린 사람이니 '어린이'라 불러야 하오."

하지만 새로이 등장한 신문물과 전문용어에 해당하는 우리말 창조는 진전이 더디다 보니 일본에서 이미 번역한 일본식 한자어를 대

거 차용할 수밖에 없었고, 지금도 주요 학술용어는 일본과 동일하게 사용하고 있지요. 이외에도 본격적으로 서구 단어들이 유입되면서 해당 언어가 자연스럽게 사용되기 시작했는데, 1931년부터 동아일보사에서 주창하여 대학생들이 전개한 농촌 계몽 캠페인 '브나로드 운동'은 심훈의 소설 《상록수》로 교과서에도 수록되었는데 '브나로드(Vnarod)'는 러시아어로 '민중 속으로'라는 의미였지요. 이것이 해방 이후 대학생들의 '농촌 활동, 즉 농활'로 이어지게 됩니다. 아, 참! 많이 이들이 헷갈려하는 '시나브로'는 토박이말로, '모르는 사이에 조금씩 조금씩'이란 의미예요. 🐻

이처럼 우리 말글살이에 큰 변화가 생기던 시기에 우리말을 지키기 위한 모임이 결성되니, 바로 지금의 '한글학회'이지요. 당초 1908

년 주시경 선생 등이 창립한 '국어연구학회'를 모태로, 1911년 '배달말글몯음', 1913년부터는 '한글모'로 이름을 변경한 학술 모임은, 1914년 주시경 선생이 돌아가신 후 결속력이 낮아져 1917년 해산했다네요. 하지만 주시경 선생의 제자들인 장지영, 김윤경, 최현배 선생 등이 우리말을 체계적으로 정리하고 표준화하는 작업이 필요하다는 점을 절감해, 다시금 1921년 '조선어연구회'로 재건하고 1931년 총회 결의로 '조선어학회'로 다시 이름을 바꾸었다가, 해방 이후 1949년에 '한글학회'로 명칭을 바꿔 현재까지 이어지고 있습니다. 🐼

일제 치하의 조선어학회는 훈민정음 반포 8회갑(480년)되는 1926년 음력 9월 29일을 반포기념일로 정해 '가갸날'이라고 부른 뒤, 1927년 2월 동인지 〈한글〉을 발간하고 1928년에는 훈민정음 반포기념일을 '한글날'로 고쳐 부르면서 우리글 명칭으로 '한글'이 정착됩니다. 뒤이어 1929년 10월, 안재홍, 조만식, 유억겸, 백낙준, 이광수, 주요한, 이극로, 정인보, 이희승 등 108명의 각계 인사가 모여, 조선어사전편찬위원회를 만들어 《조선어사전》 편찬 작업에 착수하면서 2년 만에 중단되었던 〈한글〉 잡지도 1932년 재창간하며, 일반인들에게 우리말에 대한 관심을 유도했지요. 이 같은 노력과 학자 간 치열한 논쟁 끝에, 1933년 드디어 '한글 맞춤법 통일안'이 탄생하게 됩니다. 🐼

당시 우리말 연구모임은 두 학회가 존재했는데 서로 표준어 통일 작업에 대한 생각이 달랐다고 합니다. 조선어학회(한글학회)는 뜻에 따라 쓰는 '표의주의'를 내세운 반면, 1931년 발족한 조선어학연구

※ 동아일보사 주관 '조선어 표기법 통일안에 대한 범국민 공청회' 진행 경과

구 분	조선어학회(한글학회)	조선어학연구회	승패
첫날 (1932. 11.7) – 된소리 표기법 논쟁	된소리는 'ㄲ, ㄸ, ㅆ, ㅃ, ㅉ' 등 쌍자음으로 표기(실용주의)	된소리는 'ㅅ병합' 방식인 'ㅺ, ㅼ, ㅽ, ㅆ'로 표기(원조 표기 유지)	조선어학연구회 승리
둘째 날 (1932. 11.8) – 받침 표기법 논쟁	어간과 어미를 구분해 겹받침과 ㅎ받침을 쓰자	소리 나는 대로 표기, 겹받침은 불편	조선어학회 승리
셋째 날 (1932. 11.9) – 어미 활용 논쟁	어간의 원형을 밝혀 적는 표의(表意) 방식	소리 나는 대로 적는 표음(表音) 방식	조선어학회 승리
결론	조선어학회 표기법 원칙으로 '한글 맞춤법' 확정		

회는 소리 나는 대로 표기하는 '표음주의'를 주장했다고 합니다 이처럼 두 학회가 팽팽히 맞서자 동아일보사가 중재에 나서니, 1932년 11월 7일부터 3일간 '조선어 표기법 통일안에 대한 범국민 공청회'를 개최하게 되는데, 이 공청회에서 조선어학회가 대역전승하여 현재 우리말 표기법의 기본 원칙이 확정되면서 1933년 드디어 조선어학회 중심의 한글 맞춤법 통일안이 정해지고, 표준어 사전을 편찬하는 '말모이' 운동이 본격적으로 전개됩니다. 당시 그 생생한 현장 이야기는 《알아두면 쓸데 있는 유쾌한 상식사전》 제3권 '언어·예술편' 중 '말모이 운동의 앞과 뒤' 이야기를 참고해주세요. 🐻

그런데 맹인들을 위한 점자 체계는 이보다 앞선 1926년에 탄생하니, 지금도 사용되는 글 점자 '훈맹정음(訓盲正音)'이 한글 표기법

원칙 확정 전에 먼저 확립됩니다. 이는 '20세기 세종대왕'으로 뒤늦게 칭송받는 송암 박두성(朴斗星) 선생님이 맹인학교 제자들과 함께 7년간 만들어냈고, 지금도 남북한 모두 동일하게 사용하고 있습니다. 마찬가지로 '훈맹정음'에 대한 자세한 내용은 《알아두면 쓸데 있는 유쾌한 상식사전》 제5권 '최초·최고 편' '훈맹정음을 아시나요?' 이야기를 참고하세요. 🐻

다만 이 같은 우리말 보존을 위한 노력에도 불구하고 이미 해외로부터 새로운 문물이 쏟아져 들어오던 시기여서 일본어, 영어 등 외국어의 영향이 증가하고, 발음 체계에서는 과거에는 명확히 구분되던 ㅔ/ㅐ, ㅟ/ㅚ 등의 모음 발음에 혼돈이 오기 시작합니다. 게다가 1938년부터는 우리말 사용을 금지당하는 최악의 상황으로 치닫게 되고, 일제는 눈엣가시였던 조선어학회를 와해하기 위해 1942년 10월 이른 바 '조선어학회 사건'을 만들어냅니다. 하지만 어두운 터널 끝엔 빛이 있나니……, 드디어 1945년 8월 15일 해방이 되면서 우리말은 극적으로 부활하게 됩니다. 🐻

일본식 학술용어의 정착

앞서 우리말을 지키기 위한 노력을 설명했는데, 시기가 시기인 만큼 전체적으로는 일본식 한자어의 침투가 두드러진 시기였습니다. 우리나라 단어 중 60% 가까이가 한자어인데, 대다수 단어가 중국에서 유래한 것으로 여기지만 실제 상당수는 일본에서 만든 한자 용어들입니다. 현재도 여전히 각종 법률, 의학, 건축 등 전문 집단 용어에서 일반인이 언뜻 이해하기 힘든 한자어가 사용되는 것은 다 일본식 한자어 표현을 그대로 가져다 써서 그렇습니다. 🐻

민주주의(民主主義), 공화(共和), 정치(政治), 경제(經濟), 문화(文化), 현대(現代), 자유(自由) 등 사회학 관련 용어는 물론, 기각(棄却), 인용(認容) 등 어려운 법률용어, 각종 의학용어, 과학(科學), 지구(地球), 물리(物理), 화학(化學) 등 과학용어를 비롯한 전문 분야 용어 중 대다수는, 19세기에 일본인들이 서양 학술지를 번역하면서 옛 한문 경전에서 단어를 따와서 새롭게 정의 내린 신조어들입니다.

심지어 아주 추운 겨울을 의미하는 '동장군(冬將軍)'의 경우도 1812년 나폴레옹이 러시아에서 겨울 추위로 후퇴한 것을 '겨울 장군(General Winter), 눈 장군(General Snow), 얼음 장군(General Frost)'이라고 비꼰 영국, 미국 신문 기사를 번역한 것이고, '금자탑(金字塔)'은 피라미드를 옆에서 보면 금(金)자 모양의 세모로 보인다고 하여 한자어로 번역한 것이랍니다. 또한 사자성어 중 일부는 중국이 아닌 일본에서 만든 경우도 있습니다. '칠전팔기(七顚八起)'가 일본에서 만들어진 단어인데, 이것이 나중에 우리나라에서 응용되어 '사전오기(四顚五起)' 등으로도 사용되지요. 🐻

일부에서는 우리가 일제 식민지가 되지 않았다면 우리 고유의 단어를 만들어냈을 것이라고 안타까워하지만……, 글쎄요~. 조선이 망하지 않았더라도 당시 상황에서는 아마도 훨씬 선진화된 이웃 일본에서 만든 학술용어를 그대로 사용하지 않았을까 짐작됩니다.

그건 당시 조선이 처한 상황을 보면 이해가 될 겁니다. 빨리 근대화를 하려고 서두르던 조선은 일본이라는 필터를 거쳐 서구 문물을 흡수하려고 했고, 수백 년간 일본이 누적해서 번역해온 학술용어를 그대로 받아들이게 된 것이죠. 사실 지금도 '메타버스' 등 새로운 기술용어가 나오면 대부분 외국어 단어 그대로 사용하지 않습니까? 🐻

그래서 1881년에 조선 정부는, 서구화에 성공한 일본으로 신사유람단(紳士遊覽團)을 파견합니다. 조선 엘리트들은 현지 견학을 통해 법학, 행정, 의학 등 서양 학문에 대해 일본식으로 번역된 자료를 수용했고, 이들 중 상당수는 일본의 변화에 크게 감명을 받은 나머지 일본의 야심을 알아채지 못한 채 일본의 도움을 받아 조선을 빨리 근대화시켜야 한다는 욕심을 내다가 갑신정변(甲申政變) 등 각종 사변으로 말미암아 일본의 배신으로 희생되고 맙니다. 이는 비단 우리나라뿐 아니라 당시 중국, 베트남 등 타 아시아 국가들의 청년 엘리트 대다수가 일본을 벤치마킹하고 일본을 본받아 압축성장하겠다는 분위기가 팽배했던 당시 상황을 이해해야 합니다. 🐻

지금도 우리나라 국민 대다수는 일본이 1854년 미국 페리(Matthew C. Perry) 제독의 협박에 개항을 하면서 서구 문물을 받아들이고, 1868년 메이지유신으로 사회를 개혁하는 동안 우리나라가 쇄국을 고집하다가 뒤처진 것이지 그 전까지는 조선이 일본보다 늘 앞섰다고 생각하지만, 이는 일부는 맞고 일부는 틀린 사실입니다. 우리나라의 개항이 1876년이니 22년 차이인데, 그 정도 기간에 일본이 그토록 빨리 서구와 나란히 할 정도로 근대화에 성공했다는 것은 말이 안 되는 얘기죠.

행정 측면에서는 메이지유신을 통해 비로소 일왕이 중심이 되는 전국 단위의 행정 체계가 완비되었기에 조선에 비해 400여 년 가까이 뒤처진 것이 맞지만, 인구는 17세기에 확실히 조선 인구를 추월했고, 농업 생산량 및 각종 공업 발전, 해외 교역을 통한 부가가치 창출 등에서는 각 분야마다 16~18세기에 조선을 이미 뛰어넘기 시작했습니다. 🐻

조선은 일부 선각자들이 뒤늦게 청나라로부터 받은 문화 충격으로 실학(實學)을 태동시킵니다. 이에 서구 문명을 서학(西學)이라 칭하며 천주학 등 인문학 분야를 주로 탐구한 반면, 일본은 당시 뒤처진 토종 의학을 대신해 서구 의학을 적

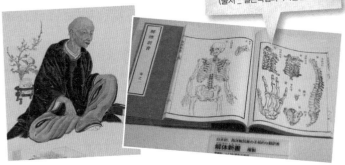

스기타 겐파쿠 (출처 _ 위키피디아) (좌), 일본국립과학박물관에 소장되어 있는 《해체신서》 (우) (출처 _ 일본국립과학박물관)

극 받아들이는 등, 실용 학문부터 흡수하기 시작합니다. 이에 16세기부터 서양 학술용어를 중국 고전에서 글자들을 차용해 재조합하여 자기네 실정에 맞게 번역하기 시작합니다. 그래서 가장 먼저 발달한 것이 의학 분야인데, 심장(心臟), 신경(神經), 연골(軟骨), 동맥(動脈) 등 각종 용어를 일본식 신조어로 번역해 수용하고, 자체적으로도 발전시킵니다. 🐻

1774년에는 《해체신서(解體新書)》라는 해부학 번역 도서를 발간하는데, 지금 우리가 쓰고 있는 각종 의학용어 대부분이 이미 이 책에 등장한다고 합니다. 한의사(漢醫師)이던 스기타 겐파쿠(杉田 玄白)가 시체 해부 장면을 관람하다가 서양 해부학 도서 그림이 매우 정확하다는 것을 알고 충격을 받아, 총괄 책임을 맡아 여러 동료들과 네덜란드어를 배워가며 4년간 번역한 이 책은, 일본이 서양 책을 최초로 완전번역한 도서이자 이때부터 네덜란드로부터 들어오는 지식을 '화란(和蘭, Holland)에서 들어온 학문'이라 하여 '난학(蘭學)'이라고 부르며 서양 학문 배우기 열풍의 시초가 됩니다.

이처럼 실용 과학 배우기로 시작한 일본의 수백 여 년간의 지식 축적은, 19세기 말 아시아 국가들 중 최초로 서구 열강과 어깨를 나란히 할 수 있는 강대국으로 발돋움하며 조선을 집어삼키는 비극의 역사로 치닫게 되니……, 저는 그저 속상해 웁니다. 🐻

이미 서구 문명에 대한 예습을 마친 일본은 19세기에 본격적으로 인재들을 선발해 유럽으로 유학을 보내거나 파견단을 보내 각국의 장점을 배워 오게 합니다. 당시 장학생으로 선발되어 영국 및 미국에서 공부하고 1871년 유럽 사절단으로 파견되었던 엘리트 청년 중 하나가, 바로 우리도 너무나 잘 아는 이토 히로부미(伊藤博文)였 지요. 🐻 20년간 무려 3,000여 명에 이르렀다는 유학 청년들은 현지 유학 또는 파견을 마치고 돌아와 보고를 하니, 각 분야별로 가장 우 수한 국가를 벤치마킹해 표준으로 삼게 됩니다.

이에 왕실 복장 및 행사 규율 등은 영국 방식을 채택하여 지금도 일본 왕실 행사나 일본 관공서 공식 행사 때 남성은 제비꼬리 같이 상의 뒷부분이 긴 연미복(燕尾服)을 입고, 여성들은 원피스에 장식 모자를 쓰고 있지요. 지금 유럽에서는 복장 규율이 간소화되었지만, 여전히 일본은 고집스레 영국 왕실을 벤치마킹한 메이지시대 복장 을 자기네 전통으로 삼고 있는데, 얼마 전 우리나라에서 이런 유래 를 모른 일부 인사가 '연미복은 일본식 복장'이라고 비난한 적이 있 지요. 🐻

또한 에티켓 문화는 프랑스를 본받았기에 지금도 일본인들이 유 독 프랑스를 연모하지만, 정작 현지를 가보고는 개똥 천지인 더러운 파리의 모습에 충격을 받아 정신병에 걸리는 경우가 발생하니, 서구 의사들은 이를 일본인 특유의 정신병, '파리 신드롬(Paris syndrome)' 이라고 부르죠. 🐻

아, 참! 서구에 널리 알려진 한국인 특유의 병도 있어요. 화병(火 病). 정식 의학용어도 'Hwabeoung'입니다. 🐻

교육 분야는 여러 나라를 벤치마킹했는데, 대학 교육은 프랑스 식으로 국립대학교(제국대학)와 실용 분야 대학 과정인 '그랑제콜

(Grandes Écoles)'을 본뜬 전문학교로 분리해 운영했고, 이를 조선에도 이식했지요.

법률 면에서는 독일, 프랑스 등 유럽대륙 국가들이 운용하는 대륙법 제도를 따르게 되니, 현재 우리나라의 사법제도 역시 판사, 검사, 변호사가 재판에 참여하는 방식입니다. 최근 들어 영국, 미국 방식(영미법) 체계인 시민 배심원 제도를 보조적 차원에서 도입하고 있지만요.

또한 서양 문물의 빠른 전파를 위해 대대적인 번역 작업을 시행하니, 1868년 메이지유신 이후 15년간 일본이 번역한 서양 서적은 1,410종에 이를 정도였지요. 이들은 다양한 분야의 낯선 개념을 번역하면서 우리나라는 물론 중국도 대부분 차용하는 새로운 한자어 학술단어를 만들었습니다. 자유, 공화제, 학문, 지식, 사회, 과학, 개인 등 우리가 지금도 사용하는 이 단어들은, 짧게는 20년, 길게는 40여 년간 여러 신조어가 경합한 끝에 각각 서구 용어와 일치시키는 과정이 이어졌고, 군사제도 및 철학, 자연과학 분야에서는 주로 독일 방식을 따르면서 우리나라까지 학술용어 상당수가 독일식 표기를 따르고 있어요. 🐻

이후 해방이 되면서 우리나라는 미국의 영향을 받아 많은 부분에서 영미식으로 바뀌고 있지만, 일본은 여전히 이때 관습이 남아 있어서 '에너지(energy)'는 여전히 '에네르기(Energie)'라고 부르는 등, 각종 과학용어를 독일식으로 사용하고 있어요.

이처럼 개항기와 일제강점기라는 상대적인 짧은 시간 동안 우리
말·우리글은 수천 년간의 변화와 거의 맞먹는 급격한 변화를 거치
게 되었습니다.

1945년 8월 15일 해방의 기쁨도 잠시. 한반도는 북위 38도를 경계로 미군과 소련군이 진주하면서 결국 두 개의 나라로 쪼개지고 맙니다. 1948년 UN에서 결의한 남북한 동시 국회의원 선거를 북한이 거부해 남한만의 선거가 이루어지고, 7월 17일 헌법 제정에 이어 8월 15일에는 유일한 UN 합법 정부 '대한민국'이 탄생하지요.

하지만 1950년 6월 25일 북한의 침공으로 시작된 6.25전쟁은, 300만 명이 넘는 사상자를 낳는 최악의 비극으로 끝이 나고, 이후 왕래가 끊긴 남북한은 각자 처한 환경에 따라 말글살이에 큰 이질감이 생겨나고 그 차이가 점차 커지는 상황입니다.

지금부터는 해방 후 시대순으로 우리말의 변화에 대한 에피소드를 풀어보고, 남북한의 언어 정책 차이를 비교해봅니다.

3부

대한민국 시기별
우리말·우리글

01
잃어버린 '영이'를 찾아주세요

2021년 넷플릭스 드라마 '오징어 게임'이 세계적인 인기를 끌면서 우리나라의 놀이문화를 비롯해 한국 사회에 대한 세계인들의 관심이 크게 증가했는데요. 이미 많은 분들이 언급해 식상하겠지만 저는 언어 측면에서 이야기를 해볼까 합니다. 🐻

'오징어'라는 이름의 유래

우리 주변의 많은 사물과 생명체 이름 중에 다수는 오랫동안 한자어로 불려왔고, 20세기 이후 신문물 역시 여러 외래어로 정착된 경우가 많습니다.

해양 생명체 중 여러 물고기 이름이 한·중·일 공통으로 한자어인 것이 많지만, 오징어는 우리나라 고유의 명칭이에요. 다만 토박이말은 아니고 오적어(烏賊魚)가 변형되어 '오징어'가 되었다고 합니다. 🐱 정약용의 형님이신 정약전(丁若銓)이 유배지 흑산도에서 저술한 《자산어보(玆山魚譜)》에 "오적어는 까마귀를 즐겨 먹기에 매일 물 위에 떠 있다가 까마귀가 죽은 고기인 줄 알고 먹으려고 내려오면 열 개의 다리로 까마귀를 잡아서 물 속으로 끌고 들어가 잡아먹는다."고 적어 놓으셨다고 하네요. 하지만 실제로 오징어가 까마귀를 잡아먹지는 않아요. 🐻 까마귀처럼 검은 먹물을 뿜는다는 사실에 '오어(烏魚)'라고 한 것이 점차 발음이 편하게 변형된 것이 아닌가 합니다.

정약전의 《자산어보》
(© 한국학중앙연구원, 유남해) (위),
우리나라에서만 부르는 이름, 오징어 (출처 _ pixabay) (아래)

실제로 중국에서도 오어(烏魚) 등으로 표현하고, 일본에서도 생오징어는 이카(イカ, 烏賊), 마른오징어는 스루메(スルメ, 鯣)라고 구분해 부르고, 영어로는 squid라고 하죠. 드라마 '오징어 게임'의 흥

행으로, 이제 많은 사람들이 오징어를 영어로 뭐라고 하는지 저절로 알아버린 상황이죠. 🐻

'영희'라고요? '영이' 이름을 되찾아줍시다

하지만 이번 글의 주제는 오징어가 아니라, 바로 '영희'라는 캐릭터 이름 때문입니다. 다들 '철수와 영희'라고 알고 있는데……, '영희'는 가리지날입니다. 실제 그 여학생 캐릭터 이름은 '영이'입니다. 🐻 그게 정말이냐고요? 그럼요~. 이건 분명히 짚고 넘어가야 할 내용이에요.

첫 국어 교과서 《바둑이와 철수》와 국어책 본문 속 '영이야 영이야 바둑이는 너하고 놀잔다'
(출처 _ 국립국어원)

'철수와 영이'라는 캐릭터는 일제 지배가 끝나고 대한민국이 탄생하자마자 '한글학회' 선생님들이 고심 끝에 만들어낸 우리나라 남녀 어린이 대표 이름인데, 무심한 후손들이 이걸 어느 순간 스리슬쩍 일본식 명칭인 영희로 잘못 부르고 있는 것입니다!!! 그러니 그렇게 흑화되

어 총질을 해대는 나쁜 어린이가 된 거에용! 🐻

1945년 해방 당시 수년간 일본어만 사용하게 했던 터라 한글을 읽고 쓸 줄 모르는 성인이나 학생이 대다수였다고 합니다. 그래서 해방된 새 나라에서 자라날 어린이들에게 우리의 민족 혼을 심어주려던 한글학회 분들은, 우리말 사전 발간과 동시에 한글 교과서 발간 작업에도 박차를 가하게 됩니다. 당시 최현배 선생이 주도한 교과서 편찬위원회는 기본 방향으로 '모든 교과서는 한글로 하며, 한자는 필요한 경우에만 괄호 속에 넣으며 가로쓰기를 원칙으로 한다'고 정합니다. 이에 1948년《한글 첫 걸음》등, 초·중등 교과서 50여 종을 집필하게 되는데, 이때 우리나라 대표 어린이 이름을 고심한 끝에 남자 아이는 '철수', 여자 아이는 '영이', 강아지는 '바둑이'를 선택하니, 첫 국민학교 1학년 1학기 국어 교과서 이름을《바둑이와 철수〔국어 1-1〕》로 정하여 반려 동물을 사랑하는 어린이들로 꾸민 것이죠. (정작 교과서 명에서 영이만 빠진 것은 '옥의 티'이지만……, 넘어 갑시다. 🐻)

이후 1970년대까지 대한민국 대표 학생 캐릭터로 국어 교과서에 계속 등장했지만, 어느 순간부터 '철수와 영희'로 잘못 알려지고 있으니 잊힌 여학생 '영이'가 실로 안타까울 따름입니다. 🐻

원래 우리 조상님들은 여성 이름 끝자로 '이(伊)'를 많이 쓰셨습니다. 순이, 영이, 분이, 동이, 향이, 덕이 등으로요. 요즘은 많이 개선되었다고 하지만 집안 족보에 딸 이름 대신 사위의 이름을 기재했고, 역사서에도 본명 대신 아무개의 부인이라거나 어머니로만 기록되었기에 여성 이름이 많이 남아 있지 않지만, 여러 기록에 남은 여성 이름 끝자에 '희(姬)'를 넣은 경우는 드물었지요.

실제로 현재 우리나라 여성 이름 끝자로 여전히 쓰이는 계집 희(姬)와 아들 자(子)는 일제강점기 때의 산물입니다. 🐻

제국주의가 막바지로 치달아 제2차 세계대전을 앞둔 일본은, 식민지 조선인들에게 강제로 일본식 이름으로 바꾸게 하는 창씨개명과 더불어 일상생활에서도 우리말, 우리글의 사용까지 금지하는 등, 민족정신을 말살하려 듭니다. 이는 전쟁에 동원할 일본의 청년들이 부족하다 보니 식민지 조선인들까지 전쟁으로 내몰기 위한 사전 준비 작업이었지요. 😠

이 당시 조선인들은 딸의 이름을 등록하면서 과거 조상님들이 쓰시던 '이(伊)'가 그저 춘향이, 향단이 등 이름 뒤에 붙이던 호칭형 조사라고 착각해서 비슷한 발음을 가진 '계집 희(姬)' 자를 많이 쓰셨던 거지요.

원래 희(姬)라는 글자를 그저 '계집'이라고 훈독하는 것 자체가 잘못된 것이긴 해요. 희(姬)는 중국 주(周)나라 황제 가문의 성씨였고, 그후 '지체 높은 아가씨'라는 의미로 황제의 딸을 제희(帝姬), 왕의 딸을 왕희(王姬)라고 쓰다가 한(漢)나라 시절부터 공주(公主)가 '황제의 딸'을 의미하는 존칭으로 자리잡게 되지요. 한나라로부터 한자를 전래받은 일본은 자기네 토착 존칭어인 '히메(ひめ)'에 원래 공주에 대한 존칭어인 '희(姬)'를 대응하여 쇼군이나 귀족 딸에게 쓰는

존칭어로 사용하게 되지요. 다만 일왕의 딸은 히메라고 하지 않고 '내친왕(內親王)' 또는 '여왕(女王)'이라고 불렀어요. 그후 19세기 메이지유신 이후 전 일본인들의 호적을 정리하면서 평민들도 당당히 딸 이름에 이 글자를 넣었던 것이고, 서양 동화 'Snow White'를 '백설희(白雪姬)'로 번역하는 등, 공주(princess)라는 의미로도 확장됩니다. 우리나라에서는 해방 이후 '백설희'를 '백설공주'로 다시 바꿨는데, 당시에는 한자어가 많이 쓰이던 때라 '백설(白雪)'이 '흰눈'이라는 것을 알았겠지만, 요즘 감각으로는 '흰눈 공주'로 번역했어야 하지 않나 싶네요. 🐻

또한 '아들 자(子)'를 넣은 순자, 영자 등이 한동안 유행했는데, 다음번에는 아들을 낳자는 의미로 아들 자(子)를 썼다는 속설이 있지만 이는 가리지날. 실은 딸을 지극히 사랑해서 넣은 것이에요. 이 역시 일제강점기 때 시작된 겁니다. 🐼

원래 자(子)는 중국에서 위인들에게 붙이던 존칭이었습니다. 그래서 공구(孔丘)가 본명이지만 공자(孔子)라 존칭으로 부르고, 맹자(孟子), 노자(老子), 장자(莊子) 등 여러 제자백가(諸子百家) 사상가들을 우러러 모셨지요. 그러던 중 춘추전국시대 송나라 무공(武公)이 딸에게 중자(仲子)라고 이름 지으며 금기를 깨자 중국에서 딸 이름으로 유행했다고 합니다.

이 풍속이 일본 헤이안시대에 전래되는데, 왕족이거나 유력 귀족 가문이 아닌 다음에야 감히 '희(姬)' 자를 쓰기는 어려웠기에 중견 귀족들이 딸 이름에 '자(子)'를 넣은 것이 천년 넘게 이어져온 것이죠. 이 역시 1890년대 전 국민을 대상으로 호적을 정리하면서 평민들도 딸에게 자(子)를 넣기 시작했고, 1930년대에는 무려 여성 이름의 85%가 자(子) 자 돌림이었을 정도로 유행했고 이것이 우리나라에도 전파된 것이죠. 예전 국어 교과서에 수록된 피천득 선생님의 명수필 〈인연〉을 읽으며 우리는 그분의 첫사랑 아사코(朝子)를 알게 되었고, 자연스레 "아, 일본어로는 子를 '코'라고 읽는구나."라며, 가을이면 춘천에 가고 싶어 했지요. 🐻

아, 참! 무슨 얘기를 하던 중이었지요? 아~ 맞다. 영이 얘기 중이었지요? 🐻

지금까지 왜 '영희'가 아닌 '영이'가 맞는지 길게 설명드렸는데요, 드라마 '오징어 게임'으로 인해 전 세계적으로 잘못된 명칭 '영희'가 널리 알려지고 있는 상황에서, 일제의 탄압을 극복하고 우리나라 대표 어린이 이름을 '영이'로 지으셨던 한글학회 분들의 노고를 생각한다면, 늦었지만 이제라도 국가 차원에서 마땅히 본래 이름을 되찾아주었으면 합니다.

'무궁화꽃이 피었습니다'의 유래를 찾아서

이어 드라마 '오징어 게임'에서 처음으로 했던 놀이 '무궁화꽃이 피었습니다' 역시 큰 화제였는데요. 당시 수많은 외국인들도 이 게임을 보고 친근함을 느꼈기 때문이지요.

지금도 일부에서 이게 일제강점기 때 전래된 일본 놀이 '다루마 상가 고론다(達磨さんが轉んだ), 달마상이 굴러갑니다)'가 원조인데, 왜 하필 이 게임을 넣었느냐고 비판하는 경우도 있지만 이건 가리지 날. 사실 이 놀이의 원조는 남아메리카였다고 합니다. 🐻

아르헨티나는 'Uno, dos, tres, cigarillo cuarenta y tres(하나, 둘, 셋, 담배 마흔셋)'이라고 부르던 놀이가 스페인으로 넘어가 'Uno, dos, tres, el escondite ingles(하나, 둘, 셋, 영국 은신처)'가 되고, 프랑스는 'Un, deux, trois, soleil(하나, 둘, 셋, 태양)', 독일에서는 'Eins, Zwei, Drei, Ochs am Berg(하나, 둘, 셋, 산 위의 황소)'가 되었는데, 영국에서 는 전혀 다르게 'Grandma's footsteps(할머니의 발걸음)', 북미에서는 'Green Light, Red Light(파란불, 빨간불)'로 전파되었죠. 그러던 것이 근대에 아시아까지 전해져 홍콩, 대만, 중국 본토에서도 '하나, 둘, 셋' 하면서 놀던 놀이였어요. 그런 유래를 모르는 일부 일본인들도 '오징어 게임'을 본 뒤 '무궁화꽃이 피었습니다'가 자기네 놀이를 베 낀 것이라고 우기는 거죠. 아놔~. 🐻

다만 일부에서는 무궁화 전도사 남궁억 선생님이 이 놀이를 '무궁 화꽃이 피었습니다'로 바꿔 무궁화를 알리는 데 널리 썼다는 이야기 도 있지만, 명확하지는 않다고 하네요.

무궁화, 무궁화, 우리나라 꽃~

예로부터 우리나라에서는 무궁화(無窮花, Rose of sharon)가 많이 자랐고 고대에도 신성하게 여겨 신단 주위에 많이 심었다고 합니다. 이미 무궁화가 그때부터 우리에게는 각별한 존재였습니다. 다만 중

국에서는 무궁화를 목근화(木槿花), 또는 근화(槿花)라고 하고, 일본도 목근(木槿)이라 부르는데, 우리는 해방 이후 '피고 지고 또 피어 무궁화'라며 끈질긴 민족 혼의 상징으로 귀하게 여기지요. 🐻

우리 조상님들도 예로부터 무궁화를 나라의 상징으로 여긴 경우가 많았습니다. 중국 여러 고대 기록에도 고조선에 '무궁화꽃이 많다(多木槿之華)'고 기록했고, 신라 최치원(崔致遠)도 당나라에 보내는 문서에 신라를 '근화향(槿花鄕)', 즉 '무궁화 나라'라고 칭했어요. 또한 조선시대에도 여러 시조 등에서 우리나라를 '근원(根源), 무궁화의 땅'이라 노래 불렀고, 장원급제자에게 씌워준 어사화를 장식한 꽃도 무궁화였어요. 대한제국 문관대례복에도 무궁화 문양을 새겼지요. 🐻

무궁화가 그려진 대한민국 국가문장 (출처 _ 위키피디아) (위), 김홍도가 그린 〈모당 홍이상공 평생도〉 (출처 _ 국립중앙박물관) (아래)

일제 치하인 1927년 조직된 여성 자조단체 근우회(槿友會)는, 신간회(新幹會)의 자매단체로서 발족했다가 1931년에 해산당했는데, 이때 쓴 첫 글자 '근(槿)' 역시 무궁화를 의미했으니 민족의 상징으로 여겨온 것이죠. 또한 현재의 덕성여·중고 및 덕성여대의 전신인 근화여학교 역시, 상징이 무궁화였기에 탄압을 받았지요. 결국 일제가 무궁화 재배를 금지하자 남궁억 선생 등이 무궁화 묘목을 장미 묘목 등과 함께 몰래 보급하는 등 저항했지만, 일제 말기에 이르러서는 한반도에서 찾아보기 힘들 정도로 철저히 말살당했습니다. 🐻

그런 역사를 가진 무궁화인데, 최근 일부에서 이상한 의견을 내어 나라꽃의 위상을 꺾으려는 시도가 있습니다. 🐻

모 역사학자는 원래 무궁화가 미국 하와이주를 상징하는 꽃인데, 이승만 대통령이 뼛속까지 친미(親美)여서 본인이 오래 살던 하와이를 못 잊어 무궁화를 국화로 삼았다고 주장한 바 있어요. 하지만 하와이 주화(州花)는 같은 무궁화 속(屬)에 속하

천연기념물 520호, 강릉 방동리 무궁화 (출처 _ 위키피디아, 배성환) (좌), 하와이 무궁화 (출처 _ 위키피디아) (우)

는 장미 계열 꽃이지만, 종(種)이 달라 그냥 모양만 봐도 다른 꽃이에요. 하와이 무궁화는 학명 또한 달라요. 우리 무궁화는 학명으로 'Hibiscus syriacus(시리아의 히비스커스)'로, 린네(Carl von Linné)가 학명을 만들 때 최초의 표본을 시리아에서 구했기에 시리아가 원산지인 줄 알았는데, 지금은 인도와 중국 남부가 원산지로 알려졌죠. 반면 하와이 무궁화 학명은 'Hibiscus brackenridgei(노란색 히비스커스)'이고 하와이 자생종이라네요.

또 모 교수는 어떤 일본인으로부터 들은 충격적 사실이라며, "무궁화가 원래 도요토미 히데요시(豊臣秀吉) 등 일본인이 숭상하던 꽃이고, 일제시대에 조선의 상징으로 조작되었다."는 주장까지 펼치고 있지요. 그 논리 자체가 앞뒤가 안 맞는 것이, 일본이 왜 자기들이 그토록 숭상하던 꽃을 느닷없이 열등한 조선을 상징하는 꽃으로 굳이 조작했을까요. 🐻

이 같은 무궁화 비판론자들은 무궁화가 친미 또는 친일의 잔재이니 진달래 등으로 바꿔야 한다고 주장하지요. 그런데 북한도 1948년까지는 무궁화와 태극기를 상징으로 삼다가 대한민국이 먼저 정부를 수립

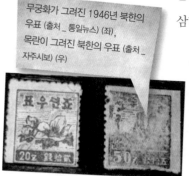

무궁화가 그려진 1946년 북한의 우표 (출처_통일뉴스) (좌), 목란이 그려진 북한의 우표 (출처_자주시보) (우)

하면서 태극기와 무궁화를 내세우자, 국기도 바꾸고 북한 국화를 진달래로 바꾼 사실에 대해서는 알면서도 그러는 것인지 정말 궁금합니다. 이후 김일성이 개인적으로 목란을 좋아해서, 그후 국화를 목란으로 다시 바꾸었다고 하네요. 그러니 이 같은 주장이 가짜 뉴스는 아닌지 팩트를 바탕으로 면밀히 잘 들여다봐야 합니다. 🐻

'무궁화꽃이 피었습니다' 놀이에 빗대어 해방 당시 풍경을 설명하다 보니 여기까지 왔네요. 그동안 한복도 중국 것, 김치도 중국 것, 삼계탕도 중국 것이라던 중국인들이 이제는 '오징어 게임' 속 녹색 체육복도 중국이 원조라고 우기더군요. 🐻 그러면서 '오징어 게임' 관련 각종 짝퉁 상품을 재빨리 만들어 유통하다가 미국 넷플릭스가 저작권 위반에 강력 대처하겠다고 나오자 하루아침에 온라인 쇼핑몰에서 사라졌다고 하죠. 🐻

평화로운 일상은 상대방의 이성적 판단을 기대해서만은 이루어지지 않습니다. 상대를 압도할 능력과 힘이 우리를 지켜준다는 사실, 잊지 맙시다.

대한민국 정부의 탄생

다시 해방 당시 이야기로 돌아와봅시다.

비록 일제로부터 해방되었지만 한반도는 다시 남북으로 갈라서

게 됩니다. 🐻 승전국이 된 미국과 소련은 북위 38도 선을 나누어 각각 남한과 북한에 진주하게 되는데, 이후 남북은 이들 국가의 정치 체계를 그대로 이식받게 됩니다.

신탁통치 찬반 논쟁 등 좌우 갈등 속에 당초 UN은 단일 정부 수립을 위한 제헌 국회의원 선거를 권고하나, 북한이 UN 사찰단의 38선 진입을 거부함에 따라 1948년 5월 10일에 남한에서만 선거를 치르게 되고, 7월 17일에 헌법이 만들어지고, 새 나라의 이름이 '대한민국'임을 선포한 후, 8월 15일에 대한민국 정부가 수립됩니다. 🐨

1919년 3.1운동에 자극받아 중국 상해에서 '대한으로 망한 나라 대한으로 다시 일어서자'는 의미로 새 나라 이름을 '대한민국'으로 내세운 임시정부의 정통성을 물려받은 대한민국 정부는, 미국식 민주주의를 도입하면서 수천 년간 이어온 왕정 대신 국민이 직접 대통령을 선출하는 민주공화국 정치 체계로 대변신을 하게 됩니다.

대한민국 정부 수립 (1948.8.15)
(출처 _ 한국사데이터베이스시스템) (좌),
북한 초대 정부 각료 사진(1948.9.9)
(출처 _ unamwiki.org) (우)

이후 북한은 별도의 절차를 거쳐 9월 9일 '조선민주주의인민공화국'을 선포하며 "남측이 통일 정부를 구성하지 않고 독자 정부를 세웠기에 어쩔 수 없었다."고 비난하지요. 하지만 실제로는 이미 정부 구성은 남한보다 먼저 다 이룬 후에 남쪽이 정부를 수립하기를 기다린 후 상대를 비난하는 꼼수를 쓴 것이지요. 게다가 북한은 정반대로, 1948년 8월 21일에 남로당(남조선 로동당)과 함께 남북한 총선거를 실시했고, 북한 유권자 99.97%, 남한 유권자 중 77.2%가 북한을 지지했다며 조선반도 유일의 합법국가라고 UN사무총장에게 주장합니다. 🐻 하지만 UN은 북한의 주장은 근거가 없으며, UN 사찰단이 직접 확인한 남한 정부만 합법적인 정부라고 인정하면서 우리나라에서는 오랫동안 북한을 '북괴(북쪽 괴뢰, 북쪽 허수아비)'라고 불렀지요. 🐻

현재 북한은 친일파를 모두 제거해 민족정신을 살린 반면, 남한은 친일파가 중심이 된 정부였기에 북한에 역사 정통성이 있는 것마냥 주장하는 이들도 있는데, 이거야말로 70여 년 이어져온 가리지날입니다. 북한은 소련 장교 출신 김일성이 국가 수반인 주석이 되었고, 다수의 일제 관료들이 버젓이 고위직을 차지했습니

1919년 10월 11일에 찍은 대한민국 임시정부 국무원 기념사진 (출처 _ 위키피디아)

다. 🐻

초대 부주석인 김일성 동생 김영주는 일제 헌병 보조원, 장헌근 사법부장은 일제 중추원 참의, 강양욱 인민위원회 상임위원장은 일제 도의원, 남로당 서열 2위 이승엽은 일제 식량수탈기관인 '식량연단' 이사. 정국은 문화선전성 부부상은 아사히 서울지국 기자 출신이었어요. 친일파였지만 김일성과 연결된 인물들은 다들 고위직을 한자리씩 차지한 겁니다. 🐱

또 거액의 돈이 필요해 남한에 살던 자본가이자 3대 금광왕 중 한 사람인 이종만도 끌어들였고, 그가 평양에 세웠던 학교는 이후 김책공과대학 캠퍼스가 되지요. 남한에서 암암리에 활동한 남로당은 미군정 시기에 위조지폐를 유통시키려다 발각되어 완전히 몰락하게 되고요.

반면 대한민국 이승만 초대 대통령은 일부 부적절한 행적을 한 것은 맞지만 엄연히 평생 독립운동을 하신 분이고, 부통령 이시영을 비롯해 김규식, 이범석, 김병로, 신익희, 손원일 등 독립운동가들이 고위직에 다수 참여했으며, 장관급 이하 공무원직에 행정 경험을 가진 일제강점기 당시 관료들이 다수 참여한 구조였기에, 고위직 면면을 살펴보면 북한 정부보다 더 정통성이 있는 겁니다. 🐻

일부에서는 제2차 세계대전 직후 프랑스가 나치 독일에 부역한 인물들을 단호히 처벌한 것에 빗대어 친일파 청산이 안 된 것을 아쉬워하지만, 이 역시 상황을 봐야 합니다. 프랑스는 오랜 기간 국가 시스템을 구축해온 나라여서 부역자를 처벌해도 대체할 인력이 있었지만, 남북한 모두 친일파 관료를 처단하면 국가 운영 자체가 안 될 정도로 인력이 부족했습니다. 평생 항일투쟁만 한 사람들만 모아서는 복잡한 국가 운영을 제대로 할 수 없었던 거지요. 실제로 우리나라는 1965년 일본과 다시 수교를 맺기 전까지 행정 처리 프로세스 등에서 미흡한 점이 발생하면, 일본에 먼저 지배당해 관련 데이터와 경험이 많았던 대만에 자주 배우러 다녔습니다. 🐻

따라서 해방 이후 대한민국은 뚜렷한 국가 의식을 가진 지도자와 현대 국가 시스템 경험을 가진 관료들이 결합해 초기 성장을 이끌었고, 국민들이 부당한 권력에는 저항하면서 건전한 국가관과 자체 생존 경쟁력을 가진 국가로 성장했기에, 제2차 세계대전 후 식민지에서 독립한 나라 중에 선진국 반열에 올라선 유일한 나라가 된 것입니다. 🐨

그러니 대한민국이 훨씬 인간답게 살 수 있는 나라인 만큼, 후대 역사에서도 더 정통성 있는 정부로 인정할 겁니다. 자랑스럽게 가슴을 펴고 당당히 긍지를 가졌으면 좋겠습니다. 🐻

대통령 각하와 영부인

'President'라는 영어 단어는, 미국이 건국되면서 유럽 왕정과 달리 국민들이 직접 지도자를 뽑는 새로운 정치제도를 구현하면서 국민 대표를 어떤 호칭으로 부를까 고민하다가 결정한 단어입니다. 어원인 preside는 '회의를 주재하다'라는 뜻이므로 president는 절대권력자가 아닌 '국가 회의의 주관자'로서의 역할을 중시한 단어였지요. 그런데 먼저 미국과 조약을 체결한 일본은, 영어 단어 president를 '대통령(大統領)'이라고 번역했는데, 그 뜻을 보면 '거느리고 다스리는 자'라는 권력자로 인식한 것인데, 이 같은 절대권력자 느낌의 단어를 우리나라에서도 그대로 사용하고 있습니다. 게다가 지금은 아니지만 대통령에 대한 존칭으로 '각하'라는 표현을 마치 전용 단어처럼 오랜 기간 사용했으니, 원조 미국에서는 그저 '미스터 프레지던트(Mr. President)'로 부르는 것에 비하면, 군림하는 통치자라는 인식에서 벗어나지 못한 거지요. 🐻

원래 '각하(閣下)'는 조선시대에 왕세손과 정2품 이상 고위 신하가 집무하는 건물 쪽문의 아래를 의미하는 존칭어로 사용했다고 하네요. 일본도 막부시대에는 비록 허수아비지만 일왕이 있다 보니 실권자 쇼군에게는 '합하(閤下)'라는 낮은 존칭을 썼는데, 이후 메이지유신으로 일왕이 실권을 장악하면서 대신이나 군 장성에게는 '합하' 대신 '각하'라는 호칭을 쓰게 했고, 이것이 일제강점기 때 자연스레 우리나라에 부임한 총독이나 일부 고위직들에게 적용되었다네요.

그러던 것이 해방 이후 국민의 대표, 대통령에 대한 존칭어를 정하면서 일제강점기 때 익숙해진 '각하'라는 존칭을 자연스럽게 사용했는데, 당초엔 부통령, 국무총리, 장관, 군 장성들에게도 썼다고 합니다. 다만 '최초·최고 편'에 소개해드린 손원일 초대 해군제독은, 일제에 항거하던 분이라 이 표현을 매우 싫어하여 존칭어로 쓰지 않게 지시해 해군과 해병대 장군들은 대대로 각하라는 존칭을 쓰지 않게 되었다고 하네요. 🐻 그러다가 어느 순간부터 대통령에게만 붙이는 존칭어로 굳어졌다가 1990년대 문민정부 출범 이후 이 표현을 쓰지 않지요.

하지만 여전히 대통령의 부인은 영부인이라고 호칭해왔는데……, 대부분의 사람들이 영부인이 '대통령(大統領) + 부인(夫人)'을 줄여서 부르는 줄 알고 있지만 이건 가리지날. 대통령의 '령(領)'과 달리 영부인(令夫人)의 '영(令)'은 한자가 달라요. 🐻

원래 영부인은 타인의 부인을 높여 부르는 말이었는데, 이 역시 각하와 마찬가지로 해방 후 초기에 영어 'First Lady'에 대응할 단어를 찾지 못했기 때문에 그냥 쓴 것이었어요. 이승만 초대 대통령의 부인인 프란체스카의 호칭은 그저 여사(女史)였는데, 이후 박정희 대통령의 부인 육영수 여사를 영부인으로 부르면서 이 단어가 First Lady라는 의미로 굳어져버린 거지요.

동양권 다른 나라에서는 뭐라고 부르냐고요? 중국에서는 First Lady를 '제일숙녀(第一淑女)'라고 한답니다. 그만 알아봅시다. 🐻

그러다 보니 타인의 자녀를 높여 부르던 영식(令息), 영애(令愛)마저 한동안 대통령의 자녀에게만 붙여, 그 단어들이 원래 대통령 자녀들을 칭하는 호칭인 줄 아는 경우가 대다수이지요. 아, 그런 단어가 있는 줄도 몰랐다고요? 그럼요~, 요새는 거의 쓰지 않다 보니 생소하게 여기는 경우도 많겠네요. 🐻

그와 반대로 격하된 표현이 '마누라'인데, 지금은 본인 아내를 낮춰 부르는 뉘앙스이지만 조선시대만 해도 양반 계층에서 부인을 높여 부르던 명칭이었습니다. 아! 요새는 '마느님(마누라＋하느님)'이라고 높여 부르고 있습니다만…….

이처럼 해방 이후 혼란스러운 정국 속에서도 "새 나라의 어린이는 일찍 일어납니다~ 잠꾸러기 없는 나라 우리나라 좋은 나라~"라는 동요 가사처럼 희망찬 새로운 국가, 새로운 사회 체계를 만들어가던 신생국가 대한민국은 6.25전쟁이라는 엄청난 비극 속에 하마터면 건국 3년 만에 사라질 뻔한 위기를 맞게 됩니다.

02

6.25전쟁이 남긴 유산

1950년 6월 25일. 우리 현대사 최악의 비극인 6.25전쟁으로 인해 생겨나 지금까지 전해진 단어도 많습니다

흔히 이날 새벽 4시에 첫 포성이 울렸다고 알고 있겠지만, 실제로는 새벽 3시에 이미 동해안에서 해상 침투가 시작되었고, 우리 국군의 최초 승리는 당시 유일한 전투함이던 백두산함이 부산항으로 침투하려던 북한 게릴라 함선을 격퇴한 '대한해협 전투'로 기록됩니다. (《알아두면 쓸데 있는 유쾌한 상식사전》 제5권 '최초·최고 편'을 참고하세요. 🐻)

6.25전쟁의 원인은 김일성(金日成)이 미군이 철수한 남한을 무력으로 통일할 수 있을 것이라 여겨, 소련의 스탈린(Stalin)의 승인을 받으면서 비롯된 것이죠. 여기에는 남로당 박헌영(朴憲永)의 조급함

도 한몫 차지했다고 합니다. 원래 김일성보다 더 유명했던 공산주의자인 박헌영은 소련을 등에 업은 김일성에게 밀려 북한에서 부주석에 머무를 수밖에 없자, 남한 민중들이 북한군을 보면 두 손 들어 환영할 것이며 25만 남로당원이 봉기할 것이라 주장했다고 합니다. 북한은 토지를 무상분배 했으니 남한 농민들도 그걸 부러워해, 서울만 점령하면 바로 남한 정부가 무너질 것이라 여겼다지만, 당시 남한 역시 토지 재분배를 한 상황이었고, 그 사이 여수, 순천 등지에서 공산주의 테러에 많은 이들이 희생되면서 남한 국민들의 적개심이 커지고 있는 것을 몰랐던 거예요. 🐻

김일성과 스탈린 사진이 실린 1950년 8월 15일자 〈해방일보〉 기사 (출처 _ 위키피디아) (위), 6.25전쟁 후 숙청당한 박헌영 부주석 (출처 _ 위키피디아) (아래)

실제로 평안도는 일제강점기 때 기독교도가 급증하면서, 평양은 '동방의 예루살렘'이라 불릴 정도였어요. 그런 곳에 종교를 인정하지 않는 공산 정권이 들어서면서 많은 희생자가 발생하자 38선을 넘어온 청년들이 '서북청년단'이라는 반공 단체를 만들게 됩니다.

김일성 역시 기독교 집안이었기에 그가 주창한 주체사상의 대부분은 기독교 교리를 참고한 것입니다. 하나님과 예수님 위치에 본인과 백두혈통을 끼워 넣은 거예요. 그래서 귀순한 간첩들이 대부분 기독교를 믿게 되는 것도 심리적으로 가장 비슷한 논리이기에 친숙한 것이죠. 🐨

반면 일제강점기 때 가장 공산주의에 경도된 도시가 있었는데, 그 도시 이름을 말하면 다들 깜짝 놀라실 겁니다. 거기가 어디냐 하면요…… 두구두구두구, 대구입니다! 👿 지금은 보수의 성지라 일컬어지는 '대구'는 100여 년 전 '동방의 모스크바'로 불렸거든요. 많은 남로당원이 경북에 존재했기에 박헌영이 서울만 무너지면 통일된다고 자신했지만, 그새 상황이 바뀌었던 걸 몰랐던 거죠.

낙동강 방어선에 발목이 잡힌 북한은 당초 목표했던 8월 15일 부산 점령이 물건너가고 오히려 9월 15일 인천상륙작전으로 큰 타격을 입게 되고, 위아래로 갇힌 북한군은 지리산으로 모여듭니다. 하지만 소련을 자극하면 제3차 세계대전이 일어날 것이라고 우려한 UN군이 며칠을 고민한 끝에 38선을 넘어 진격했는데, 중공군의 인해전술로 인해 그후 2년간 38선과 그 부

인천상륙작전을 지휘한 맥아더 총사령관 (출처 _ 위키피디아)

근에서만 대치하다가 1953년 7월 27일에 휴전을 하게 됩니다. 🐱

이때 이승만 대통령은 미국과 '한미상호방위조약'을 체결하고 한미연합사령부를 설치했는데, 우리나라에 매우 유리하게 조약이 맺어져 오랜 기간 우리나라 경제가 발전하는 데 큰 도움이 되었습니다. 미군이 주둔 중이던 일본도 자기네와 개정을 하자고 요구할 정도였다고 하네요. 🐻

빨치산이 뭔가요?

하지만 6.25전쟁이 1953년 7월 27일 완전히 휴전에 들어간 것은 아니었습니다. 지리산에 아직 북한군 잔여세력이 남아 있었기에 10년간 전투가 이어졌다는 사실은 많은 분들이 모르고 계시죠. 🐱

인천상륙작전으로 남한에 고립된 북한군은, 1949년 여순 사건 이후 지리산 등지에 숨어든 남로당 게릴라와 연합해 전투를 계속합니다. 그들 스스로는 '남부군'이라 칭했지만, 우리에게는 '지리산 빨치산'이라는 이름이 더 익숙하죠. 하지만 이들은 끝내 북한으로부터 외면당합니다. 2년간 이어진 휴전을 위한 포로 교환 논의 과정에서 북한 정부가 끝까지 그들의 존재를 부정한 겁니다. 그래서 휴전 후에도 이어진 전투에서 1953년 9월 빨치산 이현상 대장이 사살되고, 잔여세력이 잔존해 무려 1963년까지 10년간 소탕 전투가 이어졌습니다. 이들 지리산 빨치산 항쟁은 오히려 북한에서는 철저히 비밀로

하고 있다네요. 그들이 스스로 남로당 동지들을 버린 흑역사이니까요. 게다가 전쟁 후 북한은 남로당계 인사들을 모조리 '미제의 간첩'이라며 숙청해버리지요. 🐷

저는 예전에 역사책을 읽으며 빨치산이 공산주의자들이 활동한 러시아의 산 이름인 줄 알았는데, 실은 산 이름이 아니라 비정규군, 게릴라를 의미하는 '파르티잔(partisan)'이라는 러시아어를 일본식으로 부르는 겁니다.

6.25전쟁은 군인과 민간인을 가리지 않았기에 그 참혹함이 더 했습니다. 스탈린마저 미친 짓이라고 놀란 북한의 인민재판 학살과 국군의 보복 학살이 이어져 마을 주민들이 서로 원수가 되는 전쟁 범죄가 발생한 민족의 비극이었지요. 🐱

역사는 여러 관점으로 봐야 하지만 한 가지 사실만은 분명합니다. 그 어떤 이데올로기도 무고한 사람의 생명을 빼앗아도

영화 '남부군' 포스터 (출처 _ 한국영화데이터베이스) (위), 경남 산청에 위치한 지리산 빨치산 토벌 전시관 (출처 _ 위키피디아) (아래)

되는 가치는 없다는 것을요.

무스탕이 호주 조종사가 잘못 들어서 나온 명칭이라고요?

전쟁으로 인해 들어온 외래 명칭이 많은데, 그중 대표적인 예로 '무스탕'이 언급되는데요. 요즘에는 인기가 주춤해졌지만 한 번씩 재유행하는 '무스탕'은 두툼한 양모가 안감에 들어 있는 가죽 점퍼이지요. 이 점퍼의 영어 이름은 'shearling coat' 또는 'shearling jacket'인데, 우리나라에서 '무스탕'이라 불리게 된 것이, 6.25전쟁 당시 호주(오스트레일리아) 출신 한 공군이 미국이 만든 F-51D Mustang(무스탕, 머스탱) 전투기를 몰고 왔는데, 우리나라 사람들이 조종사의 두툼한 가죽 재킷을 가리키며 "이게 뭐냐?"고 물었는데 조종사는 전투기 이름을 묻는 줄 알고 "무스탕~!"이라고 한 것이 시초라고, TV 프로그램에서도 소개하지요.

우리나라 공군 최초의 전투기 F-51D 무스탕 (출처 _ afbase. com) (사진 _ Aidan Owen)

하지만 이는 가리지날! 🐻

6.25전쟁 이전부터 우리나라 공군의 최초 전투기가 바로 이 무스탕이었고, 6.25전쟁 당시 1952년 1월 12일 김구 선생님의 둘째 아들인 김신(金信) 대령이 이끈 대한민국 공군 무스탕 전투기 6대가 평양 인근 승호리 철교를 폭파하는 데 성공합니다. 그 이전 미군이 500여 차례나 출격하고도 실패한 작전을 성공시켜 대한민국 공군의 우수성을 입증했고, 공산군의 보급에 큰 타격을 초래해 한국 공군의 큰 자랑이 되었기에 대대적으로 알렸다고 하네요. 그러니 우리나라 사람들이 호주 조종사 재킷을 무스탕이라 잘못 얘기한들 그 이름이 비행기 명칭이라는 것을 알고 있었고, 따라서 오해했을 리 없는 거죠. 그저 일부 호사가의 민간전설일 뿐! 🐻

그러면 왜 그 재킷을 무스탕이라고 부를까요? 실은 당초 조종사용 재킷이던 것이 1960년대에 민간용으로 개량되어 소개될 당시 프랑스어로 모피를 의미하는 '무탕 (mouton)' 재킷이라고 소개되었는데, 이 발음이 '무스탕'과 비슷하다 보니 잘못 불리게 된 것이라고 하네요. 🐻

김구 선생님(가운데)와 차남 김신 장군(오른쪽) (출처 _ (사) 김신장군 기념사업회)

저런 도시 전설이 생겨난 것은, 이승만 대통령의 부인 프란체스카 여사(Francesca Donner)의 고향이 유럽 오스트리아였는데, 다들 '호주댁'이라고 잘못 불렀고, 6.25전쟁 당시 호주

공군 비행기가 날아가는 것을 보면서 "프란체스카 여사를 도우려고 모국에서 공군을 보냈구나~!"라고 생각했던 것에 기인해 누군가가 그럴싸한 에피소드를 창작했을 겁니다. 🐻

즉, 유럽의 '오스트리아(Austria)'를 오세아니아 '오스트레일리아(Australia)'로 착각한 것이죠. 이 같은 착각은 우리만 하는 게 아니라서, 외국인들이 오스트리아에 놀러와서는 "캥거루는 어디 있냐?"고 그렇게들 많이 물어봤답니다. 그래서 실제로 오스트리아의 기념품 가게에 가면, 노란색 마름모꼴 안에 캥거루 그림과 같이 인쇄된 'No Kangaroo in Austria'라는 문구를 새긴 티셔츠도 팔아요. 🐻

프란체스카 여사와는 아무 상관없는 호주였지만, 2,000여 명의 공군 조종사와 비행기를 파견해 1만 9,000여 회나 출격하면서 500여명의 공군 조종사를 잃을 정도로 맹활약을 펼쳤기에, 우리나라 사람들에게 깊이 각인되었습니다. 호주 공군은 처음에는 프로펠러 비행기인 무스탕을 사용했으나 이후 제트 전투기로 업그레이드했는데, 당시에는 제트 전투기가 빠르게 날아간다고 '쌕쌕이'라고 불렀답니다. 6.25전쟁 당시 큰 도움을 준 호주에 다시 한번 감사드립니다. 🐻

오스트리아에서 팔고 있는 '노 캥거루' 티셔츠 (출처_ travelblog.org)

무시무시한 용어, 세뇌

요즘도 많이 쓰이는 '세뇌(洗腦)'는 오래 전부터 있던 단어 같지만, 실은 6.25전쟁 당시 중공군에 포로로 잡힌 미군들이 공산주의자로 사상 전향하는 것에 충격을 받아 CIA가 보고서에 쓴 'Brainwashing' 이라는 단어를 다시 한자로 번역한 겁니다. 🐻

말 그대로 '뇌를 씻어 완전히 새로운 사람으로 만든다'는 의미의 세뇌는, 포로로 잡은 미군을 만주 포로수용소에서 다양한 방법으로 완전히 자아 개념까지 바꾸어 공산주의 찬양자로 변모시켰기에, 당시까지 중공을 우습게 여기던 미국으로서는 그 정교한 심리전에 큰 충격을 받았거든요. 🐼

중공군의 참전은 6.25전쟁을 국제전으로 확산시켰습니다. 인천 상륙작전 후 북상해 압록강에 도달할 때만 해도 드디어 통일을 하게 되었다고 감격했지만, 20만 북한군보다 3배 많은 60만 중공군이 참전면서 후퇴하기 시작해 1951년 1월 4일 다시금 서울을 빼앗기는 1.4후퇴로 이어지고, 결국 38선 인근에서 휴전하게 되니 중국은 남북 분단을 고착화한 1등 원흉이 되지요. 🐻

우리는 흔히 중공군의 전술을 인해전술(人海戰術)이라 하여, 그냥 앞의 군인이 총을 맞더라도 쪽수를 믿고 무조건 밀어붙이는 무식한 전법을 썼다고 생각하지만 그건 가리지날. 중일전쟁과 국민당과의 수십 년 전투로 단련된 당시 중공군의 전술은 나름 치밀했어요. 이들은 북한군의 지원을 받아 지형을 파악하여 야간에 은밀히 산악

행군하여 국군이나 UN군의 주요 거점 주변을 넓게 포위해 보급로를 차단한 뒤, 다시금 각 부대 사이 길목마다 대부대를 내려보내 각 부대의 연결을 끊고 마지막에는 일제히 돌격하는 방식으로 국군과 UN군을 두 달 만에 다시 38선 이남으로 밀어냅니다. 이때 함경도 현리 전투에서 국군이 대패하면서 다수의 국군이 포로가 되고, 퇴로가 막힌 미군이 흥남철수작전을 할 수밖에 없는 절박한 상황이 벌어집니다. 🐻

중공군은 이들 포로 중 미군 등 외국 군인들을 만주 포로수용소로 끌고 가서 행동 통제, 생각 통제, 정보 통제, 감정 통제를 가한 후, 공산주의를 찬양하는 단순한 메모를 쓰면 담배나 사탕 같은 사소한 보상을 주는 방식으로 죄책감에 빠지게 하여, 이런 행위를 자기가 원해서 한 것이라고 믿게 만듭니다. 이에 다수의 포로가 실제로 송환을 거부하고 열렬한 공산주의자로 중국에 남게 되지요. 🦉

이 고도의 심리전은 이후 전 세계의 관심을 끌었는데, 이를 가장 적극적으로 활용한 곳은 옴진리교와 같은 사이비 종교계와 피라미드식 다단계 판매 조직이었으니, 중국이 전 세계에 가한 폐해는 실로 광범위하네요. 🐻

오랑캐를 격파하다, 파로호

이런 중공군에 맞서 영웅적으로 승리를 거둔 전투가 바로 파로호 전투입니다.

1951년 5월, 엄청난 인원으로 남한 완전 점령을 꿈꾸며 총공격에 나선 중공군을 강원도 화천 저수지에서 맞딱뜨린 국군은, 이날 전투에서 전사자 107명, 실종자 33명이었던 반면, 무려 24,000명의 중공군과 북한군을 수장시키고 38,000명을 포로로 잡습니다. 이 당시 UN군의 전술은 인해전술에 맞선 화해(火海)전술이었어요. 말 그대로 압도적인 화력으로 상대를 만나기도 전에 불바다로 만들어버린 것이죠. 우리나라 국방부가 화력 무기 고도화에 집착하는 '포방부'가 된 것이 다 이런 경험에서 기인한 겁니다. 🐻

이처럼 중공군의 마지막 총공세이던 5월 한 달 동안 85,000명을 사살하는 대성공을 거두니 다음달인 1951년 6월에 드디어 소련 UN대표가 처음으로 휴전을 제안하게 됩니다. 이 같은 국군의 대승을 보고받은 이승만 대통령은 감격하여, 이 저수지를 '파로호 (破虜湖), 즉 오랑캐를 격파한 호수'라고 새로 이름지으니, 지금도 그 이름으로 불리고 있지요. 🐻

하지만 최근 중국 측에서 이 이름이 모욕스럽다며 고치라고 요구해왔지요. 남북통일을 방해한 것도 모자라 엄연히 남의 내정에 간섭하는 부당한 처사이며, 당시 후퇴하던 중공군이 화천군민 대부분을 북으로 끌고 가 지금도 생사 여부를 알지 못하는데, 이에 대한 반성조차 없어요. 🪆

그런데다가 최근 중국에서 미국과의 갈등이 깊어지자 자기네들이 부르는 6.25전쟁 명칭인 항미원조(抗美援朝, 미국에 대항해 조선을 돕다) 전쟁을 다시 부각시키며, 미군에 승리한 '장진호 전투'를 영화로 만들어 큰 인기를 끌었다지만……, 이 영화 내용도 가리지날이에요.

1950년 11월 26일부터 20여 일간 진행된 장진호 전투는, 북상하던 미 해병대 등 3만 명의 UN군과 막 국경을 넘어 남하한 중공군이 처음 격돌한 전투예요. 15만 명을 동원한 중공군이 초반에만 우세했을 뿐, 결국 미군 사망자 4,000여 명 포함 17,000여 명의 사상자 대비, 중공군 공식 사상자 통계는 48,000여 명(비공식 6만여 명)에 이를 정도였죠. 또한 미군의 압도적 화력을 실감한 중공군 사령관들이 마오쩌둥(毛澤東)에게 이쯤에서 전쟁을 종료하자고 건의했을 정도로 충격을 받았는데, 이걸 50년 뒤에는 대승리로 포장하는 겁니다. 중국의 이런 행동들, 이젠 별로 놀랍지도 않아요. 🐻

이별의 부산정거장

당시 유행한 '굳세어라 금순아', '이별의 부산정거장' 노래 가사에는 이 시절 피난민이 넘치던 부산 풍경이 잘 담겨 있는데, 수년 전, 모 TV 프로그램에서 한 출연자가 "왜 부산 영도다리와 40계단이 유명하냐?"고 묻자, 다른 출연자가 "원래 유명한 핫플레이스였다."라고만 언급하고 넘어갔는데, 이건 가리지날이에요.

지금의 부산역은 6.25전쟁 당시의 부산역 자리가 아니예요. 휴전 직후인 1953년 11월 27일, 부산역 앞 대화재로 부산역과 3,000여 가옥이 불타버리자 임시로 부산진역을 사용하고 1969년에 1.8km 북쪽에 있던 초량역 자리에 새로 지어 지금까지 사용하고 있지요. 그러니 지금 부산역에서 보면 40계단이나 영도다리 모두 보이지도 않으니 패널이 이상하다고 여긴 것인데, 이에 대해 제대로 된 답변을 못 해준 것이죠. 🐻

배가 오면 다리를 올려 유명했던 영도다리 (© 부산광역시)

당초 개항기에 일본인들이 만들어 6.25 피난 시절까지 많은 사람들이 이용했던 옛 부산역은 지금의 부산세관박물관 자리에 있었는데, 부산 국제항 1, 2부두와 바로 연결되어 선박에서 내린 화물이 기차에 실려 서울로 올라갈 수 있는 위치였어요. 그래서 당시 부산역에 내리면 도로 건너편에 그 유명한 40계단이 있었고, 가족을 놓친 이들이 하염없이 그 계단에 앉아 혹시나 하는 마음으로 부산역 광장을 바라보며 가족을 찾아헤맸고, 바로 옆에 있는 영도다리 앞 교차로와 역 바로 뒤 부둣가에서는 하루 일

1953년 부산역 앞 대화재 (출처 _ 위키피디아)

자리를 구하려는 이들로 인산인해를 이루었다는 것을 TV 프로그램 출연자와 작가 모두가 몰랐던 겁니다. 🐻

당시 흥남부두 철수로 부산과 거제도에 내린 수많은 피난민들과 타 지방 사람들 간의 대화는 거의 힘들었다고 합니다. 함경도도 경상도나 강원도 영동 지역처럼 억양이 강하고 성조가 있는데다가, 주요 단어도 많이 달라 결국 서로 일본어로 대화를 했다고 하네요.

또한 많은 피난민이 몰려든 부산역 인근 자갈치시장 옆으로 국제시장, 깡통시장이 잇달아 형성되면서, 미군 부대에서 유출된 각종 식재료뿐 아니라 생활고에 시달린 이들이 일제강점기 때부터 지니고 있던 귀중품을 내다팔기 시작하면서 전국 최대 규모의 도·소매 상권이 형성되지요. 지금도 이 도·소매 시장 구역 가장자리를 따라 걸어보면 3.8km, 약 50분 정도를 걸어야 할 정도이지요. 또 1980년대까지는 부산 남포동 극장가 역시 서울보다 더 컸어요. 그전에 인구 30만 명이던 부산에 당시 100만 명의 피난민이 몰리면서, 1970년대까지 부산광역시 중구는 대한민국에서 가장 인구 밀도가 높은 곳이었답니다. 🐻

영어 신조어의 탄생

이 시기에 미국의 영향을 크게 받으면서 영어 단어에 우리말을 덧붙인 신조어가 많이 탄생합니다.

당시 조직폭력배가 기승이었는데, 영어 gang을 응용해 '깡 (gang)+패거리 → 깡패'라는 단어가 1950년에 등장하니, 그 전에 쓰이던 불한당, 무뢰배, 왈패 등의 단어를 다 평정해버립니다. 🐻

다만 깡통은 영어 can이 아니예요. 19세기 일본이 네덜란드로부터 이 통조림을 수입하면서 네덜란드어 kan을 '깡'으로 발음했고, 이것이 구한말에 우리나라에 들어와 'kan(깡)+통'으로 불린 것이기 때문에 시간 순서상으로 영어 단어보다 먼저 들어와 만들어진 신조어였다네요.

마찬가지로 부산항을 통해 홍콩 등에서 유입된 유사 상품이 범람하니 사람들이 영어와 우리말을 조합해 '가리지날(가짜+오리지날)', 즉 짝퉁 상품이라고 부르게 되지요. 네~, 그렇습니다. 제가 쓰고 있는 가리지날은 실은 70여 년 전 유행했고, 우리 부모님이 종종 쓰신 단어를 다시 되살려내면서 '잘못 알려진 상식'을 가리키는 용도로 사용하는 겁니다. 그래서 '제 나름의 용어'라고 표현했는데 많은 독자분들이 제가 만든 단어인 줄 아시더군요. 저는 제가 만들었다고 한 적 없어요. 🐷

03

제3한강교를 아십니까?

2021년 '공휴일에 관한 법률안'이 개정되면서 대체공휴일에 대한 기준이 바뀌었는데요. 당시 새 대체공휴일 기준 발표 때 가장 주목받았던 것은, 많은 이들이 언론 기사 댓글에 "왜 크리스마스를 기독탄신일이라는 괴랄한 명칭으로 썼냐?"며 기자를 성토한 부분이었지요. 🐻

그런데……, 실제로 법률상 크리스마스의 정식 명칭이 '기독탄신일'이에요. 1946년 크리스마스가 공휴일로 지정될 당시 기독탄신일로 표기한 데서 유래한 것인데, 기독(基督)이란 단어 자체가 그리스도(Christ)의 한자 표기법이고, 당시에는 그게 더 많이 쓰였겠지요. 다만, 석가탄신일은 2017년에 '부처님오신날'로 정식 개명되었어요. 🐻

사흘이 4일이라고요?

이 같은 해프닝은 2020년에도 있었는데, 2020년 7월에 광복절이 토요일과 겹침에 따라 8월 17일 월요일을 임시공휴일로 지정해 "사흘 연휴가 된다."고 발표하자, 일부에서 "왜 3일 쉬는데 사흘이라고 표현하느냐?"며 사흘이란 단어를 4일로 착각한 이들이 언론 기사마다 항의 댓글을 무수히 달기도 했죠. 오죽하면 당시 포털 실시간 검색어 1위가 '사흘'이었을까요? 🐻

※ 우리말에서 날짜를 세는 2가지 방식

구분	1일	2일	3일	4일	5일	6일	7일	8일	9일	10일
한자어	일일	이일	삼일	사일	오일	육일	칠일	팔일	구일	십일
토박이말	하루	이틀	사흘	나흘	닷새	엿새	이레	여드레	아흐레	열흘

인터넷을 뜨겁게 달군 '사흘' 논쟁
(출처 _ YTN 뉴스 캡처)

또한 요즘에는 워낙 영어 공부에만 집중하다 보니 오히려 국어 문법을 소홀히 하는 경향이 많은데, 영어와 달리 우리말은 숫자를 세는 방식이 두 가지라는 건 아실 겁니다.

※ 우리말에서 숫자를 세는 2가지 방식

구분	1	2	3	4	5	6	7	8	9	10
한자어	일	이	삼	사	오	육	칠	팔	구	십
토박이말	하나	둘	셋	넷	다섯	여섯	일곱	여덟	아홉	열

그런데 이걸 숫자를 세는 기수가 아닌 서수, 즉 차례를 셀 경우의 토박이말은 아는데 한자어로 어떻게 쓰냐고 물어보면 멈칫하는 경우가 많은데요. 차례를 셀 때 한자어로 표시하려면 숫자 앞에 제(第)를 붙이면 됩니다. 🐻

※ 우리말에서 차례를 세는 2가지 방식

구분	1st	2nd	3rd	4th	5th	6th	7th	8th	9th	10th
한자어	제일	제이	제삼	제사	제오	제육	제칠	제팔	제구	제십
토박이말	첫째	둘째	셋째	넷째	다섯째	여섯째	일곱째	여덟째	아홉째	열째

그래서 최고 또는 첫 번째를 뜻할 때 '제일'이라고 쓰는 것이고, '제5열' 등 순서를 세는 여러 용어에도 앞에 '제'를 붙이는 것이죠. 그때 사흘 해프닝을 지켜보던 제 머리에 불현듯 추억 속의 노래 하나가 떠올랐으니……, 가수 혜은이가 부른 '제3한강교'였습니다. 🐻 1979년에 발표되어 엄청난 인기를 누린 '제3한강교' 노래는, 한강에 세운 세 번째 다리라는 의미가 되는데, 사흘 해프닝 뉴스를 보는 순간 갑자기 이 노래가 제 머릿속에서 기억난 겁니다.

'제3한강교'는 어디일까요?

노래 하나 소개하면서 서두가 많이 길었네요. 🐻

요즘 예능 프로그램에서만 혜은이를 접한 젊은 분들은 모르겠지만, 혜은이는 1975년 데뷔하자마자 '당신은 모르실거야'라는 노래로 성공을 거둔 뒤, 발표하는 노래마다 인기를 끌면서 청순한 외모와 아련한 목소리로 지금의 아이유에 맞먹는 엄청난 인기를 누린 가수입니다. 다만 '제2의 혜은이'라는 별명은 눈이 큰 트로트계의 샛별 요요미 양에게 붙지만요. 🐻

그러던 1979년, 미국에서 디스코라는 새로운 댄스 음악이 유행하고 스웨덴 그룹 아바(ABBA)가 전 세계적으로 대히트를 치자 많은 청소년들이 스웨덴 학생들과 펜팔 친구를 맺고 아바(ABBA)의 오리지날 LP 레코드를 선물받는 등, 한동안 펜팔 붐도 일어났지요. 지금

가수 혜은이 '제3한강교' 노래가 실린 앨범 재킷 (출처 _ 구글이미지)

이야 전 세계가 실시간으로 연결되지만, 국제우편으로 엽서 하나 보내고 한두 달 지나 다시 답장을 받던 아날로그시대가 그리 오래 전 일이 아닙니다. 🐻

이처럼 디스코 열풍이 불자 그동안 발라드만 부르던 혜은이마저 당시로서는 경쾌한 느낌의 '제3한강교'를 부르며 후렴구에서 머리 위로 손가락을 찌르는 디스코 댄스를 추는 파격적인 변신을 하면서, 그해 연말 가수왕을 모조리 휩쓸죠. 🐻

그런데 노래 제목인 '제3한강교'는 어느 다리를 의미할까요? 바

현재 한남대교
(출처 _ 위키피디아)

260

로 지금의 한남대교입니다. 🐻

당시 정부에서는 한강에 건설된 다리 순서대로 제1한강교, 제2한강교 등으로 이름을 붙이다가, 다리의 개수가 점점 늘어나자 1984년부터 현재와 같이 주변 지명으로 다리 이름을 바꾸었지요. 그런데 한남대교가 3번째 한강교라는 건 사실 가리지날 정보입니다. 건설 순서로 치면 5번째 한강 다리예요. 🐻

한강에 만든 첫 번째 다리는 1900년에 만들어진 한강철교입니다. 무려 120년이 넘었네요. 지금도 서울역이나 용산으로 드나드는 기차

2002년까지 한강 다리 준공 순서 (출처 _ 서울연구데이터서비스)

그림 4.4-2
한강 교량 위치

24. 방화대교
26. 가양대교
14. 성산대교
22. 서강대교
8. 마포대교
4. 양화대교
16. 원효대교
2. 한강대교
1. 한강철교
18. 동작대교
19. 동호대교
12. 성수대교
6. 영동대교
5. 한남대교
20. 반포대교
23. 청담대교
9. 천호대교
20. 올림픽대교
21. 잠실대교
7. 잠실철교

※ 앞의 표 4.4-2를 바탕으로 한강교량의 위치와 준공순서를 지도 위에 표시하였다.

1936년의 한강인도교 (출처 _ 위키피디아) (좌), 지금의 한강대교 (출처 _ 한국중앙학연구원) (우)

261

와 1호선 지하철이 지나가는 바로 그 다리예요. 원래 대한제국이 미국인 사업가에게 경인선 철도 부설권을 넘겨줄 당시에는 철교 옆으로 사람이 다니는 보도도 건설하라고 했지만, 이후 철도 부설권을 빼앗은 일본은 경비 절감을 이유로 기찻길만 만들었다고 합니다. 아오~! 🏮

그래서 기껏 건설비 줄였다고 좋아했던 일본은 자동차가 증가하기 시작하자 결국 1917년 조선총독부의 지휘 하에 기존 한강철교 근처에 두 번째 다리를 만드니, 이 다리가 사람과 차량이 다닐 수 있는 첫 번째 다리인 한강인도교였고, 그후 제1한강교로 불리다가 지금은 한강대교로 고쳐 부르고 있습니다.

이 다리는 6.25전쟁 당시 한강철교와 함께 폭파된 뒤 1954년 재건되었고, 1981년에 8차선, 두 배 넓이로 확장되었지요. 유서 깊은 다리여서 지금도 기상청에서 한강에 얼음이 얼었는지 측정하는 기준점이 되고 있습니다. 🐻

두 번째 인도교는 1934년에 만든 광진교입니다만 왕복 2차선 너비의 작은 다리였고, 당시에는 서울시 구역이 아니었기에 처음부터 광진교라고만 불렸다네요. 뭐 지금도 서울 시내 한강 다리 중 가장 동쪽 끝이긴 합니다.

게다가 1985년 다리 명칭을 다시 정할 때에도 다른 다리는 대부분 '○○대교'라고 붙였지만, 이 다리는 그대로 광진교라고 놔두지요. 당시 "왜 어떤 다리는 ○○대교이고, 어떤 다리는 그냥 ○○교라고 하냐?"며 다리 이름으로 차별 말라고 비판한 신문 기사를 본 기

억도 나네요. 🐻

　그래서 제2한강교라는 이름은 1965년에 완공한 양화대교에게 돌아갑니다. 이 다리는 해방 이후 처음으로 우리나라 기술진에 의해 세워진 한강 다리라는 역사적 의미도 있다고 합니다. 뭐 요즘에도 가수 자이언티가 부른 '양화대교' 등, 각종 노래에 등장해 힙하기까지 하죠. 🐻

　이후 한강의 다섯 번째 다리이자 네 번째로 건설된 인도교이지만, 이런 사정으로 '제3한강교'라 불리게 된 한남대교는 1966년 착공해 1969년에 완공되는데, 아주 슬프고도 재미난 에피소드가 남아 있지요.

　원래 제3한강교는 서울 강북과 강남 간의 원활한 교통을 위해 건립한 것이 아니라 혹시나 제2차 한국전쟁이 발발하면 서울 시민들을 빨리 한강 이남으로 피난시키자는 용도로 만들게 되었다고 합니

제2한강교라 불렸던 양화대교. "아버지는 택시 드라이버~ 어디냐고 여쭤보면 항상 양화대교~" (출처 _ 서울특별시)

다. 6.25전쟁이 끝난 지 10여 년밖에 안 된 시절이었으니, 이해가 되기도 합니다. 🐻

당시 자동차가 많지 않았고 현재의 강남 3구(강남구, 서초구, 송파구) 일대는 여전히 논밭이던 시절이라 양화대교가 있는 상황에서 굳이 추가로 다리를 만들 필요가 없었지만, 6.25전쟁 당시 제1한강교를 너무 일찍 폭파해 서울 시민들과 국군이 고립되었던 것을 방지하기 위해 예비용으로 만들었다네요.

그래서 당초 한강대교, 양화대교와 동일하게 4차선으로 만들기 시작했는데……, 아니 이럴 수가! 북한이 대동강에 옥류교라는 다리를 새로 만들고 있는데, 그 너비가 25m에 6차선이라는 긴급 첩보가 접수된 겁니다.

첩보요원 : "큰일났습니다~ 긴급사태 긴급사태!"

나리 : "무슨 호들갑인가?

첩보요원 : "북한이 평양에 옥류교라는 새 다리를 놓고 있는데 너비

가 25m에 6차선이라고 합니다."

나리 : "뭐? 제3한강교는 4차선으로 공사 중인데…… 어이 올스톱!

다시 공사 시작!"

결단코 북한에 질 수 없는, 여기는 대한민국! 지금이야 넘사벽의
국력 차이를 보이지만, 당시만 해도 누가누가 잘하나 경쟁이 극심한
시기인지라 공사를 일시 중단하고 설계도를 보완해, 왕복 6차선, 너
비 26m로 확장하여 북한 옥류교보다 1m가 더 넓은 다리로 재탄생
합니다. 🐻

또한 마침 그 시기에 건축 및 경제 담당 전문가들이 '미국 및 유럽
사례를 보니 앞으로는 철도보다 도로가 더 많은 유통 물량을 담당할
것'이라는 미래 전망을 제시하자 이 의견도 적극 반영하여 국내 최

초의 고속도로인 경부고속도로 건설을 연달아 시작하니, 서울과 부산을 직선으로 연결함에 있어 강북 도심과 가장 가까운 위치에 건립한 제3한강교가 자연스럽게 경부고속도로의 출발점이 됩니다.

이후 교통량이 증가하자 동일하게 6차선 다리를 나란히 덧붙여 현재는 51m, 12차선이라는 국내 최대 너비의 다리로 확장되었으니, 당시 자존심 싸움으로 시작된 6차선 확장 결정이 빛을 발하고 있는 것이죠. 🐻

이처럼 제3한강교가 교통의 중심지로 거듭나면서 경부고속도로의 출발점인 강남 반포, 압구정, 양재(말죽거리) 일대를, 당초 신도심으로 구상하던 일산 지역보다 더 먼저 개발하는 것으로 방향을 틀게 되니……, 아아! 말죽거리 잔혹사, 아니, 서울 강남 개발은 이렇게 시작되었던 것이었던 것이었습니다. 🐻

그러니 1979년 혜은이가 '제3한강교'를 부를 당시, 이미 제3한강교 일대는 핫플레이스가 되었던 것이고, 이후 1982년 발표된 윤수일의 '아파트'의 첫 구절 "별빛이 흐르는 다리를 건너~"의 그 다리 역시 제3한강교였고, "갈대 숲을 지나 언제나 나를 기다리던 너의 아

파트"는 지금도 갈대 숲이 있는 잠실대교와 성수대교 사이에 지은 압구정 아파트 단지였던 것이죠. 🐱

지금은 상상하기 힘들지만 처음에는 교통이 불편하다고 외면해서 반포~압구정 일대 아파트들은, 선(先) 구매만 되었을 뿐 살 사람이 없어 많이 비어 있었다 캅니다. 아~, 타임머신 타고 되돌아가고 싶다! 쩝! 🐱

1985년 다리 명칭을 다시 정한 직후, '비내리는 영동교'로 데뷔한 주현미는 1988년 '신사동 그사람'에서도 "여기는 남서울 영동~ 사랑의 거리~"라며 한남대교 개통 후 화려하게 변신한 신사동을 노래하는데, 1980년대까지만 해도 강남이라는 지명보다는 영동(永東), 즉 '영등포구 동쪽'이라고 불렀기에, 1983년 연세의료원은 강남구 도곡동에 세운 두 번째 병원을 영동세브란스병원이라고 이름지었죠. (2009년에는 다시 강남세브란스병원으로 이름이 바뀌고요.)

뒤이어 서울아산병원은 1989년, 삼성서울병원은 1994년에 각각 강남 3구에 둥지를 틀게 되니, 제3한강교의 개통은 병원계 역사에도 큰 획을 긋는 이정표가 되었네요. 🐻

참고로 강원도 '영동(嶺東)'은 대관령 동쪽이라는 의미라서 한자가 달라요.

그런데 옛 노래를 듣다 보면 당시의 사회상을 알게 해주는 경우가 많죠. 1998년 혼성 트리오 '쿨' 노래 '애상'에 나오는 "삐삐 쳐도 아무 소식 없는 너~"라는 가사를 들으면서, "맞아. 그땐 다들 삐삐

썼어."라며 옛 추억을 떠올리기도 하고, 그보다 불과 9년 앞선 1989
년에 김혜림이 불렀던 노래 'D.D.D'의 가사를 보면, 그제야 전화교
환수 없이 지역간 자동 전화 연결이 가능했던 기억도 다시금 떠오르
게 됩니다. 🐻

'제3한강교' 노래 가사의 비밀

그러고 보니 혜은이의 '제3한강교' 노래 가사에는 아주 심오한 힌트
가 숨어 있네요. 🐻

어릴 적 TV와 라디오에서 흘러나오는 이 노래를 듣던 초등학교
고학년 학생 조홍석 군은, "음~, 철부지 형님, 누나의 사랑의 도피
행각이구만. 새벽에 고속버스를 타고 제3한강교를 지나 멀리 지방
어딘가로 도망가서 살겠다는 거구나." 하고 생각했습니다. 🐻

하지만, 서울 강남 개발 과정과 이 노래를 연계해 다시 들어 보니,
이 노래는 단순한 사랑 노래가 아니었습니다. 🐻

가사를 한번 떠올려보세요. 이들은 처음 만나 사랑을 한 불나방
같은 사랑꾼이지만, 그 나이에 이미 새로운 미래를 설계하는 남다른
경제 철학을 갖고 있었던 겁니다. 그래서 아침에 차를 타고 제3한강
교를 지나 이름 모를 거리, 즉, 강남 3구에 막 만들고 있는, 이름은
잘 모르겠지만 행복을 가져다줄 테헤란로(1977년 명명), 삼성로, 양
재대로 등 신작로 인근 땅을 구매하러 가는 야심찬 노래였던 것입니

다. 그래서 후렴구에서 흥겹게 하늘로 손가락을 치켜들었던 거군요. "떡상이다~!" 하면서 말이죠. 🐻

 그렇습니다. 이 노래는 미래 알짜배기 부동산 투자 지역을 온 국민들에게 좌표 찍어준 계몽 노래였던 겁니다.

 아아~, 이 노래를 작사·작곡하신 고(故) 길옥윤 선생님은 어찌 그리 심오한 부동산 투자의 청사진을 당당히, 그러나 은밀하게 가사에 녹여 놓으셨던 겁니까? 이제사 그 깊은 뜻을 깨달은 우매한 민초는 그저 웁니다. 🐻

 자자, 눈물은 쓰윽~ 닦고 열심히 오늘도 최선을 다해봅시다.

04
'범돌이'와 '아침의 나라에서'를 기억하시나요?

문제를 하나 내겠습니다. 우리나라를 상징하는 동물은 무엇일까요?

단군 신화를 생각하면 곰일 수도 있고 까치라고도 할 수 있겠지만, 아마 대부분 호랑이라고 대답하실 거예요. 🐻 그런데 흔히 호랑이가 토박이말인 줄 아는데, '호랑(虎狼)＋이'는 한자어이고, 토박이말은 '범'입니다. 🐻

그리고 호랑이가 Tiger라는 것도 그 글자를 해석해보면 가리지날. 원래 호랑이는 '범 호(虎)＋이리 랑(狼)'의 결합어여서, 사람을 해치는 맹수 호랑이와 이리를 함께 부르던 명칭인데, 19세기 말에 이르러 이리라는 의미는 탈락하고 오직 범 하나만 가리키는 단어로 변해버린 것이죠. 그걸 어찌 아느냐고요?

1461년《능엄경언해(楞嚴經諺解)》라는 책에서부터 1888년《몽어 유훈(蒙語類訓)》에 이르기까지, 동물을 언급한 책에서 범, 이리가 따로 표기되다가 1880년 《한불자전(韓佛字典)》이라는 책 이후부터 '호랑(虎狼)'이 하나의 단어로 등장한다고 하네요. 🐯

88 서울올림픽 마스코트 명칭이 '호돌이'가 된 까닭은?

이처럼 우리말 '범'이 유일한 단어였다가 이후 '호랑이'라는 신조어가 탄생한 것인데, 이를 대다수가 잘 알지 못하다 보니 1988년 서울올림픽 마스코트 명칭 선정 시 문제가 발생하게 됩니다. 🐻

88 서울올림픽 마스코트 '호돌이' (출처 _ 대통령기록관)

1981년 9월 30일 밤 10시, 서독 바덴바덴에서 열린 IOC 총회에서, 당시 사마란치 IOC위원장이 1988년 여름올림픽 개최지로 '쎄울(Seoul)'을 외쳐, 일본 나고야를 제쳤다는 기쁨으로 온 나라가 떠들썩한 지 2년이 지난 1983년, 서울올림픽조직위원회는 올림픽 마스코트로 김현 디자이너가 디자인한 '상모 쓴 아기 범'을 정합니다.

이 아기 범의 명칭을 정하기 위해 국민 응모를 실시했는데, 당시 도착한 엽서는 6,117통, 중복된 이름을 제외하고 보니 2,295종의 명

근대5종	농구	레슬링	복싱	볼링
배드민턴	배구	사격	사이클	수영
승마	야구	양궁	역도	요트
유도	육상	조정	축구	체조
카누	탁구	태권도	테니스	펜싱
하키	핸드볼			

지금 봐도 정말 잘 만든 호돌이 종목별 캐릭터 (출처_ 서울올림픽기념관)

칭이 접수되었다고 합니다. 그중에 '호돌이'가 428장으로 가장 많았고 '범돌이'가 21장이었는데, 당초 우리나라 심사위원들의 마음에 든 명칭은 '코거(코리언타이거)', '올리거(올림픽 타이거)'였다네요. 🐻🐯

그런데 의견을 듣고자 초청한 주한 외국인 심사위원들이 "왜 고유한 한국어 명칭을 두고 괴상한 영어 약어를 쓰려고 하느냐?"라고 따끔한 지적을 했답니다. 40여 년 전 주한 외국인들의 지적이 지금도 괴상한 영어 약어를 남발하는 우리 사회에 시사하는 바가 크네요. 🐯

이에 다시 검토하는 과정에서 또다시 발음 문제가 제기되니, 호돌이는 로마자 알파벳으로 'Hodori'가 되는데 프랑스어 등에서는 H가 단어 맨 앞에 올 때 묵음 처리돼 '오도리'로 발음된다는 이유로 탈락시킵니다. 왜 우리가 프랑스어 사용 외국인들이 제대로 발음하지 못하는 것까지 문제라고 여긴 걸까요? 🐯 지금도 잘 이해가 안 되는데, 당시 아직 우리 문화에 대한 자존감이 낮았던 터라 어느 나라나 유사한 발음이 난다는 이유로 '범돌이(Pomdori)'와 '복돌이(Pokdori)'를 최종 후보로 올려 범돌이가 거의 확정되던 분위기였지요. 🐻

하지만 이런 내부 논의 사실이 언론을 통해 알려진 뒤, "호랑이 마스코트인데 최다 득표한 호돌이가 외국에서 발음이 제대로 안 된다는 사유로 탈락시킨다는 것이 말이 되느냐?"고 급격히 여론이 악화되면서, 결국 1984년에 '호돌이'로 확정합니다. 이에 IOC에서 서울올림픽 마스코트를 공표하면서 "호돌이라는 이름은 호랑이를 의미하는 한국어 '호'와 남성을 의미하는 '돌이'를 합친 것이다. 일반 대중을 상대로 공모전을 펼쳐 2,295개의 출품작 중 선택됐다."라고 부연 설명합니다. 정작 '범'이라는 토박이말이 엄연히 있는데도, 이런 과정을 통해 한자어 '호(號)'를 우리나라 단어라고 국제 사회에 소개한 겁니다. 아놔~! 🐯

그러다 보니 30년 뒤 열린 2018년 평창 겨울올림픽에서도 '흰 범'이라고 소개하면 더 좋았을 마스코트 동물을 굳이 한자어 '백호(白虎)'라고 소개하며, '수호랑(Soohorang)'이라고 이름짓게 된 것이죠.

1983년 당시 논란이 터졌을 때, 국어학계 전문가들이 나서서 '범'이 토박이말이고 호랑이는 범과 이리를 합친 한자어라고 설명하면서 '범돌이'가 더 나은 표현이라고 설득했으면 어땠을까 하는 생각이 드네요. 저만 그런가요? 🐯

'범 내려온다'가 세계적으로 유명해진 마당에 이제부터라도 우리가 먼저 스스로 '범'이라고 더 많이 불렀으면 좋겠습니다. 🐯

잊힌 노래 '아침의 나라에서'

호돌이 명칭 선정 이후 서울올림픽 공식 주제가를 준비하는 과정에서 또 한 번 이해하기 힘든 결정이 내려집니다.

당시 올림픽 주제가는 1986년 한 방송국에서 대대적으로 '88 서울 올림픽 주제가 공모전' 국민투표를 실시해 가수 김연자 씨의 '아침

의 나라에서'가 선정되었어요. 응? 서
울올림픽 주제가는 '손에 손잡고(Hand
in Hand)'아니냐고요? 🐱

그게……, 김연자의 '아침의
나라에서'가 먼저 확정되었지
만, 어디선가 누군가의 지시로
촌스러운 트로트 대신에 세계
인이 감동할 글로벌 뮤직으로
바꾸게 했다고 합니다. 그래서
유럽에서 인기를 끌었다고는 하나 당시 우리에게는 생소한 교포 밴
드 '코리아나(Koreana)'에게 조르지오 모로더(Giorgio Moroder)라는
유명 이탈리아 작곡가가 만든 '손에 손잡고'라는 노래를 부르게 하
면서 국민투표로 선정한 주제곡을 엎은 겁니다. 물론 '손에 손잡고'
노래는 좋았지만, 당시 문화직 열등감에 싸여 있던 우리나라의 비합
리적 결정이었다고 보입니다. 🐻

이에 충격을 받은 김연자는 일본으로 진출하게 됩니다. 요즘 젊
은이들은 김연자가 '아모르 파티'라는 노래로 뒤늦게 뜬 늦깎이 가
수라고 잘못 아는 경우가 많은데요. 어허~, 무슨 그런 실례의 말씀
을! 김연자 님은 1974년 데뷔해 1980년대 한국 가요 무대를 주름잡
던 트로트계의 거물이었어요. 🐻

앞서 트로트와 엔카의 연관성을 설명했는데, 당시 일본은 엔카의
인기가 떨어지자 계은숙 씨 등 한국 가수를 데뷔시켜 큰 인기를 얻

88 서울올림픽 공식 앨범 재킷,
코리아나의 '손에 손잡고'
(출처 _ yes24.com)

었고, 이에 일본 음악계는 한국 트로트계의 신성, 김연자에게 애타게 러브콜을 보냈는데, 올림픽 주제가 탈락에 충격 받은 김연자는 일본으로 건너가 1989년부터 20여 년간 일본 성인가요계를 평정해버립니다. 그래서 매해 연말이면 일본 국영방송 NHK가 1년을 결산하는 최고의 음악 프로그램 '홍백가합전'에 단골로 출연하여, 일본인들에게 '한국 여자가수는 김연자'라는 인식을 심어줍니다. 🐨

실제로 김연자의 일본 내 인기는 우리가 생각한 것보다 더 많아, 엽기발랄 29금 만화인 《이나중 탁구부》에서도 탁구부원들의 비밀 아지트 암호가 '기므욘자'로 나왔을 정도였지요. 🐻

그러니 김연자가 2018년 KBS 가요대축제의 피날레로 최신 트렌드에 맞춰 EDM 트로트 '아모르 파티'를 부를 때, 월드스타 방탄소년단 등이 기꺼이 춤을 추며 위대한 선배님의 화려한 귀환을 축하드린 겁니다. 이 같은 사정을 모르는 방탄소년단의 팬클럽인 아미들이 "왜 우리 오빠들이 백댄서하냐~."고 불평했지만요. 🐨

이처럼 우리나라는 6.25전쟁 휴전 후 불과 35년 만에 선진국만 하던 여름올림픽을 성공리에 개최하면서 세계에 그 존재감을 알리기 시작했지만, 그때만 해도 문화적 자신감이 낮았기에 여러 가슴 아픈 (?) 사연이 생겼던 거죠. 그로부터 30여 년이 지난 지금, 세계가 주목하는 문화 강대국이 된 만큼, 이제는 일상생활이나 간판, 브랜드 등에서도 국적 불명의 외국어를 남발하지 말고, 귀한 우리말·우리글을 더 널리 사용했으면 좋겠습니다. 🐨

05
번역자는 반역자?

앞서 여러 이야기를 보면서 우리말과 글에 참으로 많은 외래어가 들어와 있구나 하고 느끼셨을 거예요.

순한글인 줄 알았던 감자, 고구마가 한자어 변형인 것은 둘째 치고, 상당수의 단어가 과거에는 중국 한자에서, 근대에는 일본식 한자와 일본식 외래어로, 현재에 이르러서는 영어 등 외국어 단어들이 어느 순간 우리 일상에 자연스레 녹아들어 사용되고 있지만, 때때로 초기에 잘못 와전되어 엉뚱하게 사용되거나 지금도 쓰이는 경우가 존재하지요. 🐻

이탈리아 격언 중에 "번역자는 반역자(traduttore traditore)"라는 표현이 있어요. 어느 이탈리아인이 존 밀턴(John Milton)의 《실락원(失

樂園, Lost Paradise)》번역본을 읽은 뒤, 번역이 오리지날 작품의 아름다움과 가치를 모두 훼손했다며 역자를 비난한 것이 유명해져 지금껏 이어지고 있다고 합니다. 번역자가 아무리 잘 번역하려고 노력해도 결국 욕먹는다는 거지요. 🐻

사실 이 작품의 영어 제목을 보면, 왜 이걸 아직도 일본식 표현으로 '실락원'이라고 쓰고 있는지 이해가 안 가요. 누구나 이해하기 쉽게 '잃어버린 낙원'이라고 바꾸는 게 훨씬 낫잖아요. 🐱

문학작품 제목 외에 우리가 흔히 쓰는 용어 중에도 잘못 이해하는 경우가 종종 발생하고 있어요. 법률용어 중, '선의(善意)의 과실'이라는 표현에 쓰이는 선의(善意)는 '착한 뜻'이라고 생각하기 쉽지만, 실제 의미는 '자신의 행위가 법률 관계의 발생, 소멸 및 그 효력에 영향을 미치는 사실을 모름'이란 뜻이에요. 즉, '선의의 과실'은 '좋은 일을 하려다가 사고를 쳤다'가 아니라 '그렇게 하는 것이 법적인 문제가 되는지 모르고 행한 잘못'이라는 의미인 거죠. 🐻

의학용어 중에도 다수가 일본식 한자어를 그대로 한글로 적어서 오해하는 경우가 많죠.

가장 대표적인 것이 '부작용(副作用)'인데, 이게 원래 영어로는 'Side Effect'예요. 즉, '당초 원했던 효과 이외에 부수적으로 나타난 효과'라는 의미인데, 한글로 이 단어를 보면 첫 글자를 아닐 '부(不)'로 생각해, '나쁜 효과'로 받아들이는 거죠. 이와 유사하게 오해하는 '대증요법(對症療法)'이라는 용어가 있는데, 흔히 '대중들이 흔히 쓰는 치료법'으로 잘못 이해하고 있어요. 이 단어는 '근본 치료가 아닌

증상에 대한 치료'를 의미해요. 또한 도수(徒手)치료는 '맨손 도(徒), 손 수(手)'라는 의미이니, 도구 없이 맨손으로 치료한다는 뜻이에요. 좀 허무하죠? 질환 명칭 중에도 '뇌졸중(腦卒中)'을 '뇌졸증'이라고 잘못 쓰는 경우가 많은데, 이 역시 '뇌가 졸지에 중풍 걸림'이라고 이해하면 쉬울 것 같네요. 🐻

　이처럼 한자를 그냥 한글로 바꿔 잘못 이해하는 경우가 종종 발생하는데, 최근 잘 개선된 사례가 있어요. 대형 건물이나 아파트 단지 등에서도 많이 보이는 '자동제세동기'도 최근에는 '자동심장충격기'로 고쳐 부르고 있지요. '제세동기(除細動器)'라는 단어를 풀어 보면, '세동(細動)을 제거(除)하는 기기(器)'라는 의미입니다. 세동이란 심장의 '잔떨림' 현상을 의미한다는데, 의학 전문가가 아닌 한

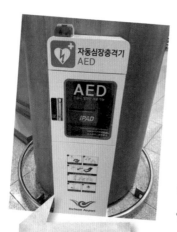

AED, 자동심장충격기
(출처_ 위키피디아)

무슨 의미인지 알 수 없었는데, 잘 수정한 사례로 보이네요. 이처럼 최근 어려운 행정, 법률, 의학용어의 개선이 진행 중이지요. 🐻

　또 하나 수정했으면 좋겠는 용어는 산모의 배를 갈라 아기를 꺼내는 '제왕절개(帝王切開)' 수술일 것 같네요. 영어로 'Caesarean Section'을 일본에서 번역한 단어를 그대로 들여온 것인데, 보통은 고대 로마의 카이사르(Julius Caesar)가 어머니의 배를 가

르고 나와서 붙여진 이름이라고 알려져
있지만, 이건 가리지날이에요. 🐻

카이사르가 어머니 배를 가르고 나왔
다는 기록은 10세기 백과사전《수다(The
Suda)》라는 책이 최초라고 합니다. 하지만
카이사르가 살던 당시의 로마 기록도 꽤
상세히 남아 있고, 이후 로마 제국 시대
카이사르를 신격화한 수많은 기록 중
그 어디서도 카이사르가 배를 갈라 나
왔다는 기록은 없어요. 당시 의학기술

가이우스 율리우스 카이사르
(출처 _ 위키피디아)

로는 그럴 경우 산모가 죽을 확률이 너무 컸기에 시도할 가능성이
낮았고, 의학이 발전하기 시작한 19세기 초에도 제왕절개 수술로 산
모의 85%가 사망했다고 하지요. 실제로 카이사르의 어머니 아우렐
리아 코다는 카이사르를 낳은 후 건강히 46년을 더 살았거든요. 🐻

실제로는 로마인들이 산모와 아기를 같이 묻으면 불길하다고 여
겨 산모가 죽은 뒤 죽은 아기를 따로 묻기 위해 배를 가르는 경우밖
에는 없었고, 이를 규정한 법률이 'Lex Caesarea(절개법)'이었다고 해
요. 그런데 가른다(절개)는 의미의 Caesarea가 Caesar와 유사해 보였
기에 후대에 카이사르의 수술이라 잘못 여긴 것이죠. 🐻

원래 'Caesar'는 카르타고어로 '코끼리'를 의미했는데, 포에니전
쟁 당시 율리우스 가문의 장군이 이 코끼리 부대를 격파한 뒤 얻은
별명 Caesar를 자랑스럽게 가문 이름 뒤에 붙였기에, 우리가 아는 카

이사르는 이름이 가이우스 율리우스 카이사르(Gaius Julius Caesar)가 되었고, 이후 로마 제국 후대에 이르러 Caesar가 황제라는 의미로 사용되었지요. 이 단어가 중세 이후 독일에서는 '카이저(Kaiser, 황제)', 러시아에서는 '차르(Tsar, 황제)'로 불리게 되니, Caesar라는 단어가 당초 코끼리에서 황제까지 그 의미가 사뭇 달라진 것이죠. 이런 상황에서 일본이 서구 의학용어를 번역할 때 독일어 'Kaiserschnitt'를 '제왕절개'라고 번역한 것이에요. 🐻

번역 속 오류를 찾아보자

요즘에는 해외 문학작품이나 영화 제목, 게임 명칭을 원어 그대로 쓰는 경우가 많은데, 일제강점기를 거쳐 불과 얼마 전까지도 원어 작품이 아니라 일본어 번역을 재번역하면서 그대로 적용해, 《몬테 크리스토 백작(The Court of Monte Cristo)》은 '암굴왕(暗窟王)'(무슨 어둠의 마왕이냐? 🐻), 《리틀 프린세스(A Little Pricess)》는 '소공녀(小公女)' 등 한자어로 번역했어요. 또 《아라비안 나이트(Thousand and One Night)》는 '천일야화(千一夜話)'로도 종종 소개되는데, 1,000일간의 이야기가 아니라 1,001일간의 이야기예요. 한자를 그냥 한글로 바꿔 헷갈리게 해놨지요. 🐻

　이 정도는 괜찮은 편이에요. 어떤 번역가가 순록(reindeer)을 사슴(deer)이라고 번역해, 지금도 우리나라에서는 '루돌프 사슴코'라고

알고 있어요. 두 동물이 비슷하니 괜찮다고요? 순록은 녹용으로 안 쓰고요, 사슴은 북극에서 못 살아요. 🐻

또한 1911년 노벨문학상을 수상한 벨기에 소설가 모리스 마테를링크(Maurice Maeterlinck)의 대표작《파랑새(L'Oiseau bleu)》의 두 주인공 이름은 틸틸(Tyltyl)과 미틸(Mytyl)인데, 우리나라에서는 일본 번역서를 다시 번역해서 출판하는 바람에 '찌루찌루'와 '미찌루'로 알려져서, 1980년대 '파란 나라'라는 노래에서도 "난 찌루찌루의 파랑새를 알아요~"라고 가사를 붙였을 정도였지요. 🐻

또한 외국영화의 경우에도, 지금은 우리나라에서 전 세계 최초로 개봉을 하는 경우가 빈번할 정도로 세계적 수준의 영화시장으로 성장했지만, 1990년대까지 외화 낭비를 막는다며 1년에 수입 가능한 외국영화를 제한하면서 먼저 상영한 일본어 번역 제목을 그대로 쓴 경우가 많았어요.

그래서 영화 'Two Brothers'를 '형제는 용감했다'로 기막히게 잘 번역한 경우도 있었지만, 대표적 첩보영화 시리즈인 007의 첫 영화 'Dr. No'를 '007 우리는 의사를 원하지 않는다'로 번역한 해프닝이 유명했죠. 🐻1962년 일본에 먼저 수입되었을 때 영화 내용을 몰랐던 거죠. 뒤늦게 그 제목의 의미가 비밀조직 스펙터의 중국인 악당 '노 박사'인 것을 알고는 '007 살인번호'라는 제목으로 바꿨다고 합니다. 이후 1977년작 '007 나를 사랑한 스파이'에 이르기까지 일본 번역을 재활용했지요. 🐻

또 1990년에 국내에서 개봉한 감동적인 영화 '죽은 시인의 사회

(The Dead Poet Society)'가 큰 인기였는데, 뒤늦게 번역 오류가 지적되었지요. Society가 보통 '사회'로 번역되지만, 영화 내용상 '동아리, 모임'이라는 의미였거든요. 직역해도 '죽은 시인 클럽' 또는 의역해서 '고전 시 연구 모임'이라고 했어야 그 의미가 정확했을 거예요. 🐻

'라이언 일병 구하기(Saving Private Ryan)' 역시 개봉 후 논란이 되었는데, 번역자가 가장 아랫 계급인 private을 '일병'이라고 번역했다는 거였죠. 우리나라 사병 계급은 이병-일병-상병-병장순이므로 가장 낮은 계급인 라이언은 이병이 맞죠. 그런데 최근 군복무 기간이 줄면서 이병 계급을 폐지해 일병-상병-병장 3단계로 줄이는 내

영화 '죽은 시인의 사회' 포스터
(출처 _ 위키피디아)

용을 검토 중이라고 하니 훗날에는 '일병'이라는 번역이 올바른 번역이라고 여길 수도 있겠네요. 🐻

이런 제목 번역에 대한 사람들의 지적이 계속되자, 요즘에는 번역하지 않고 오리지날 영어 제목으로 개봉하는 경우가 많은데, 아쉬운 것은 그중 일부는 제목의 의미를 전혀 알 수 없는 경우도 있다는 점입니다. 🐻

'업 클로즈 앤 퍼스널(Up Close & Personal)'이라는 영화가 있었는데, 이건 사실 '밀착 취재'란 의미의 언론용어

거든요. '아주 가까이 접근해(close up) 개인적인 내용까지 묻는다(personal)'라는 의미로 인터뷰 기사를 멋지게 표현할 때 사용하는 언론용어라 생소하기 때문에 이런 것은 번역해주는 것이 맞지 않았나 싶어요.

반면 어떤 영화들은 번역한 제목이 훨씬 깔끔하고 잘 이해되는 경우도 있지요. '겨울왕국'은 'Frozen(꽁꽁 언)', '라푼젤'은 'Tangled(찰랑찰랑한)', '슈퍼 배드'는 'Despicable Me(비열한 나)', '메이의 새빨간 비밀'은 'Turning Red(빨개지다)'라는 원 제목보다 훨씬 잘 이해되지요. 쓰고 보니 대부분 애니메이션이긴 하네요. 🐻

그런데 대부분의 영미권 영화나 드라마 제목이 그리 어려운 단어가 아니기에 그 의미를 대략 이해할 수는 있어요.

문제는 중국 드라마예요. 일본 영화나 드라마도 아주 쉬운 한자가 아니면 우리말로 번역해서 나오는데, 중국 드라마는 한사를 그냥 한글로 바꿔 놔서 대체 무슨 의미인지 모르는 경우가 많아요. 예를 들어 '중계지극해청뢰', 이렇게만 써 놓으면 어떻게 이해하란 건가요! 🐻 해당 콘텐츠를 수입하는 측에서 시청자들을 위해 제목 번역에 좀더 신경 썼으면 좋겠습니다.

번역자를 위한 변명

앞서 일부 영화 제목이나 내용의 번역 오류를 언급했는데, 사실 번역가들도 할 말이 많지요. 우리와 생소한 문화권의 작품을 완벽하게 번역한다는 것은 사실 불가능한 일이죠. 반대로 우리나라 작품도 번역할 때 우리말의 조사 변화 등에 따른 미세한 변화를 제대로 살릴 수가 없다는 사실을 생각해보면, 아주 심각한 오류를 일으키지만 않는다면 감안하고 넘어가야 할 부분이 많습니다. 🐻

그중 가장 대표적인 경우가 《해리 포터(Harry Potter)》 시리즈의 주요 등장인물인 '헤르미온느(Hermione)'의 표기 오류 문제였지요. 첫 번역가에게 많은 비난이 돌아갔지만, 입장 바꿔 생각해보면 억울할 노릇이에요.

자, 만약 여러분이 그 소설의 첫 번역가였다고 생각해보자고요. 지금이야 '해리 포터' 영화를 보며 발음이 '허마이오니'인 것을 아니까 지적할 수 있지만, 처음 《해리 포터》는 소설책으로 나왔고, 당시 이런 마법 소설이 유행하지도 않아 생소한 용어를 뭐라고 불러야 할지 참고할 만한 자료가 아주 부족했을 거예요. 영어 초판 책을 받아 촉박한 시간 내에 번역을 해야 하는데, 중요 캐릭터 이름이 Hermione라는 낯선 이름인 것을 처음 보면, 이걸 실제로 뭐라고 발음하는지 참 난감할 겁니다. 🐻 그런데 내용 중 각종 마법용어 다수가 라틴어인 것을 보니, 이 여학생 이름도 라틴어일 것이라는 나름 합리적인 추론을 통해 '헤르미온느'로 정했을 겁니다.

영어는 발음 체계가 가장 엉망인 언어 중 하나여서 저자가 이를 미리 정해주지 않으면 어떻게 발음하는지 알기 어려운 언어예요. 일본도 동일 한자임에도 상황따라 발음이 다르기에, 일본인 명함을 받아보면 자기 한자이름 위에 작게 발음을 표시하지요.

그러니 영화 개봉 후 뒤늦게 한글 표기를 바꾼다는 것이 쉬운 일이 아니라서 이미 익숙해져버린 헤르미온느란 이름을 번역 개정판에서도 바꾸지 않고 있어요.

그런데 《해리 포터》의 작가, 조앤 K. 롤링(Joan K. Rolling)이 사전에 발음을 알려주지 않아, 심지어 영화에서마저 계속 잘못 불리던 이름이 하나 있습니다. 잉? 그게 누구냐고요? 🐻

힌트를 드리면 유명 시리즈물에서 감히 이름을 부르기 어려운 빌런 '그분' 중 한 명이에요. 🐻

시대순으로 첫 번째 그분은 영화 '스타워즈(Star Wars)' 팬들이 감히 이름을 못 부르는 '다스 베이더'이며, 두 번째 그분은 건담 팬들이 애정을 듬뿍 담아 '그분'이라고 부르는 '샤아 아즈나블' 또는 '카스발 램 다이쿤' 또는 '애드와우 마스' 또는 '크와트로 버지나'라는 멋진 사나이가 있지요. 🐻 이제 아시겠지요? 가장 늦게 '그분'의 반열에 오른 《해리 포터》의 최강 빌런은 '볼드모트

영화 '해리 포터' 시리즈의 '그분'. "내 이름은 볼드모어다!"
(출처_ 구글이미지)

(Voldemort)'인데요, 사실 '볼드모트'라는 발음은 가리지날~!

그 이름이 프랑스어여서, 'Vol(비행)+de(전치사)+mort(죽음)'의 조합이라네요. 그래서 마지막 't'는 묵음이랍니다. 그러니 제대로 된 발음은 '볼드모어'라고 원작자 롤링이 밝혔으나 무시당했어요. 그러니까 좀 진작에 소설에서 그 의미를 밝혔어야죠. 네? 🐻

국문법도 사랑해주세요

번역 관련 이야기를 하는 김에 부연 설명을 하나 할게요. 영어 품사는 몇 개가 있나요? 너무 쉽죠. 8품사.

그러면 우리말 품사는 아시나요? 답은 9품사(명사, 대명사, 수사, 동사, 형용사, 관형사, 부사, 감탄사, 조사)예요. 네~. 주시경 선생님이 분류하셨지요. 🐻

하나 더요. 영어는 문장 형식이 5개인 건 배워서 다 아시죠? 그렇다면 우리말은 문장 형식이 몇 개일까요?

우리도 5개 아니냐고요? 땡! 7개랍니다. 🐻

우리말은 인도유럽어족과 달리 문장 끝에 동사, 형용사, 서술격 조사가 오기 때문에 문장 형식이 더 많아요.

예전에 모 유명 영어 강사가 "모든 언어는 순서만 다를 뿐 다 동사가 문장의 핵심이다."라고 말하는 것을 듣고 기절할 뻔했습니다. 우리말은 동사가 없어도 문장이 성립되는 언어라구욧! 🐻 이런 문장 구조의 차이 역시 우리가 우리말 문장을 영어로 번역하기 어려워하는 이유 중 하나이기도 하지요.

※ 영어 문장 구조 5형식

1형식 : 주어 + 완전 자동사
2형식 : 주어 + 불완전 자동사 + 보어
3형식 : 주어 + 완전 타동사 + 목적어
4형식 : 주어 + 수여 동사 + 간접목적어 + 직접목적어
5형식 : 주어 + 불완전 타동사 + 목적어 + 목적보어

※ 우리말 문장 구조 7형식

1형식 : 주어 + 완전자동사 (예) 눈이 내린다.
2형식 : 주어 + 보어 + 불완전 자동사 (예)《알쓸유상》은 베스트셀러가 된다.
3형식 : 주어 + 목적어 + 완전 타동사 (예) 학생이 도시락을 먹는다.
4형식 : 주어 + 여(탈)격 조사 + 목적어 + 불완전 타동사 (예)할아버지께서 손주에게 용돈을 주신다.
5형식 : 주어 + 완전 형용사 (예) 햇볕이 따스하다.
6형식 : 주어 + 보어 + 불완전 형용사 (예) 바이러스는 박테리아와 다르다.

7형식 : 주어 + 체언 + 서술격 조사 (예) 목포는 항구이다.

이런 것이 있는 줄 몰랐다고요? 🐻

우리는 늘 쓰고 있다 보니 우리말 문법을 잘 알고 있다고 착각하지만, 오히려 영문법보다 모르는 경우가 대부분일 겁니다. 시중에 우리말을 쉽게 설명한 전문가의 책들이 많으니 한번씩 읽어보시길 권해드립니다. 🐻

이처럼 우리말과 외국어 간 품사와 문장 구조가 다른 경우가 많아 유려하게 번역하기가 상당히 어렵습니다. 과거 구한말 지식층들이 처음 영어를 배울 때는 지금의 우리보다 더 쉽게 익혔다고 하죠? 🐻 그건 당시 양반층이 열심히 익힌 한문 문장 구조가 영어와 동일했기에, 한문을 습득하면서 형성된 작문법과 문장 구조 이해 방식을 그대로 영어에 대입할 수 있었기 때문이에요. 하지만 이 같은 사례는 평생 한문을 익힌 지식층에 해당하는 특수한 경우였던 거죠.

현재 한국인들의 영어 회화 실력이 떨어지는 것은 영어 교육 자체만 문제가 있는 것이 아니라, 근본적으로 우리가 사용하는 모국어와 영어의 문장 구조나 발음 체계 자체가 워낙 다르기 때문에, 인도유럽어족 언어 사용자나 시노티벳어 사용자들에 비해 더 많은 노력을 기울여야 하는 겁니다. 🐻

오늘도 나라 힘이 약해 영어권 국가 애들은 다른 것 더 공부할 시간에 영어 공부까지 해야 하는 고달픈 우리 인생에 대해 서로 심심

한 위로를 해줍시다. 토닥토닥~. 🐻

실제로 미국 외교연구원이 2017년 2월에 발표한 보고서에 따르면, 언어 습득 난이도에 따라 나눈 분류에서 한국어를 '가장 배우기 어려운 언어(super-hard language)'인 '카테고리 4' 언어 중 하나로 꼽았다고 하죠? '카테고리 4' 언어에 속하는 다른 언어는 어떤 것들이 있냐고요? 중국어, 일본어, 아랍어라고 하네요. 즉, 미국인들이 가장 배우기 어려운 4개 언어 중 당당히 우리말이 한자리를 차지하고 있는 겁니다. 왜 갑자기 뿌듯해지지? 🐻

이 분석에 따르면 미국 외교관이 이들 4개 언어를 배우는 데 평균 88주(1년 6개월), 하루 3시간 30분씩 총 2,200시간의 교육이 필요하다고 했답니다. 그 말인즉슨, 반대로 우리나라 사람들 역시 영어 등 인도유럽어족 말을 배우기 위해서는 다른 외국인들보다 더 많이 공부해야 한다는 것이죠. 그러니 '왜 우리나라 사람들은 영어를 잘 못하냐?'고 스스로 자학하지 말자고요. 🐻

그런데, 자세히 보면 우리가 우리말도 제대로 잘 쓰지 못하는 건 뭘까요? 실제로 외국인들이 치는 우리말 시험을 한국인에게 보게 하면, 평균 이하의 성적이 나온다고 하지요. 🐻 외국어 공부하는 노력의 일부만 떼어서라도 우리말 문법을 공부해보면 어떨까 합니다.

해방 이후 둘로 나뉜 우리말·우리글

– 한글 표기 원칙의 재확립 / 북한의 우리말 변화

해방 이후 대한민국 – 한글 표기법 원칙 확립

일본의 추악한 말살 정책으로 사그라들던 우리말·우리글은 1945년 8월 15일 해방을 맞아 기사회생하게 됩니다. 조선어학회 사건으로 투옥 중이던 최현배 선생은, 감옥에서 나오자마자 조선어학회를 재건했고, 1947년 10월《조선말 큰사전》1권을 발간합니다. 🐾

또한 미군정 산하 교과서편찬분과위원장으로 임명되자 새 나라의 어린이를 가르칠 초·중등 국어 교과서 발간을 서두르니, 앞서 언급한 대로 1948년 국민학교 1학년 1학기 국어 교과서인《바둑이와 철수〔국어 1-1〕》가 첫 선을 보이게 되지요. 이 교과서가 주목을 끄는 이유는, '국어'라는 딱딱한 제목 대신 주인공 어린이와 애완견 이

름을 과감하게 전면에 배치했을 뿐 아니라, 심지어 철수보다 바둑이 이름을 먼저 나열하여 개를 사랑하는 한국인 이미지를 구현하고 있다는 점입니다. 최현배 선생이 물러난 후 그저 《국어》, 《산수》 등으로 나오게 되는 국정교과서들에 비해 오히려 시대를 앞서간 느낌입니다. 또한 최현배 선생은 국어뿐 아니라 수학, 과학 교과서에도 쉬운 한글 용어를 직접 만들어내셨으니, 그저 놀랍고 감사할 뿐입니다. 🐻

어떤 것들이 있는지 궁금하시다고요? 몇 가지만 살펴보죠.

벤또 → 도시락 / 노리마키 → 김밥 / 간스메 → 통조림 /

우수 → 짝수 / 기수 → 홀수 / 가산 → 덧셈 / 감산 → 뺄셈 /

승산 → 곱셈 / 제산 → 나눗셈

다만 일부에서 최현배 선생이 비행기를 '날틀', 이화여자대학교를 '배꽃계집큰배움터' 등으로 무리하게 다 바꾸려 했다고 알려져 있는데, 이는 반대파에서 퍼뜨린 루머라고 하네요. (위와 관련된 더 자세한 내용은 《알아두면 쓸데 있는 유쾌한 상식사전》 제3권 '언어·예술 편' '말모이 운동의 앞과 뒤' 이야기를 참고해주세요. 🐻)

또한 음악 분야에서는 가곡 '그네'를 작곡하신 금수현(金守賢, 지휘자 금난새 님의 아버지) 선생이 일본식 용어를 우리말로 순화하는 작업에 발벗고 나섭니다. 고음부기호 → 높은음자리 / 저음부기호 → 낮은음자리 / 본위부기호 → 제자리표 / 반복기호 → 도돌이표 / 종지부기호 → 쉼표 / 연결선 → 이음줄 / 결합선 → 붙임줄 / 종선 → 세로줄 / 가선 → 덧줄 / 발상어 → 나타냄말 / 속도기호 → 빠르기말 등으로 바꾼 것이 지금은 완전히 정착했지요. 🐻

이처럼 우리말 정착을 위해 애쓴 최현배 선생은 6.25전쟁이 터지자 《조선말 큰사전》 나머지 원고를 땅에 묻고 피난갔다가 전쟁이 끝난 후 원고를 다시 파내어 드디어 1957년 6권의 《우리말 큰사전》을 완성하니, 마침내 우리말의 표기 원칙이 모두 확정됩니다. 🐻 수많은 언어가 지금도 자기말 사전을 만들지 못해 점차 소멸하고 있는 상황이라는 현실을 감안하면, 우리말을 지키신 선조님의 눈물과 땀을 절대 잊어서는 안 됩니다.

이후 수차례 보정을 거친 뒤, 1988년 대대적인 한글 맞춤법 개정이 이루어지는데, '안녕하셔요 → 안녕하세요'로 바뀌고, '있읍니다

→ 있습니다'로 바뀌는 등 'ㅅ' 사용 원칙이 새로 정해지고, 지금도 수시로 개정이 이뤄지고 있습니다.

※ 1988년 한글 맞춤법 개정 내용

구분	이전	개정 이후
'ㅅ' 사용 원칙	있읍니다 (있음)	있습니다. (있음 O, 있슴 X)
접미사 '~이' 표기	일찌기, 더우기	일찍이, 더욱이
'~게' 표기	갈께, 할께	갈게, 할게
관용어 인정	안녕하셔요	안녕하세요

그후로도 많은 단어가 복수 표준어로 인정되고, 부정어에만 써야 했던 '너무'가 긍정문에서도 허용되는 등, 사회 변화에 발맞춰 많은 개정이 이뤄지고 있습니다만, 여전히 개선해야 할 것이 많아 보입니다. 또한 2005년에는 국어기본법을 제정해 '모든 공문서, 공공표지판은 한글로 작성한다'고 다시 한번 한글 전용 표기를 명문화합니다. 🐻

우리말 사전 편찬 작업은 그동안 여러 민간 출판사 및 대학교 차원에서 진행되었고, 이와 함께 1999년부터는 국립국어원에서 발간하는 《표준국어대사전》이 중심 역할을 하고 있어요. 이 사전은 1992년부터 7년간 예산 112억 원을 투입하고 500여 국어학자가 참여해

국립국어원 《표준국어대사전》
(출처_yes24.com)

1999년 10월에 첫 출간된 이후, 국립국어원 홈페이지를 통해 분기별로 정보를 수정하고 있습니다. 🐻

그러니 단어의 뜻이 애매하다고 여겨지거나 문의할 것이 있으면 국립국어원 홈페이지(www.korean.go.kr)를 방문하기를 권해드립니다. 홈페이지에는 표준국어대사전뿐 아니라 한국수어사전, 한국어 기초사전 등이 있으며, 어문 규범, 공공언어 개선, 지역어 종합 정보, 온라인 상담 등 다양한 정보를 검색해보실 수 있습니다. 다만 모든 것을 다 해결해줄 것이라고 기대는 하지 마세요. 오묘한 우리말의 세계는 넓고도 깊답니다. 🐻

북한 – 대한민국과의 대립 속 별도 원칙 정립

반면, 해방 후 북한은 어떤 과정을 겪었을까요?

북한의 표준어 제정 작업은 주시경 선생의 제자이며 초대 최고인민회의 상임위원장(상징적 국가 수반)이자 초대 김일성종합대학 총

장인 김두봉(金枓奉
)이 1948년부터 주도
했다고 합니다. 하지
만 그는 1919년부터 중
국에서 활동해 조선어학
회에 참여하지 않아 우리
말 자료가 빈약해 난관에
부딪히죠. 그러던 중, 김구
선생과 함께 남북한 공동정부 수
립을 설득하고자 평양을 방문했
던 한글학회 이극로(李克魯) 선
생이 1947년 발간한《조선말 큰

김두봉 (출처 _ 위키피디아) (좌)
이극로 (© 이종무) (출처 _ 한국학
중앙연구원) (우)

사전》1권을 가져가면서 물꼬가 트였다고 합니다. 이에 큰 환영을
받은 이극로는 평소 이승만과 껄끄러운 사이였기 때문인지 김구 선
생의 만류에도 평양에 눌러앉게 되고, 1956년 김두봉이 김일성에게
숙청당한 뒤 그의 뒤를 이어 표준어 작업을 주도하지만 자료가 부실
하다 보니 우리나라보다 늦은 1966년에야《표준어휘사전》을 완성했
다네요. 🐻

　이처럼 남북한 표준어 제정 작업은 공통적으로 주시경 선생의 제
자들이 주도했기에 표준어 규정이 서로 유사하다고 하며, 북한은 표
준어 작업이건 한글 전용 타자기 개발이건 모두 대한민국에 뒤처지
다 보니 계속 의식하게 되었다고 합니다. 🐻

그래서 주시경 선생이 제창한 '한글' 대신 '조선글'이라 칭하고 처음에는 표준어라 부르던 북한 표준말을 평양말을 기준으로 한 '문화어'라고 고쳐 부르면서, "표준어라고 하면 서울말로 오인할까봐 문화어로 바꾼다."고 스스로 제정 이유를 밝힐 정도였습니다. 그렇게 된 데에는, 북한 헌법에서는 당초 "조선민주주의인민공화국의 수도는 서울이다."라고 명시했던 것을 '혁명의 수도 평양'으로 바꾸고 단군릉을 대대적으로 신축하면서, "한민족의 출발점이 평양이니 우리에게 정통성이 있다."고 주장하는 속내와 다 연결되는 상황인 것이죠. 🐻

그러면서 대한민국과의 차별성을 강조하고자, 조선 후기부터 두드러진 두음법칙을 폐지하여 '노동자' 대신 '로동자' 등으로 표기하고, 사이시옷을 폐지했으며, 평양에서 사용하던 어휘나 러시아, 중국식 표현이 많이 차용되어 우리나라와 표기법이 다른 경우가 점차 늘어나게 됩니다.

하지만 '문화어'의 다수는 서울 '표준어'와 유사한 부분이 많은데, 이는 일제강점기 때까지 평안남도에서부터 황해도를 거쳐 서울을 포함한 경기 북부까지 거의 동일한 경기 사투리 권역이어서 그랬다고 합니다. 🐻 그래서 1928년 파리에서 녹음한 이극로의 녹음본을 들어보면, 서울 말투가 북한 말투와 유사하게 느껴지며, 1970~1990년대 영상 속 서울 말투 역시 지금의 서울말보다는 더 북한말 같은 느낌이 들죠. 현재 서울말의 억양은 전라도, 충청도 출신 사람들이 서울에 많이 정착하면서 해당 지역 억양이 많이 반영되었지요. 대표적으로 당초 "~니?"로 끝나던 의문문도 "~냐?"라는 호남 방언으로 많이 대체되는 상황이고, 전북에서 싱겁다는 의미로 쓰던 사투리 '슴슴하다'가 요리 프로그램을 통해 확산되는 등, 어휘에도 많은 변화가 생기고 있어요. 🐻

북한 역시 '문화어'는 1933년 조선어학회의 기준을 따라 서울말과 유사하게 규정했기에 실제 평안도 사투리와는 다르다고 하며, 실제로 우리나라 영화나 TV프로그램에서 많이 나오는 북한말 '고조~', '했습네다', '하라우' 등은 문화어가 아니라고 합니다. 그런데 이런 말투가 북한 표준어처럼 여겨지는 것은 탈북민 중 함경도나 평안북도 등 국경지대 거주민 비중이 높고, 연변 조선족 출신들 역시 과거 함경도나 경상도 억양을 많이 사용했기 때문이라네요. 🐻

그런데 많은 분들이 북한은 우리나라보다 토박이말 어휘를 더 많이 사용한다고 여기고 있는데, 이 역시 가리지날입니다. 북한이 새로 들어오는 문물에 대해 새 우리말 어휘를 만드는 노력을 우리보다 더하고 있는 것은 맞지만, 우리나라 역시 앞서 소개했듯이 토박이말 확대를 위해 노력하기는 마찬가지였고 특히 1970년대에는 거의 강제적으로 새 토박이말로 순화할 것을 강요했지요. 🐻

그래서 축구경기 중계할 때 코너킥은 구석차기, 골키퍼는 수문장으로 부르게 했고, 가수 이름도 어니언스는 양파들, 바니걸스는 토끼소녀 등 강제 개명시켰지만, 대중들의 판단에 따라 외래어가 여전히 살아남는 경우가 더 많았기에 어설픈 토박이말 바꾸기는 대부분 실패했죠. 다만 최근에 성공적으로 바꾼 표현이 바로 '도우미'인데, 1993년 대전 엑스포 행사 당시 안내요원을 의미하는 '컴패니언(Companion)'을 대체할 용어를 공모한 결과, '도움＋이'를 결합한 이 단어가 채택되어 이제는 널리 쓰이고 있어요. 🐻

이처럼 억지로 만든 우리말 대신 외래어가 정착되는 현상은 북한도 동일하다고 합니다. 다만 외부와의 교류가 적은 폐쇄 사회이다보니 그 숫자가 적을 뿐이죠.

또 북한에서는 아이스크림을 '얼음보숭이' 또는 '얼음과자'라고 부른다지만, 그건 가리지날. 실제로는 '에스키모'라고 부르고 상품에도 그렇게 써 있다네요. 북한 사람들도 억지로 만든 신조어는 촌스럽다고 안 쓴다고 합니다. 🐻 이는 북한에서 소련 브랜드 '에스키모' 아이스크림이 많이 팔려 아예 그 브랜드가 대표명칭으로 굳어진 경우라고 합니다. 비행기는 '날틀'이라 부른다지만 실제로는 거기서도 비행기라고 부른다고 합니다. 또한 재미있는 것이, 컴퓨터 마우스를 누르는 '클릭(click)'을 '딸깍'이라고는 고쳐 부르긴 하는데, '더블 클릭'은 뭐라고 하는지 아세요? '더블 딸깍'이랍니다. 어이～, 이 봐요들! 🐻

그리고 우리나라에서는 이미 도시락으로 순화된 일본어 '벤또' 역시, 북한 당국에서는 '곽밥'이라고 부른다고 알려졌지만, 여전히 민간에서는 대체로 '벤또'라고 부른다고 합니다. 또한 '라디오(radio)'도 여전히 일본식 발음으로 '라지오'라고 한다네요.

통일이 되면 오랜 기간 갈라져 차이가 생긴 남북간의 언어에 대한 원칙도, 다시금 만들어야 하지 않을까요? 🐻

앞서 우리말·우리글의 변화 과정을 살펴보았는데, 지금 우리가 사용하는 말글살이에도 여전히 고쳐야 할 내용들이 많습니다. 그래서 4부에서는 우리가 고민해보아야 할 우리말 관련 여러 이야기를 나눠보고자 합니다.

표준어와 맞춤법, 영어식 표현의 범람, 일상생활과 회사생활 속 언어에 대한 것들과 생각해볼 내용을 모아봤습니다.

4부

같이 고민해볼
지금의
우리말·우리글

01

《마지막 수업》의 진실 : 표준어 정책의 이면

어느 나라에서건 각 지역마다 조금씩 억양이나 단어의 차이가 있기 마련입니다. 이에 혼란을 막고자 대부분의 나라에서 자기네 언어의 기준점을 정해서 이를 가르치고 해외에도 이렇게 정한 표준어를 보급하지요. 🐻

표준어의 정의

'표준어'란 한 나라에서 전 국민이 공통으로 쓸 수 있는 자격을 부여받은 말인데, 현재 우리나라는 '교양 있는 사람들이 두루 쓰는 현대 서울말'로 정의하고 있어요. 이는 일본에서 처음 표준어 기준을 세

울 때, "도쿄 야마노테 지역의 교양 있는 사람들이 쓰는 말로 정한다."고 한 것을 벤치마킹해서 그런 것인데, 야마노테(山の手)는 도쿄 중심부 서쪽의 지방 다이묘의 도쿄 가옥이 많은, 사무라이 계급이 많이 사는 상류층 동네였다고 하네요. 지금의 롯

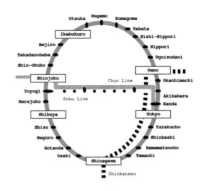

본기, 아오야마, 아카사카 등 도쿄 여행 시 자주 이용하는 국철 야마노테선(서울 2호선처럼 녹색 순환노선) 안쪽 서쪽 지역이에요.

도쿄 야마노테선
(출처 _ 위키피디아)

하지만 제2차 세계대전 패전 후 강압적인 표준어 강요의 문제점이 지적되면서 표준어를 정의하지는 않고 공통어라는 개념으로 접근하면서 지방 사투리에 대한 연구가 활발히 진행된다지만, 암묵적으로는 'NHK방송 뉴스 아나운서 발음을 표준으로 본다'고 여기고 있다네요. 실제로 도쿄 사투리는 표준 일본어보다 더 발음이 연성화되어 있긴 해요. 그래서 NHK 아나운서 채용 시험 시 TV를 일본식 영어인 '테레비'라고 해야지, '텔레비전'이라고 제대로 발음하면 탈락한다고 합니다. 🐻

그렇다면 우리도 표준어에 대해 다시 고민해봐야 할 겁니다. 해방 당시 서울시 인구가 채 100만 명이 안 되었지만 지금은 1,000만 인구가 되었고, 신규 유입자 중 70% 가까이 삼남(영남, 호남, 충남)

출신이어서 '서울의 교양 있는 사람' 중 다수가 서울 토박이가 아닌 상황인 것이죠. 게다가 대체 '교양 있는 사람'은 어디까지로 봐야 하는지도 참 모호합니다. 🐻

온라인상에서 1980년대 서울 사투리라며 지금과 사뭇 다른 서울 시민 억양 녹화 영상이 화제가 되고 있는데, 제가 서울에 상경한 1980년대 후반에 비해 말투와 억양이 많이 변한 것은 사실이에요. 충청 및 호남 사투리와 억양 영향도 많이 받았고요. 이런 현상을 좋다 나쁘다 할 수 없는 것이, 시간이 지나면서 어디든 언어는 자연스럽게 변합니다. '법(法)'이라는 한자를 분석해보면, '물이 흘러가듯 자연스러움'이란 의미이거든요. 그 시기에 다수가 상식적으로 인정할 수밖에 없는 규칙으로 상호 인정한 것이니 시대에 따라 변하는 것이 맞죠. 그래서 1933년 한글 맞춤법 통일안이 제정되고 1988년 1월에 맞춤법을 재정립했을 때, 1년 유예를 두어 1989년 1월부터 적용한 맞춤법에는 많은 규정이 변경되었습니다. 🐻

그 전까지는 표준어가 "안녕하셔요."였습니다. 구한말 "안녕하시어요."로 인사하던 것이 줄어든 말이었지만, 점차 발음하기 편하게 "안녕하세요."라고 인사했고, 방송 프로그램이나 노래 가사에서도 이미 "안녕하세요."로 변한 뒤에야 표준어가 바뀌었지요. 비슷한 예가 '괜찮다'인데, 원래는 '괴(怪)하지 아니 하다'가 줄어든 말인데, 이제는 원래 표현이 아예 사라진 상황입니다. 영어에서도 "나예요."라는 표현으로 "It's me."라고 하는데 원래 문법상 "It's I."가 맞고 그렇게 써오다가 수십 여 년 전부터 "It's me."가 유행하기 시작해 지금은 대세가 된 것처럼요.

다만 당시 '우렁쉥이'가 '멍게'로, '상치'가 '상추'로, '미싯가루'가 '미숫가루'로 바뀌자 서울 토박이들이 "교양 있는 서울 말씨를 표준 어로 한다더니, 남쪽 사투리로 바꾸는 게 말이 되냐?"며 비난한 바 있어요. 게다가 "했걸랑요~.", "댕겨왔습니다." 등이 원래 서울말 이라고 하는데, 오리지날 종로구 원조 토박이 어르신들은 그건 서울 동쪽 왕십리 등 외곽지역 '성저' 사투리라고 하시더라고요. 🐻

또한 각국마다 오랜 기간 민간에서 만들어온 사전이 권위를 갖는 데, 우리나라는 1999년 이후 국립국어원에서 만든《표준국어대사 전》을 표준으로 삼고 있어요. 하지만 기존 민간 출판사나 대학교에 서 만든 국어 사전류에 비해 단어 수가 빈약하고 기준도 일관적이지 않아 비판을 받고 있어요 🐻

간단히 예를 들면 '빨강'과 '빨간색'은 되는데, '빨강색'은 틀린 표 현이래요. 우유곽, 담배곽은 틀리고, 우유갑, 담배갑이 표준어가 되 었어요. 원래 이게 한자 '갑(匣)'이 '곽'으로 잘못 불려온 거랍니다. 아, 네네~, 몰랐습니다. 🐻

그렇다면 왜 한자어인 '초생(初生)달'은 표준어가 아니고, 변형된 '초승달'만 표준어인 건가요? 이승(이生)과 저승(저生)도 잘못 발음 하고 있는데, 이건 어쩌라고요~! 또한 한자어인 '삭월세(朔月稅)' 대신 많은 이들이 '사글세'로 발음한다고, '사글세'를 표준어로 정한 것과도 정반대 논리인 거예요. 🐻

심지어 개항기 시절 일본에서 들어온 남비는 원래 일본식으로 '나베(なべ)'로 불리다가 '남베 → 남비'로 변해 옛 표준어가 '남비'였는데, 1988년 표준어 개정 시 일본식 표현은 안 된다며 '냄비'로 표준어를 바꿨어요. 이건 또 무슨 논리인가요? 게다가 과일 자몽은 원래 포르투갈어 Jamboa가 일본을 거쳐 '자몽'이 되었다며, 영어 'Grape Fruit(그레이프 프루트)'로 순화해야 한다고 권장하는데, 그렇다면 일본에서 변형된 채 들어와 100년 이상 사용하는 빵, 카레, 가방은 뭘로 바꾸시게요? 🐻

국립국어원도 나름 고심하고 있겠지만, 표준어와 맞춤법은 사회의 자연스러운 변화에 맞춰 일관된 규칙은 가지되, 유연하게 대처해 나가야 할 것으로 보입니다.

국립국어원뿐 아니라 민간에서도 이런 오류가 가끔 발생하기도 하죠. 일부에서 일제 잔재라며 잘못된 단어를 바꾸자고 주장하는데, 그중 상당수는 주장하는 측이 잘못 아는 경우가 많아요. 🐻

'야채(野菜)'는 일본말이니 '채소(菜蔬)'로 바꾸자고 온라인에서 널리 알려진 적이 있는데, 실제 우리 조상들은 들에서 자라는 풀은 야채라고 하고, 사람이 재배한 식물은 채소라고 구분해서 썼으니 야채도 원래부터 우리말이에요.

또한 '내일(來日, tomorrow)'을 일본에서는 '명일(明日)'이라고 쓰다 보니 우리글에 내일 대신 명일을 쓰면 난리나는데, 원래 우리도 고려시대 《계림유사(鷄林類事)》 같은 책에서 명일로 썼어요. 다만

지금은 잘 안 쓸 뿐인 거죠. 🐨

나라마다 다른 표준어 원칙

주요 나라마다 언어 사용의 혼란을 막기 위해 표준어를 제정하긴 했지만, 처음으로 '파리 및 인근 지역 방언을 표준어로 한다'는 원칙을 정하고 이를 전 국가 교육 시스템에 적용한 나라는 프랑스였습니다. 🦉 이것이 19세기에 열심히 서구 문명을 배우던 일본에도 영향을 주어 일본에서도 표준어 작업을 적극적으로 전개하게 됩니다. 당시 북쪽으로는 사할린섬까지 확장하고 남으로는 오키나와까지 사투리 차이가 극심한 상황이었기에 표준어를 정립했고, 이후 식민지에도 일본어 보급 시 표준 발음과 표준 단어로 가르쳤지요.

우리나라 역시 앞에서 읽으셨다시피, 대한제국이 한글을 국가문자로 선포하고 표준화 작업을 서둘렀지만 식민지로 전락하면서 일부 학자들에 의해 겨우겨우 명맥을 이어오다가 해방 이후 표준어를 정립합니다. 우리나라에서도 마찬가지로 지역별 사투리가 심해 서로 이해하지 못하는 경우가 많았고, 아예 한글조차 못 배운 학생이 많아 일본어 단어를 혼용하는 상황이었기에 표준어 준수를 강조했고, 이후 지속적으로 확산되었습니다. 🐨

다만 너무 강조하다 보니 한때 공중파 TV에서 사투리가 심한 사람은 출연을 금지시키기도 했는데, 최근 들어 사투리 속 다양한 단어 역시 소중한 문화유산임을 깨닫게 되면서 각 지역별로 사투리를 보존하자는 움직임이 활성화되고 있지요. 특히 사멸화되어가는 제주어 보존을 위해 애쓰는 단체가 많다고 알고 있습니다. 🐻

사투리 연구가 왜 중요한지 예를 하나 들어볼게요. 많은 분들이 경상도 각 지역별 억양 차이에 대해 재미있어 하시죠. 하지만 흉내를 잘 내시는 분도 자주 틀리는 것이 의문문의 종결어미예요. 왜냐하면 경상도 의문문은 종결어미가 무려 4개가 있거든요. 🐯 제가 나름대로 붙인 이름은 '가고나노 법칙'입니다. 🐻

이 경상도 의문문 종결어미 법칙에 대해서는 여러분에게 친숙한 영문법 방식으로 설명하는 것이 이해가 빠릅니다. 도표 하나면 끝이니까요~. 🐻

※ 경상도 사투리 의문문 종결어미 구분법

종결어미	경상도 사투리 문법		예시
~가?	이다(be), 아니다(be not)로 끝나는 문장	5W1H 의문사가 없는 경우	우리가 남이가? (be?)
~고?		5W1H 의문사가 있는 경우	우째서 아이고? (Why~ be not?)
~나?	이다(be), 아니다(be not)로 끝나지 않는 문장	5W1H 의문사가 없는 경우	집에 가나? (Do~?)
~노?		5W1H 의문사가 있는 경우	왜 가노? (Why~?)

실제로 경상도의 의문문 끝말 규칙을 보면, 인도유럽어족과 유사하다는 것을 알 수 있어요. 예전에는 우리말 전부가 그랬다고 하는

데, 지금은 영남 방언에만 남아 있어요.

　나라마다 다르기는 하지만 프랑스와 우리나라, 중국 등은 강력히 수도권 언어를 표준어로 규정하고 이를 지키는 형태이며, 독일은 수많은 소국가가 합쳐진 연방국가이다 보니 다지역 언어를 포용하고 있고, 이탈리아는 통일 과정에서 임시 수도이던 피렌체가 속한 토스카나 방언을 표준어로 삼고 있어요. 복잡한 민족 구성을 가진 스페인도 17세기부터 왕립학술원이 규정을 정해 마드리드 중심의 카스티야어를 남미 식민지까지 표준어로 정착시켰는데, 정작 스페인 국내에서는 바르셀로나가 속한 카탈루냐, 바스크, 갈라시아 지역은 각각 별개의 언어를 쓰고 있어요. 반면 미국이나 영국 등은 그다지 강력하게 표준어를 규정하지 않고 있죠. 실제로도 영국은 표준 영국어 사용자가 6%에 불과하다고 하지요. 🐻

프랑스가 표준어 제정의 선구자가 된 이유

이처럼 표준어에 열심인 프랑스는 최근 영어 유입을 막기 위해 새로운 프랑스어 단어를 만들어내며 고군분투하고 있는데, 언론에서는 '아카데미 프랑세즈(프랑스 한림원)' 회원들이 중세 복장에 칼을 차고 맹세하는 모습을 보여

루이 14세 (출처 _ 위키피디아)

주며 우리말을 지키자고 독려한 적도 있죠. 그런데 그들도 그 나름의 사정이 있어요. 🐻

프랑스가 표준어 정립에 유독 민감했던 이유는, 유럽 중앙의 평원 지대이다 보니 파리를 중심으로 한 북프랑스는 게르만-라틴어결합 프랑스어를 쓴 반면, 남동부 지역은 거의 다른 언어라고 해도 무방할 정도로 라틴어 계통의 오크어를 주로 쓰고 있어서 '방언의 왕국'이라 불릴 정도였다네요. 그래서 유럽 국가 중 가장 먼저 절대왕정을 확립한 루이 14세(Louis XIV)가 권력 집중을 강화하기 위해 1626년 문학 기관 '아카데미 프랑세즈(Académie française)'를 발족시키고, 파리 등 북프랑스 지역어를 표준으로 하는《아카데미 프랑세즈 사전》을 만들어 표준어로 쓸 것을 강제했어요.

> 루이 14세 : "여봐라. 언어학자들을 불러모아 학회를 결성하고 표준어 사전을 만들도록 하라르봉."
>
> 신하들 : "왜 갑자기 그러시나루와?"
>
> 루이 14세 : "전국의 귀족들을 다 불러모았더니 도대체 못 알아듣겠다랑스. 이탈리아어, 독일어, 영어가 뒤섞인 사투리 쓰는 애들 언어 교정을 하려한다루브르."
>
> 언어학자들 : "부르셨나이까? 전하?"
>
> 루이 14세 : "내가 돈 줄 터이니 프랑스어 표준어 작업을 서둘러라상젤리제. 아카데미 회원으로 임명해 평생 후원할 터이니 표준어 사용을 거부하면 이 칼로 처단하라루이!"

    이처럼 이들 학회원은 프랑스어에 침투하는 타 민족 언어를 말소하라는 임무를 부여받았기에, 그후 새롭게 획득한 알자스-로렌 지방의 독일인과 코르시카섬과 프로방스 지방의 이탈리아인들에게도 프랑스어를 강제로 쓰게 했는데, 이를 위해 평생을 바치겠다는 취지로 지금도 칼을 차고 있는 것이죠. 🐻

    이에 더해 1994년 6월, 프랑스어를 지키자며 당시 문화부 장관인 자크 투봉(Jacques Toubon)이 제안한 소위 '투봉법(새 프랑스어 보호법)'을 통해 프랑스에서 파는 모든 제품의 광고, 상표, 사용설명서에 프랑스어를 반드시 사용해야 하며, 외국어 광고인 경우에도 반드시 프랑스어로 번역해 함께 표기하도록 강제하는 정도이지요. 🐻

    또한 프랑스어는 라틴어의 후계자여서 명사마다 남성형, 여성형을 구분하므로 신조어가 생길 때마다 이들 회원들이 논의를 거쳐 확정하는데, 최근에도 '코로나19'가 남성형인지 여성형인지 논의해 여성형 명사 'la COVID-19'로 결정한 바 있었죠. 이런 무시무시한 단어를 여성형으로 결정하다니……, 저 나라는 이런 걸로 남녀 갈등이 안 생기나요? 🐻

《마지막 수업》의 진실

그러니 모국어를 빼앗긴 피점령국의 슬픔과 고통을 아이의 눈으로 생생하게 그려낸 알퐁스 도데(Alphonse Daudet)의 단편소설《마지막 수업(La Dernière Classe)》이야기는 가리지날입니다. 🐻

알퐁스 도데 (출처 _ 위키아트) (좌), 《마지막 수업》 책 표지 (출처 _ amazon.com) (우)

이 작품은 프랑스 국민의 애국심을 불러일으켰으며 우리말을 빼앗긴 아픈 경험을 갖고 있는 우리나라의 교과서에도 실렸을 정도로 큰 감동을 주었는데, 지금부터 산산이 깨드리겠네요. 🐻

아~, 근데 이게 무슨 소설인지 잘 모르신다고요? 🐻 간단히 줄거리를 설명드리자면 이렇습니다.

프랑스 알자스 지방의 소년 프란츠는 들판에서 노는 것이 더 신나 맨날 학교를 빠지던 아싸(아웃사이더) 어린이었습니다. 그러던 어느 날, 간만에 뭔 바람이 들었는지 학교에 갔는데 엄숙한 분위기에 놀랍니다. 웬일로 선생님은 정장 차림이었고, 교실 뒷자리에는 많은 마을 사람들이 앉아 있었거든요. 선생님은 부드럽고 무거운 목소리로 오늘 수업이 프랑스어로 하는 마지막 수업이라고 말합니다. 프랑스가 '보불전쟁'에서 패해 알자스-로렌 지방을 프로이센(북부 독일왕국)에 빼앗김에 따라 프랑스어 수업을 금지당하고 대신 독일어만 가르치게 되었다는 겁니다.

프란츠는 그동안 프랑스어 공부에 게으름을 피운 자신을 마음 속으로 자책합니다. 선생님이 "국어를 굳건히 지키면 감옥의 열쇠를 쥐고 있는 거나 마찬가지다."라고 말하는 순간, 학교의 패종시계는 12시를 알리고 프로이센 병사의 나팔소리가 울려 퍼지자, 더 이상 말을 잇지 못하고 칠판에 "프랑스 만세!"라고 쓰고는 수업이 끝났음을 알립니다. 불량 소년 프란츠는 크게 뉘우치며 조국을 잃은 슬픔 속에서 프랑스어를 지키겠노라 맹세합니다.

벗뜨 그러나……, 이 당시 실상은 180도 달랐습니다. 🦉
프랑스와 독일 사이에 낀 알자스-로렌(Alsace-Lorraine) 지역에는

프랑스와 독일 국경지대에 속해 있는 알자스-로렌 지역 (출처_researchgate.net)

중세 내내 게르만 소국들이 있었습니다. 이후 석탄과 철광 등 풍부한 지하자원이 묻힌 알짜배기 땅이라는 사실이 드러나면서, 프로이센(북부 독일)과 프랑스 간 영역 다툼 끝에 주민 다수가 게르만족임에도 파워가 셌던 프랑스 땅으로 넘어갔지요. 지금도 프랑스 철광석의 90%는 이 지역에서 채굴되고 있어요.

이후 1871년 보불전쟁에서 프랑스가 패해 프로이센군이 파리를 점령하고 베르사유 궁전에서 독일제국임을 선포하면서, 그간 프랑스에 빼앗겼던 알자스-로렌 지역이 다시 독일 땅이 됩니다. 그 지역 사람들은 프랑스 지배를 벗어나 게르만 동족 품에 돌아가 독일어를 배우게 되어 환호했을 겁니다. 소설 속 아이 이름도 프란츠(Franz), 즉 독일식 이름이에요. 그러니 알고 보면 불량 소년이라서 학교에 안 간 것이 아니라 프랑스어 수업이 싫어서 안 들어간 애국 독일 소년이라 마지막 수업 때 드디어 학교에 간 거지요. 그런 깊은 뜻이…….

한편 제1차 세계대전 때는 48년 만에 다시 프랑스가 이 지역을 점령했고, 제2차 세계대전 당시는 다시 독일이 자기네 땅으로 편입했지만, 2차대전 후 다시 프랑스 영토가 되어 철저히 독일어 공부를 금지합니다. 하지만 해당 주민들의 독일어 교육 요구가 끊임없이 일어나 1982년에야 독일어 공부(소위 '알자스어'라고 부름)를 허용한 상태입니다. 일본의 우리말 금지 정책보다 더 지독했던 거예요. 🐻

두 차례 세계대전의 주범으로 전 유럽인들에게 찍혀 찍소리 못하고 있지만, 독일 사람들이 이 소설을 읽으면서 뭐라고 생각했을까요? 20세기 이후로 독일이 두 번이나 크게 사고쳐서 그렇지, 더 오랜 기간 못된짓(?)을 해온 나라는 정작 프랑스거든요. 이 소설이 출간된 시기는 보불전쟁에서 패한 지 2년 후인 1873년이니, 알퐁스 도데가 프랑스 국민에게 자신감을 불러일으키기 위해 독일 품으로 되돌아간 알자스-로렌 지방 사람들이 지금도 프랑스를 그리워하고 있다고 자기네들끼리 우쭈쭈한 겁니다. 🐻

이를 우리나라에 대입해보면 일본이 2차대전에서 패망하여 조선 땅을 떠난 뒤, 한 일본 소설가가 조선인들이 일본을 그리워하며 일본말을 소중히 지키고 있을 거라고 판타지 소설을 쓴 것인데, 이런 역사적 배경을 모르고 학교에서 지금껏 감동 소설이라고 가르쳤던 거예요. 🐻

노벨평화상을 수상한 아프리카의 성자, 알베르트 슈바이처(Albert Schwizer) 박사가 바로 이 알자스-로렌 출신이에요. 1875년 알자스-카이저스베르크에서 태어났는데 당시에는 독일 땅이었고, 도시 이름도 독일어로 '황제의 언덕'이라는 뜻이죠. 그래서 원래 슈바이처는 독일인이었는데 그가 진료하던 곳은 프랑스 식민지이던 적도아프리카였죠. 그런데 제1차 세계대전이 터지자 프랑스 군인들은 자신들을 진료 중이던 슈바이처를 적국 인사라고 매도해 강제로 포로수용소로 보내버렸지요. 하지만 1차대전 이후 알자스가 프랑스 땅이 되었고, 본인 역시 진료 편의성과 고향 땅의 프랑스 점령에 따라 프랑스로 귀화하게 되었어요. 🐻

또한 알퐁스 도데가 쓴 아름다운 사랑 이야기 《별(Les Étoiles)》의 무대인 프로방스 지역 역시 원래는 이탈리아 땅이었지요. 1860년대 사르데냐 왕국이 이탈리아 통일 전쟁 당시 프랑스의 힘을 빌리기 위해 프랑스와 접한 사보이, 니스 지역을 양도해줬지만, 정작 프랑스가 군대를 보내주지 않아 결국 자력으로 통일을 해요. 🐻 하지만 당초 약속을 어긴 프랑스로부터 사보이, 니스 지역은 아직도 돌려받지 못하고 있는 상태입니다. 제2차 세계대전 당시 이탈리아 총통 무솔리니(Benito Mussolini)가 히틀러(Adolf Hitle)에게 "프랑스 남부는 이탈리아가 공격하게 해 달라."고 졸랐던 데는 불과 80년 전 눈뜨고 빼앗긴 국토 회복이라는 역사적 원한이 있었던 거예요. 🐻

1800년대 후반, 프랑스는 나폴레옹의 러시아 원정 실패에 이어, 한 수 아래로 깔보던 프로이센에 패해 파리를 점령당하면서 베르사유 궁전에서 첫 독일제국이 선포되는 장면을 지켜보는 등 위기 상황이었기에, 자국 애국주의가 기승에 달하며 자신들만 우월하다는 소위 '국뽕' 소설이 대량 쏟아집니다. 그중의 하나가 알퐁스 도데의 소

설류이고, SF
나 추리소설에
서도 프랑스 우
월주의가 마구
등장합니다.

쥘 베른은 1879
년 SF소설 《인도
왕비의 유산》에서,
미국 캘리포니아

로 이민 간 프랑스인 신도시 '프랑스빌'
과 독일인 거대 강철 대포도시 '슈탈슈
타트' 간 전쟁을 그리면서, '독일놈은 인

쥘 베른의 소설 《인도 왕비의
유산》 책 표지 (출처 _ 위키피디
아) (좌),
프랑스 국민만화 '아스테릭스'
(출처 _ amazon.com) (우)

간의 탈을 쓴 돼지'라고 욕하고 프랑스를 위해 노동력을 지원한 중
국인은 '도시 생활을 할 자격이 없는 하등 인류'라고 아예 대놓고 썼
을 정도입니다. 🐻 이 소설이 낯설다고요? 앞서 소개한 것처럼 구
한말 신소설 열풍 속, 이해조가 1908년 최초로 번역한 SF소설 《철세
계》요, 바로 이게 그 소설의 원래 제목입니다. 이 소설 제목이 '인도
왕비의 유산'인 이유는, 프랑스 의사와 독일 과학자가 미국 캘리포
니아에 신도시를 세운 자본금이 바로 인도 왕비를 꼬드겨 재혼한 후
받은 유산 5억 프랑을 나눠 가졌기 때문입니다. 🐻

그리고, 20세기 초 모리스 르블랑(Maurice Leblanc)의 《뤼팽
(Lupin)》에서는, 프랑스 도둑이 유럽 각국을 농락하는 활약상을 그

리고 있고, 심지어 영국 명탐정 셜록 홈즈(Sherlock Homes)의 이름마저 도용해 뤼팽에게 당하는 소설까지 썼지요. 지금도 홈즈와 뤼팽 소설이 우리나라에서 인기 있지만, 일제강점기에도 이미 식민지 조선인들에게 널리 인기를 끌었다고 하네요. 🐻

그때는 제국주의 시대이니 라이벌 국가를 깎아내렸다고 이해한다쳐도, 제2차 세계대전도 끝난 1959년부터 지금까지 프랑스 국민만화라 불리는 《아스테릭스(Asterix & Obelix)》를 통해 로마의 영웅이자 서유럽 문명의 시조로 손꼽히는 카이사르와 로마 군단마저도 마구마구 바보로 만들고 있지요. 🐻

프랑스를 예로 들었지만, 어느 나라든지 자국의 우수성을 널리 알리려는 작품은 많습니다. 다만 이런 근거 없는 자신감과 우월주의로 인해 수많은 인명이 희생되는 참사가 계속 이어지고 있죠.

그래서 역사를 제대로 안다는 것은, 인류의 잘못된 과오를 반복하지 않고 더 나은 미래로 나아갈 수 있는 밑거름이 된다는 것을 명심했으면 좋겠습니다.

각국의 표준어 얘기를 하다가 여기까지 왔네요. 🐻

이어서 우리말 문법과 표기법 등을 좀더 자세히 알아봅시다.

02
알쏭달쏭 한글 맞춤법 알아보기

앞서 험난한 우리말·우리글의 역사를 쭈욱~ 알아봤는데, 과연 지금 우리는 제대로 된 말글살이를 하고 있을까요?

우리가 한글로 글을 쓸 때 따로 의식하지는 않지만, 한글 맞춤법에 의거해 쓰고 있답니다. 한글 맞춤법의 대원칙은 다음과 같습니다.

  – 제1항. 한글 맞춤법은 표준어를 소리대로 적되, 어법에 맞도록 함을 원칙으로 한다.

  – 제2항. 문장의 각 단어는 띄어 씀을 원칙으로 한다.

  – 제3항. 외래어는 '외래어 표기법'에 따라 적는다.

아, 그런 것이 있었냐고요? 그럼요~! 🐻

한글학회는 1933년 일제 치하에서 진행한 공청회를 통해 소리 나는 대로 쓰지 않고 어원을 밝혀 쓸 것을 결정했기에, 제1항에서 보면 이를 어법에 맞도록 한다는 내용을 부연해 설명하고 있어요.

그럼, 명색이 《알아두면 쓸데 있는 유쾌한 상식사전》인데, 우리가 생활하면서 헷갈리는 여러 맞춤법에 대한 팁을 드리고자 합니다.

헷갈리는 맞춤법 속성 교정

가끔 온라인상에서 남자친구의 엉터리 표기에 질린 여성분의 하소연이 올라오지요. "외 않되?" 같은 표현 말이에요. 🐻 그 내용을 다 쓰면 책 한 권 분량이 나오겠지만, 그런 책들은 전문가가 쓴 서적이 많으니 잘 선택해서 보시기 바라며, 여기서는 가장 헷갈리는 내용 위주로 설명드릴게요.

(1) ~로서 vs ~로써

구분	용법	예시
~로서	지위나 자격을 나타낼 때 (사람)	나는 선장으로서 이 배와 운명을 같이하겠다.
~로써	도구나 수단, 방법을 나타낼 때 (물건)	나는 이 망치로써 금고를 부숴버릴 것이다.

한글 맞춤법은 '음성 언어의 발음을 충실히 반영하는 것을 대원칙

으로 하고 있다'는 것을 먼저 염두에 두셔야 합니다. (그런데 외국어 표기법은 왜 그렇게 안 하세요? 🐻)

1933년 한글 맞춤법이 정의될 당시 조상님들은 〔ㅅ〕과 〔ㅆ〕 발음이 잘 구분되었겠지만, 요즘은 구분 안 되는 경우가 많아서 더 헷갈리지요. 속상한 날에 "이모, 소주 주세요."랑 "이모, 쏘주 주세요."가 구분이 잘 안 되니 임팩트 있게 "이모, 쐬주 주세요."라고 강조하지 않습니까? 🐻

혹시 공문서나 회사 보고서, 학교 리포트를 제출해야 하는데 '~로써'인지 '~로서'인지 헷갈린다~ 그러면, 그냥 '로'로 쓰면 대부분 큰 무리가 없습니다. 그래도 이해가 되거든요. 아~, 속시원해! 🐻

(2) ~대 vs ~데

구분	용법	예시
~대	다른 사람이 말한 내용을 전달할 때	철수가 그러는데 영이가 너 좋아한대.
	듣는 사람이 이미 알고 있는 사실을 다시 물어볼 때	진짜로 그 신발을 아영이가 샀대?
	앞의 이야기를 강하게 부정하거나 의문을 표시할 때	누가 그걸 아니라고 말했대?
~데	말하는 사람이 이전에 자신이 경험한 것을 직접 말할 때	이번 마블 영화 진짜 재미있던데.

예전에는 모음 〔ㅐ, 〔æ〕〕와 〔ㅔ, 〔e〕〕 발음이 명확히 달랐다고 합니다. 〔ㅐ〕가 더 높은 음이에요.

지금도 달리 발음할 줄 아는 분들이 있기는 하지만, 대부분 구분을 못 하고 두 모음을 동일하게 발음하다 보니 더 헷갈리는 영역이에요. 글로는 내(I), 네(you)로 1인칭, 2인칭 구분이 되지만, 말할 때는 구분이 어려워 '너', '니' 등으로 바꿔 부르고 있듯이요. 다 외우기 어려우면 내가 예전 경험한 사실을 말할 때만 '~데'를 쓰고, 그 외에는 다 '~대'를 쓴다고 외우는 것이 편합니다.

(3) 되 vs 돼

구분	용법	예시
되	해당 위치가 '하'와 호환되면, '되'	부드럽게 반죽이 '되지요'. ('하지요'가 말이 되므로 '되')
돼	해당 위치가 '해'와 호환되면, '돼'	왜 안 '돼'? (왜 안 '해'? 성립되므로 '돼')

'되었다'의 줄임말이 '됐다'이지요. 이것을 이해하면 됩니다만, 그래도 '되'와 '돼'가 헷갈린다면 가장 간단한 방법은, 그 자리에 '하', '해'를 넣어보면 됩니다. '하'를 넣어서 문장이 성립되면 '되'이고, '해'를 넣어서 문장이 성립되면 '돼'가 맞아요.

마찬가지로 '뵈요'와 '봬요'가 헷갈린다면, 그 자리에 '하', '해'를 넣어보면 됩니다. '하요', '해요' 중 말이 되는 것은 '해요'이니 '봬요'가 맞는 표현이에요. 실제로 '봬요'는 '뵈어요'의 준말이든요. 🐻

(4) ～의 vs ～에

구분	용법	예시
～의	소유, 소속, 주체를 의미할 때 (of)	민주주의의 의의
～에	장소, 목적지를 의미할 때 (at, in, toward 등)	우리는 지금 제네바에 간다.

이 규정 역시 맞춤법 제정 당시에는 문제가 없었는데, 발음 변화로 헷갈리는 경우예요. 그런데 수도권 사람들이 주로 헷갈립니다. 다수가 둘 다 〔～에〕로 발음하거든요. 🐻

우리말 모음 중 가장 발음이 안 되는 것이 '의'이긴 해요. 두 발음을 확실히 구분하는 남부 지방 사람들은 잘 안 틀리는데, 호남 지방 사람들은 '으'와 '의' 발음이 구분이 잘 안 되더라고요.

또 하나, 예전에는 수도권 사람들이 〔위〕 발음을 못해 〔우에〕라고 발음했는데, 요즘은 많이 개선되었지요. 그러니, 경상도에서 온 사람들에게 〔쌀〕 발음 좀 해보라고 하지 마세요. 예전 세대는 〔ㅆ〕을 〔ㅅ〕으로 발음한 경우가 많아서 그러나 본데, 영상매체의 발달로 표준어 발음에 많이 노출되어 그런 사례가 없어지고 있어요. 🐻

(5) 왠지 vs 웬

구분	용법	예시
왠지	'왠지' 하나만 존재함	왠지 이 《알쓸유상》 책이 마음에 들어.
웬	웬일이니? 웬만하면	웬만하면 한 권씩 사주세요.

'왠지'만 '왠' 표기가 맞아요. '왜인지'의 줄임말이어서 그렇습니다. 그 외에는 다 '웬'이 쓰여요. '웬만하면', '웬걸~' 등등요.

이것도 [왜]와 [웨] 복수모음 발음이 구분되지 않게 되면서 더 어렵게 느껴지는 겁니다. 그러니 이렇게 외우는 게 속편할 겁니다. "왜인지 모르지만 왠지를 제외하고는 다 웬이다." 🐻

(6) 든지 vs 던지

구분	용법	예시
~든지	선택할 때는 '든'	이 가방을 사든지 말든지
~던지	과거형은 '던'	그때 그냥 사던지, 왜 이제 와 후회할까?

사실 이건 요즘 대화에서도 [으]와 [어] 발음 구분이 잘 되지 않기도 합니다. 특히 경상도에서는 두 발음 구분이 안 되는 경우가 많아요. 그러니 이건 그냥 외우시는 것이 속편해요. 참고로 저는 "던전 게임은 옛날에는 재미있었다."라고 외웠어요 🐻

(7) ~이 vs ~히

구분	용법	예시
~히	'~이/히' 자리에 '하다'를 넣어서 말이 되면, '~히'	꼼꼼히, 깊숙히
~이	'~이/히' 자리에 '하다'를 넣어서 말이 안 되면, '~이'	곰곰이, 일일이, 깨끗이(예외)

부사로 바꿔주는 조사로 '이', '히'가 있는데, 이 자리에 '하다'를

넣어서 말이 되면 '히' 말이 안 되면 '이'를 넣으면 됩니다만, 예외가 있어요. '깨끗이'는 '깨끗하다'가 말이 되므로 규칙상 '깨끗히'라고 해야 하지만, 서울 사람들이 '깨끄치'가 아니라 '깨끄시'로 발음하기 때문에 예외로 인정하고 있어요. 언어라는 것이 수학이 아닌 실생활에서 다수 사람들이 사용하는 것이 기준이니 예외가 있을 수밖에는 없지만, 어느 경우에는 '관행적으로', '대다수가 그렇게 사용해서'라는 이유로 예외로 정하고, 또 어떤 경우에는 다수가 된소리로 발음하고 있는데도 그건 옳지 않다고 하니 헷갈리는 거죠. 🐻

(8) 안 vs 않

구분	용법	예시
안	'아니'의 준말	안 아름답다, 안 간다
않	'아니하다'의 준말	아름답지 않다, 가지 않는다

이것도 많이 헷갈리시는데 '되', '돼'와 유사합니다. '안'은 '아니'의 준말로 용언의 앞에 쓰이는 경우예요. 즉 '안 하다', '안 반갑다' 등의 경우이지요. 반면 '않'은 '~지 않다'로 많이 쓰이고, '아름답지 아니하다'처럼 '않다'를 '아니하다'로 바꿔 써도 말이 되는 경우입니다. 참고로 대화할 때 들어보면 경상도 지역에서는 부정적 의미에 '안 하다'는 형식을 많이 쓰고, 그외 지역에서는 '하지 않는다'는 식으로 많이 쓰지요.

(9) 결재 vs 결제

구분	용법	예시
결제(決濟)	일을 처리하여 끝냄. 증권이나 대금을 주고받아 거래를 끝냄.	"사장님. 이 청구서를 오늘까지 결제해주셔야 배에 물건을 실을 수 있습니다."
결재(決裁)	상사가 보고서를 허가하거나 승인하는 것	"팀장님. 오늘까지 이 보고서를 결재해주셔야 배에 물건을 실을 수 있습니다."

　회사생활을 하지 않는 이들은 '결재'라는 단어가 있다는 사실을
모를 수 있습니다. '직장 새내기에게는 상사(윗분)에게 보고서를 '상
신'하여(올려서) 품의(여쭈어 의논)를 결재(승인)받는 과정이 너무나
힘들지요. 이 단어들은 일제강점기 때 도입되어 지금까지 쓰이고 있
는데, 모음 하나만 다르고 발음도 구분이 안 되다 보니 평소 표기 시
오류가 많지요. 쉽게 생각하면 돈이 오가는 승인 과정은 결제, 보고
서를 승인하는 건 결재예요.

　더 쉽게 생각하면 돈이 오가는 것이 '경제'이니 '제'자 돌림인 '결
제'를 쓰면 된다고 생각하면 되고요. 더더 쉽게 외우려면 "제기랄,
저 돈을 제가 결제해야 한다고요?"라고 외우면 됩니다. 🐻

(10) 어떡해 vs 어떻게

구분	용법	예시
어떻게	서술어를 꾸밈, 어떻+게(부사 역할)	이건 어떻게 처리하지? / 일의 상황이 어떻죠?
어떡해	동사, '어떻게 해'의 준말	큰일났다. 나 어떡해. / 일의 상황을 어떡하죠?

많이 틀리는 표현입니다. 원래는 두 말 모음 발음이 달라 '어떡해'는 〔어떠캐〕로, '어떻게'는 〔어떠케〕로 다르지만, 이것을 제대로 구분해 발음하거나 듣는 경우가 점점 줄어들고 있지요.

하지만 이 둘은 완전히 다르게 사용됩니다. 어떻게는 '어떻+게'로 구성되며 마지막 '게'가 부사 역할을 해 서술어(동사, 형용사)를 꾸며줍니다. 반면 어떡해는 '어떻게+해(하다)'여서 그 자체가 서술어가 되지요. 🐻

예시문을 보시는 것이 더 이해가 빠르겠네요. 저는 사실 MBC 대학가요제 제1회 대상곡으로 이걸 외웠어요. 🐻

"나 어떡해~!"

(11) '-ㅁ' vs '-ㄹㅁ'

구분	용법	예시
-ㅁ	어간이 받침 없이 끝나면, '-ㅁ'	기쁘다 → 기쁨 / 졸리다 → 졸림
-ㄹㅁ	어간이 'ㄹ'받침으로 끝나면, '-ㄹㅁ'	살다 → 삶 / 알다 → 앎

은근히 헷갈리는 표현입니다. 'ㅁ'과 'ㄹㅁ', '음'은 동사나 형용사를 명사형으로 만들어주는 역할을 합니다.

① 어간이 받침으로 끝나면, '-음'을 붙여 명사가 됨.

예) 먹다 → 먹음 / 적다 → 적음

② 어간이 받침 없이 끝나면 '-ㅁ'을 붙여 명사가 됨.

예) 기쁘다 → 기쁨 / 졸리다 → 졸림

③ 어간이 'ㄹ'받침으로 끝나면 '-ㄹㅁ'을 붙여 명사가 됨.

예) 살다 → 삶 / 알다 → 앎

(12) 틀리다 vs 다르다

구분	용법	예시
틀리다	맞지 않거나 옳지 않을 때 어떠한 일이 제대로 되지 않을 때	비가 온다던 예보는 틀린 것으로 나타났다.
다르다	비교가 되는 두 대상이 서로 같지 않을 때	그의 식사 습관은 나와 다르다.

이건 발음 유사성 등과는 아무 상관없이 우리가 단어 자체의 의미를 이해하지 않고 그냥 관행적으로 다른 것을 틀리다고 써서 생기는 문제입니다. 나와 그 사람의 생각이 다르다고 해서 그의 생각이 틀렸다고 하지 않듯이요.

즉, "틀리다와 다르다는 다른 의미이다. 다른 것을 틀리다고 하는 것은 틀린 생각이다."

이상 끝~! 🐻

'사이시옷' 규정도 논의가 필요해요

사이시옷은 규정이 간단해 보이지만 절대로 간단하지 않은 규칙이에요. 🐻

사이시옷이 들어가는 경우는, '토박이말＋한자어' 또는 '토박이말＋토박이말'로 이루어진 단어가

1) 원래는 없던 된소리로 발음되거나 (코＋등 → 콧등),

2) 'ㄴ' 소리가 덧날 때 (나무＋잎 → 나뭇잎)

들어간다라고 되어 있습니다. 🐻

하지만 사이시옷은 학자들 사이에서도 의견이 제각각인 사안입니다. 우리말에서는 두 낱말이 합쳐지는 순간 뒤에 붙는 낱말의 첫소리가 된소리로 바뀌는 경우가 종종 발생하는데, 이것을 어떻게 표기할 것인지 논의 끝에 1933년에 제정된 표기법입니다.

즉, '코'와 '등'이 합쳐지면 〔코뜽〕으로 발음되는데, 이것을 표현하기 위해 '콧등'이라고 앞 낱말의 끝에 'ㅅ' 받침을 넣은 것이죠. 이

렇게 된소리로 바뀌게 되는 이유는, 과거 우리말에서 관형격 조사 (영어로 치면 of) 중 하나인 'ㅅ'의 흔적이기도 하지요. 쉽게 말해 사이시옷 현상이 생기는 단어는 앞 낱말과 뒷 낱말 사이에 '의'가 숨어 있는 거예요. 그러니 콧등은 풀어 쓰면 '코의 등'이죠.

그런데 맞춤법은 실제 발음을 어떻게 글자로 구현하느냐의 문제이므로 사이시옷 현상이 발생하는 모든 단어에 넣으면 될 것 같지만, 그게 또 쉽지가 않아요. 🐻

예를 들어 '손등'의 경우, 발음은 〔손뜽〕이지만 '손' 자 아래에 이미 받침 'ㄴ'이 있는데 여기에 'ㅅ'을 넣을 수 없기에, 옛 표기에서는 뒷 낱말의 초성을 'ㅅ병합' 방식인 'ㅼ,ㅺ,ㅽ,ㅆ'로 표기했는데, 1933년 맞춤법 제정을 위한 공청회 당시 조선어학연구회는 이런 옛날 방식을 쓰자고 했었죠. 하지만 3일간의 공방전 끝에 승리를 거둔 조선어학회 측은 쌍자음으로 하자고 주장했고, 지금 우리가 쓰는 'ㄲ, ㄸ, ㅃ, ㅆ, ㅉ' 다섯 개의 쌍자음으로 표기하기로 한 것입니다. 🐻

그러면 '손뜽'으로 쓰면 되지 싶겠지만, 당시 조선총독부가 소리 나는 대로 쓰도록 한 표기법을 공표한 상황에서 이를 받아들일 경우, 제대로 정리도 안 된 우리말의 원형이 무엇인지 알 수 없어져 후손들이 우리말을 잃어버릴 것을 우려합니다. 즉, 한글 맞춤법 제1항에 '어법에 맞도록 함을 원칙으로 한다.'고 강조했으니, 소리 나는 대로 표기하게 할 수도 없는 상황이었지요.

그래서 처음에는 '앞 낱말에 받침이 없으면 사이시옷을 넣고, 앞 낱말에 받침이 있으면 넣지 않는다', 또한 '뒷 낱말의 초성이 거센소

리나 된소리이면 사이시옷을 넣지 않는다'고 결론 내립니다. 🐻

(예) 코＋털 → 콧털(X) , 코털 (O)

하지만 이후 계속 혼란이 생기자, 1988년 맞춤법 개정 때 순한자어 사이에는 사이시옷을 쓰지 않는 것으로 다시 정의하게 됩니다. 단, 사이시옷 표기가 관례화된 6개(곳간, 셋방, 숫자, 찻잔, 툇간, 횟수)만 제외하고요.

문제는 일부 단어는 일반인들이 그게 순한자어인지 아닌지를 모르는 경우도 많고, 기준도 제각각인 경우도 많아요. 🐻

예를 들어 찻잔(茶盞)의 경우 두 낱말 모두 한자이지만, '차'를 우리말로 간주해 사이시옷을 넣을 수 있는 반면, 일반인들은 한자어 결합인 줄 잘 모르는 '대가(代價)'는 흔히 '댓가'라고 표기하고 있지요. 게다가 사전에서도 발음은 〔대까〕라고 표기하고 있으니……

더 이상한 것은, 잉어, 뱅어는 우리말로 간주하고 문어, 연어는 한자어로 규정하고 있어요. 대체 왜요? 🐻

또한 '만두＋국'처럼 한자어＋토박이말이면 '만둣국'이라고 사이시옷을 적용하는데, '택시값'처럼 외래어와 토박이말 사이에서는 사이시옷이 안 된다는 규정에 이르기까지, 왜 사이시옷 규정을 이렇게 혼란스럽게 정했는지 모르겠어요. 🐻

참고로, 우리가 한자어인데 토박이말로 알고 있는 단어는 매우 많아요.

> 예) 도대체(都大體), 심지어(甚至於), 물론(勿論), 별안간(瞥眼間), 무진장(無盡藏), 과연(果然), 만일(萬一), 가령(假令), 단지(但只), 방금(方今), 부득이(不得已), 어차피(於此彼), 부탁(付託), 사이비(似而非) 등등.

반대로 한자어인 줄 알지만 토박이말인 경우도 많고요.

> 예) 사랑, 생각, 도령, 에누리, 사리, 헹가래 등등.

또한 토박이말과 한자어가 합쳐져 하나의 단어가 된 경우도 있죠.

> 예) 불호령(불號令), 울상(울相), 가소(可笑)롭다 등등.

한국인도 그 말이 토박이말인지 한자어인지 헷갈리는데, 우리말을 배우는 외국인들에게 사이시옷 규칙은 배움을 포기할 생각까지 하게 만드는 거예요. 🐻

이미 한글 전용이 정착되는 마당에 세대가 지나면 지날수록 그 낱말이 한자어인지 토박이말인지 알기 어려워질 것이므로 일일이 구분해서 사이시옷을 넣을지 말지 고민해야 한다는 것도 이해가 안 되고요. 더욱이 표기 시 사이시옷을 넣지만 절대 'ㅅ' 발음이 나지 않는 이 모순에 대해 계속 논의가 이루어져야 할 것 같네요. 🐻

03

외래어 표기법 – 그 나라가 원하는 대로 해줍시다

앞서 표준어와 한글 맞춤법에 대해 알아봤는데, 외래어와 외국어는 '외래어 표기법'에 의거해 적도록 되어 있어서 한글 맞춤법의 일부이기도 해요. 외래어 표기 원칙은 일제 치하에서도 조선어학회가 1933년 맞춤법 통일안에 포함시켰고, 1941년 보완한 바 있어요. 현재는 국립국어원이 1986년 제정한 뒤 지속 보완해오고 있어서, 널리 알려진 관용 표기법도 점차 인정하는 추세이지요. 🐻

최근에 바뀐 사례는 앞서 사이시옷과 비교가 되는데, 당초 '해,' '섬', '강', '산' 앞에 외래어가 오면 띄어 쓰고 토박이말이나 한자어가 오면 붙여 쓴다는 규정은 폐지했어요. 그래서 예전엔 '지중해', '카스피 해'로 표기하던 것을 이제는 다 붙여 쓰게 바꾸었지요. 대체 예전에는 왜 그렇게 띄어 쓰라고 했을까요? 🐻

옳은 표현	틀린 표현
크이우	키예프
크름반도	크림반도
르비우	리보프
므콜라이우	니콜라예프
체르느히우	체르니고프
하르키우	하르코프
루한시크	루간시크
드니프로	드네프르
크이우 루시 공국	키예프 루시 공국

외래어 표기법도 논의해야 할 것이 많지만, 간단히 외국 지명 표기 문제를 먼저 짚어볼게요.

우크라이나 대사관의 지명 변경 요청 – '크이우'로 해달라잖아요. (출처 – 우크라이나 대사관 페이스북)

2022년 러시아의 우크라니아 침략 이후 각 언론 매체가 우크라이나 측의 요청을 받아 그동안 러시아 식으로 부르던 지명을 우크라이나 현지 발음으로 고쳐 부르기 시작했지요. 그래서 우크라이나 수도 표기가 '키예프' 대신에 '키이우'로 변경되었습니다.

우크라이나의 경우, 아직 우크라이나어 표기법 원칙이 없다 보니 러시아어를 기준으로 표현해오다가, 이번 침략 전쟁을 통해 현지 발음대로 일단 일부 지명 표기만 바꾼 것인데, 당초 우크라이나 대사관에서는 '크이우'가 더 유사한 표기라고 했는데 왜 '키이우'라고 했는지 모르겠네요. 우크라이나 지명 표기에 대해서는 더 고민이 필요해 보입니다. 🐻

입장 바꿔 생각해보면, 외국 어느 나라에서 우리나라 지명을 표기하는데 한국어 표기법이 아직 없다고 옆나라 일본어 표기를 적용해 '한국'을 일본어 발음인 '간고꾸'라고 표기하고 부른다면 기분이 어떨까요? 🐱

이건 우크라이나만의 문제가 아닙니다. 실제로 외국어 표기 원칙 시 표기의 일관성을 위해 파열음 표기에 된소리는 쓰지 않는 것이 원칙이어서, 과거에는 국제영화제로 유명한 프랑스 남부 도시를 '깐느'라 주로 표기하다가 이제는 '칸'으로 쓰고는 있지만, 현지 발음상 '깐느'가 더 유사하긴 해요.

반면 태국의 유명 관광지 '푸켓'은 동남아 해일 사태 이후 동남아 발음 특성이 반영되어야 한다는 여론이 생기자 현지 발음에 맞게 '푸껫'을 허용하긴 했는데, 여전히 남부 유럽어(이탈리아어, 스페인어, 포르투갈어)의 된소리 표기는 또 허용이 안 되는 상황이에요. 🐱

또한 ㅈ, ㅊ 다음에는 'ㅑ, ㅕ, ㅛ, ㅠ' 이중모음을 쓸 수 없게 규정을 바꿔서 '주스', '레이저', '텔레비전'으로 표기해야 합니다.

이처럼 외국어 표기에 대해 된소리 불가, 이중모음 불가 등 실제 발음과 동떨어진 규칙을 정하니, 해당 외국어 학자들로서는 납득하기 어려운 거죠. 왜 '이탈리아'는 되고 '이딸리아'는 안 되는지요? '달러'라고 쓰면서도 [딸라]라고 발음하는 현실에서요. 세상의 거의 모든 소리를 담을 수 있는 한글을 가지고, 영 엉뚱한 표기를 하게 강제하는 것이니까요. 🐱

반면 일본어에 대해서는 또 지나치게 전문가 관점으로 접근해 정

작 토요타 자동차 회사는 한국 내 법인명으로 '토요타, TOYOTA' 라고 쓰는데, 우리나라의 일본어 표기법에서는 'と'가 단어 첫 초성 발음에서 '도'에 가깝게 들린다며 '도요타'로 표기하도록 하고 있어요.

그러면서도 오랫동안 써온 관용적 표기라고 해서 white shirts는 '와이트 셔츠'가 아니라 '화이트 셔츠'를 인정하고, 격한 소리와 된소리가 많아지면 사회가 각박해진다며 '까스, 뻐스, 땜, 써비스'는 안 된다면서도 '껌'은 오랫동안 사람들이 발음해왔기에 허용하고, 그래서 결국 '짜장면'도 '자장면'과 함께 2011년에 복수 표준어로 인정하는 등, 혼란스러운 상황입니다. 🐨 그런 논리라면, '코'도 예전처럼 '고'라고 쓰라고 하고, 일본에서 유래된 '짬뽕'은 '잠봉'으로 순화시켜줘야 하는 거 아닙니까? 🐻

게다가 국가나 지명은 더 혼란스러운 것이, 예전 구한말부터 쓰던 서구 국가 명칭 중 다수는 여전히 중국이나 일본식 표현을 따라 미국, 영국, 독일, 호주 등으로 쓰고 있어 해당 국가 사람들이 보기에는 당혹스러울 거예요. 반면에 불란서는 프랑스, 서반아는 스페인, 노서아는 러시아, 토이기는 터키(최근, 터키는 자국명을 '튀르키예'로 바꾸기로 결정했죠. 자기네 국가는 칠면조가 아니라면서……)로 그 나라 발음 비슷하게 바꿔줬으니, 이 역시 기준이 뭐냐는 거죠. 🐻

또한 비영어권 국가 명칭을 영어 발음 위주로 표기하다 보니 스페인어 발음으로 '메히코'임에도 '멕시코', 현지 발음으로는 '로므니아'에 가까운데 '루마니아', 해당 국가에서는 '에스파냐'라고 부르는

구한말 유럽 국가 이름 표기 지도 (출처_ clien.net)

데도 영국, 미국에서 여전히 옛날 국호
로 부른다며 '스페인'으로 표기하고 있지요. 정작
'아르헨티나'는 영미권에선 '알젠티나'라고 하는데, 제대로 된 스페인어 발음으로 표기해주고 있고, 포르투갈과 브라질 간 발음 차이는 또 잘 반영해주고 있네요. 그러니 각국 대사관에 어떻게 표기해주는 것이 맞는지 일괄적으로 문의해서, 그들이 원하는 방식으로 표기해주는 것이 맞다고 생각됩니다. 🐹

학술용어의 표기 혼란, 어떻게 해야 하나요?

그런데 이 같은 표기법 논란을 학계에서 스스로 일으키고 있는 경우도 있습니다.

혹시 1964년에 있었던 서울시 중학교 전기 입학시험 문제 출제 오류로 꽤 논란이 되었던 '엿 먹어라' 사건을 아시나요? 아~, 모르신다고요? 그죠……, 벌써 반 백년 가까이 된 이야기이기는 하죠. 네~. 🐻

어쨌거나, 그 당시 시험 문제에 '디아스타제'라는 용어가 등장했었죠. 엿을 만드는 데 들어가는 효소에 관한 문제였는데, 저는 예전에 이 내용을 보면서 '자연과학 학사 학위를 땄는데, 중학교 입학 시험 문제에 나온 효소도 몰랐구나.' 하고 반성을 했었죠. 그런데 알고 보니 이 단어의 표기법이 그후 여러 차례 바뀌어, 지금은 '아밀레이스'라고 불리고 있더라고요. 디아스타제 → 아밀라아제 → 아밀레이스(amylase)로요. 🐻

처음에는 디아스타제라고 불렀으나, 이 명칭이 원래 amylase의 약품명이었기에 학술용어로 바꿔 일제강점기부터 적용해온 독일식 발음 '아밀라아제'라고 부르다가, 1998년 대한화학회에서 "현 시대는 미국이 학술의 중심지이니 영어식으로 바꿔야 한다."고 주장해 화학용어 개정안을 만들면서 각종 화학 학술용어를 영어식으로('아밀라아제' → '아밀레이스') 고치고, 이를 교육부가 수용하면서 2005년 경부터 개정교과서에 표기법을 개정함에 따라 세대별로 달리 부르

게 된 것이죠. 🐻

그래서 최근 온라인상에서 '아재 구별법'이라고 하여 화학용어의 변화를 소개하는 짤이 돌아다니고 있는데, 이게 대한화학회 정책에 따른 변화예요. 하지만 밀접한 관계가 있는 생물학회 등에서는 혼란만 부추긴다며 기존 독일식 발음을 고수하고 있다 보니, '아밀라아제'와 '아밀레이스' 둘 다 표준어로 인정하고 있는 상황입니다. 🐻

※ 화학용어 표기 변화 (소위 아재 판독기 화학용어 편)

영어 표기	예전 표기	변경 표기 (대한화학회 개정안)	참고 사항
Sodium (독일어 Natrium)	나트륨	소듐	국제 표준 화학기호는 Na(Natrium). 영어가 비표준
Iodine (독일어 Jod)	요오드	아이오딘	미국 발음 '아이어다인'
Amylase	아밀라아제	아밀레이스	미국 발음 '애멀레이스'
Germanium	게르마늄	저마늄	미국 발음 '저메이니엄'
Butane (독일어 Butan)	부탄	뷰테인	
Methane (독일어 Methan)	메탄	메테인	
Manganese (독일어 Mangan)	망간	망가니즈	국립국어원 표준어는 여전히 '망간'
Styrofoam	스티로폼	스타이로폼	국립국어원 표준어는 여전히 '스티로폼'
Formaldehyde	포름알데히드	폼알데하이드	

게다가 더 문제는, 기껏 표기를 미국식으로 바꾸자고 한 것인데, 정작 미국이나 영국 어디서도 '아밀레이스'라고 발음하는 나라가 없다는 거예요. 🐨

이런 혼란은 당초 대한화학회가 '지금 화학용어는 일제강점기에 독일어를 표준으로 삼은 일본 교과서를 이어받은 것이므로 학계의 대세인 미국식 발음으로 표기를 바꾸는 것이 맞다'며 시작된 것인데, 막상 국립국어원 외래어 표기법상 영국식 발음이 표준인 거예요. 그러다 보니 실제로 미국에서는 '애멀레이스'라고 발음하고, 영국에서는 '아밀레이즈'라고 한다는데, 우리나라 표기법은 반반씩 섞어 '아밀레이스'가 되어 혼란만 커지는 상황이에요. 아무리 치킨 시킬 때 '프라이드 반, 양념 반'이 국룰이라고 해도, 외래어 표기법에 영국식, 미국식 반반 섞는 건 우짜라는 건가요? 🐻

각 나라마다 고유의 표기법과 발음이 존재하고, 같은 영어 단어라도 미국과 영국의 발음이 다르고, 일부는 아예 다른 단어를 쓰기도 하며, 심지어 수어(手語)의 경우에는 영국과 미국조차 완전히 별개 방식으로 쓰고 있는 지경인데, 왜 굳이 이제 와서 국민들에게 미국식 표기로 새로 배우자고 하는 건지 정말 모르겠습니다.

처음 들어와 익숙하지 않은 용어는 표준화가 시급하지만, 이미 우리말에 녹아들어 있는 외래어 중 별 문제 없던 단어를 억지로 바꾸려는 것은 문제가 있다고 봅니다.

19세기에 과학용어 표기법을 정할 당시, 세계 과학계를 주도하던 유럽이 각종 생물 분류, 신종 화학물질 등에 대한 명칭을 정하면서 처음 발견된 물질이나 성분 등은 발견 국가 발음을 기준으로 삼았던 것인데, 일본을 통해 들어왔다고 비판할 거라면 '화학회(化學會)'라는 용어야말로 일본식 한자어이니 이것도 바꿔서 아예 '대한 케미칼 어소시에이션'이라고 하는 편이 일관성 있지 않을까요? 🐻

참고로 유럽 학계에서 세계 도량형을 통일하기로 해 현재 우리도 킬로미터(km), 밀리미터(mm) 등 미터법을 쓰고 킬로그램(kg) 무게 단위를 쓰는데, 프랑스가 주도한 것에 반발한 영국과 미국만이 여전히 자기네 방식으로 마일(mile), 온스(ounce) 등의 단위를 고집하는 상황인 점을 고려한다면, 더더군다나 대한화학회의 미국식 표기 변경은 재검토되어야 할 사안이라 여겨집니다.

이에 각종 학술용어가 공유되는 생물학계는 '명명자 선점 원칙상 옛 표기가 맞다'며 대한화학회 새 표기법을 반대하고 있고, 인류 최고, 최후의 학문인 천문학계 등 타 학술 분야에서도 기존 표기를 유지하고 있어요. 🐻

그래서 대표적인 별자리 오리온(Orion)의 경우, 해외 학회에 영어로 발표할 때는 '어라이언'이라고 발음하지만 국내에서는 계속 '오리온'이라고 표기하고 있고, 헤라클레스(Hercules, 허큘리스), 켄타우로스(Centauros, 센타우리) 등도 오랜 관행대로 표기하고 있지요.

그렇지만 모든 것을 관행대로 하지는 않아요. 천문학계는 태양을 중심으로 도는 천체 'planet'을 예전에는 일본식으로 '혹성(惑星, 떠돌이별)'이라고 부르던 것을 이들 천체가 일정한 궤도를 따라 돌고 있다는 과학적 사실에 입각해 '행성(行星)'이라고 고쳐 부르고 있지요. 🐨 그러니 지금이라도 SF영화 '혹성탈출(Planet of the Apes)'은 '행성탈출'로 표기를 바꾸길 바랍니다. 🐻

이처럼 우리가 사용하는 용어 중 상당수는 과거 중국을 통해, 근대 시기에는 일본을 통해, 이제는 대부분 미국을 거쳐 외래어로 추가되는 상황에서, 우리만의 뚜렷한 원칙을 정하고 계속 유지해야 합니다. 안 그래도 피곤한데, 이런 용어 표기까지 수시로 바꿔 괴롭히고 세대간 갈등을 유발하는 것은 말이 안 되잖아요? 그죠? 🐻

앞서 소개한 대로 일제의 모진 박해에도 맞춤법을 제정하고 해방 정국에서 한글학회의 확고한 한글 전용 및 표의주의 원칙 등 선각자들의 노력으로 완성한 우리말이건만, 민간은 물론 정부에서도 해방 당시의 뜨거운 열정을 잊고 굳이 한자를 사용하고, 수많은 외국어를 무비판적으로 수용하고 있습니다. 🐻

　많이 개선되었다고는 하지만 지금도 신문 및 주요 학술지는 한자 표기가 많고, '반올림'이라고 바꿨는데도 '사사오입'이란 일본식 용어를 썼었고, 정부도 1970년대 버스 회수권

한국토지주택공사 명칭과 로고. 왜 굳이 영어로 썼는지…… (출처 _ 한국토지주택공사 홈페이지)

을 도입하면서 굳이 '토큰'이라고 영어 명칭을 사용하고, 1980년대에는 인구 총조사를 '인구 센서스'라고 바꿔 부르더니, 동사무소는 '주민센터'로 바꿨다가 '행정복지센터'로 다시 바꾸고, 각종 정책 발표 시 '어젠다'와 '타임 테이블', '애즈이즈(As-Is)'와 '투비(To-Be)' 등 외래어가 난무하고 있습니다. 초대 국회에서 한글전용법을 통과시켰던 국회는 최근 한글 로고로 바꾸었지만, 반대로 많은 공기업들은 정체불명의 영어 약어로 아예 기관 명칭을 바꾸고 있지요. 🐻

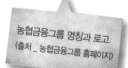

농협금융그룹 명칭과 로고 (출처 _ 농협금융그룹 홈페이지)

또한 지하철 등 공공시설에서도 승강기 대신 엘리베이터를 쓰는 것도 모자라 'E/L'이라는 약어를 쓰더니, 이제는 에스컬레이터도 'E/S'라고 쓰는 경우도 많이 있어요. 민간에서도 여러 가게 이름이나 잡지명에 과도할 정도로 외국어를 남발하고 있고, 아예 모두 영어로만 표기하는 상황이다 보니 일부에서 '보그병○체'라는 말까지 만들어내면서 비판하고 있지요. 아무리 예쁘고 멋있어 보인다 하더라도, 주 고객이 외국인이 아닌 상황에서 그렇게 하는 것은 과도하다고 여겨집니다. 외국인이 보기에도 이해가 잘 안 되겠지요. 🐻

이보다 더 심각한 것은, 거의 대다수 영어학원에서 어린이들에게 영어 이름을 지어오게 하고, 학원 내에서 영어 이름으로만 부른다는데, 다른 나라에서는 거의 볼 수 없는 풍경이라 오히려 외국인 교사들이 놀란다고 하지요. 과거 일본의 창씨개명에 대해서는 그렇게 분노하면서 본인 아이 이름이 영어로 불리는 것은 이상하지 않은 이 현실에 대해, 훗날 우리 후손들은 뭐라고 기록할까요? 몽골 치하의 고려시대와 유사했다고 할 것 같습니다만……. 🐻

과거 한자의 도입과 함께 거대한 중국의 그늘 아래에서 수많은 토박이말이 권력자들의 자기 과시 수단인 한자어로 대체되어 전체 단어 중 60%가 한자어인 상황에서, 이제는 새롭게 영어가 소위 잘나신 분들의 자기 과시 수단으로 변질되어 또다시 우리말의 위상을 크게 흔드는 시대를 우리는 살고 있습니다.

국가 경쟁력의 상승과 한국 문화에 대한 관심으로 외국인들의 한국어 배우기 열풍이 커져가는 지금, 불과 80여 년 전 언어의 존폐를 걱정하면서 우리말·우리글을 지키고자 노력한 여러 선각자들을 생각한다면, 좋은 우리말을 더 많이 만들고 널리 쓰도록 우리 스스로가 고민해야 하지 않을까요? 🐻

다시 생각해볼 우리말의 외국어 표기

앞서 여러 문제를 지적했지만, 우리말·우리글을 외국어로 번역할 때 지침 역시 많은 문제점이 발견됩니다.

오랫동안 'Dog Rib Mun'으로 표기되었던 독립문 (출처 _ 위키 피디아)

우리는 자주 한글의 로마자 표기법을 변경해 외국인들에게 혼란을 주고 있는데, 가장 아찔한 예가 '독립문'이었어요.

1980년대까지 독립문을 당시 로마자 표기법에 따라 'Dog Rib Mun(Gate)'이라고 표기해, 외국인들이 "한국인들이 보신탕을 즐겨 먹는다더니 '개갈비 추모 문'을 저리 크고 웅장하게 마치 개선

문처럼 만들었구나!" 하고 오해하게 했지요. 🐱

이 같은 경우는 지금도 이어지고 있으니, 첨예한 대립각을 세우고 있는 김치 논쟁에서도 우리가 표기법 원칙을 제대로 만들어야 합니다. 예전에 일본인들이 김치 발음이 안 되어 '기무치'라고 한다고 친절하게도 일본 수출품 명칭에 '기무치'라고 표기해 수출했다가 나중에 국제 표기 문제가 제기되었을 당시, 'Kimchi'가 하마터면 'Kimuchi'라고 등록될 뻔하기도 했지요. 또 최근에는 중국이 한국 김치의 원조는 바로 중국의 '절임채소'에서 시작된 것이라고 주장하기도 했는데, 처음부터 김치의 중국 수출 제품에 우리 고유의 '김치'를 잘 나타낼 수 있는 단어로 표기했어야 하는데, 그저 중국인들에게 익숙한 중국식 절임채소인 '파오차이(泡菜)'라고 표기하도록 규정해 중국이 자기네가 원조라고 우기는 빌미를 제공했죠. 🐱 그런데 그런 빌미를 제공한 것이 다름 아닌 문화체육관광부의 '공공 용어의 외국어 번역 및 표기 지침'이었어요. 🐻

이 문제가 제기되면서 최근에는 '파오차이'의 대체어로 '신치(辛奇)'를 쓰기로 했다는데, 김치가 매운 것만 있는 것이 아닌데 왜 굳이 매울 '신(辛)' 자를 넣었는지도 의문이에요. 차라리 중국어 발음 중 '김'에 가까운 다른 단어를 쓰는 편이 낫지 않았을까 하는 아쉬움이 남네요.

예전엔 김밥도 Korean Sushi라고 표기해 일본 초밥의 아류로 오인하게 했고, 지금도 kimbap이 맞는지 gimbap이 맞는지 헷갈리는 실정이며, 떡도 Korean Rice Cake라고 표현하는 경우가 여전하고, 수

세계문화유산 수원 화성 표지
석 'Hwaseong Fortress'
(출처_ 구글이미지)

원 화성은 유네스코 세계
문화유산으로 등록할 당
시 'Hwaseong Fortress'라
고 굳이 '요새(Fortress)'
라는 단어까지 넣어서
성(城, Castle)보다 작은
군사시설로 오해하게
만들었지요. 앞서 1988년 서울올
림픽을 앞두고 문화적 자신감이 없어
서 호돌이 명칭을 영어식으로 하려다
가 오히려 외국인 자문단으로부터 "자기 문화에 대한 자신감을 가
지라."고 비판받았던 우를 지금도 여전히 범하고 있는 것입니다.

군이 비교하고 싶지는 않지만, 일본은 자기네 스시를 소개할 당
시, 친절히 알려준답시고 Japanese Raw Fish라고 하지 않고 일본 고
유의 음식인 Sushi라고 처음부터 알려, 이제는 서구에서도 누구나
'스시'로 통용하게 했으며, 일본의 전통 연극 가부키(歌舞伎) 역시
Japanese Style Opera가 아닌 'Kabuki'로 소개했지요. 히메지성(姬路
城)을 세계문화유산에 등록할 당시에도 Himeji-jo라고 그냥 일본 발
음 그대로 등록해 외국에서 알아서 Castle이라고 부르게 했고요. 그
러니, 이제부터라도 우리의 문화나 음식을 알릴 때 친절하게 한답시
고 'Korean ○○○' 이런 식의 표현을 쓰지 말고, 우리말 그대로의 표
기법을 사용했으면 좋겠습니다.

또 하나, 외국에서 K-POP이니 K-Drama라고 부른다고 무조건 좋아할 것이 아니며, 심지어 국악을 소개하면서 K-국악 같은 명칭은 쓰지 않아야 합니다. 이건 마치 기존 어떤 음악의 한국식 아류라고 이해하게 만드는 것이니, 그냥 국악은 Kook-Ak 등 고유명칭으로 지금부터라도 알려 나갔으면 합니다.

또 외국에서 부르는 대로 우리나라 명칭을 그저 South Korea라고 알리고 있는데, 과거 조선은 서구 열강이 Korea라고 서명한 국서를 가져오면 거부하고 Chosun으로 불러 달라고 요구하고, 'Chosunese(조선인)'라는 단어도 창조해낼 정도로 자존심이 있었습니다. 지금은 그때와 달리 세계가 우리나라를 주목하고 있고, 축구를 통해 "대~한민국" 응원도 널리 알려진 만큼, 한국인은 자신들의 나라를 "Dae Han Min Kook"이라고 부른다고 알려주는 것도 진지하게 고민해보면 좋겠네요. 🐨

04

일상생활 속 우리말 바로 쓰기

마지막으로 가볍게 우리가 일상생활 속에서 종종 실수하는 말글살 이에 대해 언급하고자 합니다.

높임말을 제대로 쓰자

우리말은 대부분의 외국어에 비해 매우 다양한 존댓말이 존재합니다. 상대를 높이는 방식은 정석대로 하면 4가지 격식체와 2가지 비격식체 등 무려 6단계나 있어요. 🐻

구분		평서형	의문형	명령형	청유형
격식체	하십시오체	합니다	합니까?	하십시오	하시지요
	하오체	하오	하오?	하오	합시다
	하게체	하네	하는가?	하는가?	하세
	해라체	한다	하니?, 하냐?, 하냐?	해라, 하렴	하자
비격식체	해요체	해요	해요?	해요	해요
	해체	해, 하지	해? 하지?	해, 하지	해, 하지

　또한 예전에는 가족, 친척에 대한 호칭이 매우 풍부했습니다. 그런 걸 요즘 젊은 사람들은 전혀 모른다고 혀를 끌끌 차고는 하시지만, 세월이 흐르면서 점차 그런 옛날 호칭이 사라지고 있지요.

　수년 전 코로나19가 아직 창궐하기 전 입원병동 앞에서 작은 소란이 있었습니다. 경북 어느 시골에서 올라오신 할아버지와 입원병동 입구를 지키고 있던 안전요원 간 오해가 있었던 거지요. 이에 급히 보안팀장이 저를 소환했습니다. 이에 현장에 가보니……, 상황은 이랬습니다.

　보안요원 : "할아버지가 자꾸 질뭐 어쩌구 이상한 말을 하시는데 이게 무슨 뜻인가요?"
　할아버지 : "(나에게) 내가 우리 질녀를 만나러 왔다카이. 와 내 말을 몬 알아듣노. 답답타."
　나 : "아~, 어르신. 질녀 만나러 오셨습니꺼. 동생 따님이신가 보내

예?"

할아버지 : "내 말이 그 말이라…… '내 질녀가 ○○○인데 몇 호인 가?' 물어보는데 말을 몬 알아듣는다."

나 : "환자가 몇 호실에 있는지는 저희가 알려드리면 안 됩니다. 보호 자분한테 전화해서 물어보이소."

할아버지 : "아이고. 그래도 이 병원에 똑똑한 사람이 있네. 잘 알겠습 니데이~."

나 : "(보안요원에게) 옛날 어르신들은 형제자매의 딸을 보통 질녀(姪 女)라고 불렀어요. 이상한 말 쓴 거 아니니 오해 마세요."

보안팀장 : "제가 팀장님께 연락드리길 잘했네요."

이상 사건 끝. 🐻

네. 어르신이 쓰신 호칭을 이해하지 못해 일어난 해프닝이었는 데, 이제 와서 그런 옛 표현을 되살려 쓰자는 것은 아니고요, 우리가 흔히 저지르는 실수에 대해 간단히 짚고 넘어가고자 합니다.

(1) 아버지와 아버님 / 어머님과 어머니

이건 특히 사회생활을 하고 결혼을 하게 되면 자주 범하는 실수 인데요. 장인어른이라 부르기 어색하다고 해서 '아버님'이라 부르 고, 다른 사람의 아버지는 높여서 '아버님'이라고 불러도 되지만, 내 아버지를 '아버님'이라고 지칭하면 안 됩니다. 뭐, 그렇게 부른다고

해서 사이렌이 울리고 경찰이 출동하거나 하지는 않지만요. 🐻

　마찬가지로 장모님이나 다른 이의 어머니는 '어머님'이라고 불러도, 내 어머니는 '어머니'라고 호칭해야 합니다.

　우리나라 높임말에는 상대에게 존댓말로 높이는 방법과 나를 낮추는 방식 등, 2가지 방식으로 상대에게 예를 표현하므로, 내 가족을 스스로 존칭으로 높여 부르는 것은 상대방에게 실례라는 걸 잊지 마세요. 🐻

　(2) 직장상사 앞에서 대화할 때

　우리가 회사생활을 하면서 맞닥뜨리는 여러 어려움이 있지만, 그 중 하나가 대화 중 직위 고하를 잘 따져서 존대해야 하는 부분이 존재하지요. 예를 들어 사장님에게 보고할 때, 나에게는 상사이지만 사장보다 낮은 직급의 인물을 호칭할 때 '님'을 붙이는 것은 조심해야 합니다. 나보다 높은 이들이니 존칭을 쓰는 것이 맞다고 여길 수 있지만, 듣는 이의 기준에 맞춰야 합니다. 그러니 사장 이하 주요 인사들이 참석한 회의 자리에서도 "사장님, 해당 안건은 현재 진행 중입니다. 제가 초안을 작성하고 김 상무의 합의까지 진행되었습니다. 곧 정 부사장의 승인을 받은 후 사장님께 최종 보고드리겠습니다."는 식으로 당사자와 최고위급 중간에 위치한 이들의 호칭에 존칭어를 쓰지 않는 것이 정석입니다. 🐻

(3) 조심해야 할 관혼상제 관련 표현

어릴 적 국군 아저씨에게 위문 편지를 쓰라고 할 때 많은 학생들이 실수한 것이 바로 "명복을 빕니다."였지요. 🐻

왠지 격식 있어 보여서 쓴 것인데, 실은 어마어마한 실수였지요. 명복(冥福)을 비는 건 '죽은 뒤 가는 명계(冥界, 저승)에서도 복 많이 받으시라'는 표현인지라 살아 있는 사람에게 쓰면 안 되는 거지요.

또한 살아 있는 분께 '향년 ○○세'라는 표현도 큰일날 일입니다. 향년(享年)은 '누릴 향, 해 년'이므로 살아 계실 때 누린 기간을 의미하니 조심하셔야 합니다. 게다가 본인 아버지를 소개하면서, 돌아가신 경우에만 쓰는 '선친(先親)'이라는 표현을 사용해 부활의 기적을 선보이는 경우도 있어요. 🐻

그밖에도 사망 소식을 전하면서 '소천(所天)'했다는 표현을 쓰는 경우가 늘어나고 있는데, 이건 주로 기독교와 천주교 신도들이 쓰는 표현이니 돌아가신 분이 다른 종교를 믿는 분이라면 이 표현을 쓰는 것이 큰 실례가 됩니다. 왜 굳이 이걸 강조하느냐~, 제가 그랬거든요. 🐻

다만 이것은 건의하고 싶은데, 사

祝結婚　祝華婚　賻儀

축결혼　축화혼　부의

관혼상제 때 사용하는 각종 어려운 한자가 적힌 봉투 (출처_구글 이미지)

회생활을 하다 보면 친구나 회사분들의 장례식에 가면서 내는 봉투에 '부의(賻儀)'라고 적혀 있는데, 이 글자는 굉장히 복잡하고 생소한 한자여서 그 의미를 아는 경우가 드물지요. 마찬가지로 결혼식에 갈 때도 '화혼(華婚)' 또는 '축의(祝儀)'라는 한자가 써진 봉투에 현금을 넣어서 축하하지요.

우리가 역사를 배울 때 무덤 양식 등을 중요시 여기는 것은, 이 같은 관혼상제(冠婚喪祭)는 전통을 감히 바꾸기 어렵기 때문에 각 문명이나 국가마다 그 특이점을 구분하는 데 매우 유용하기 때문입니다.

우리 역시 지난 100여 년간 큰 변화를 겪어 조선시대와 완전히 다른 사회가 되었지만, 결혼식은 서구식으로 치른 후 전통 혼례복을 입고 폐백을 반드시 거치고, 고인 이름 앞에는 꼭 한자로 '고(故)' 자를 쓰는 등 전통을 고수하고 있어요.

좋은 전통은 유지하되 현실에 맞게 앞으로는, 화혼이란 글자 대신 "결혼을 축하합니다."로, 또 주는 이나 받는 이나 솔직히 그 의미를 잘 모르는 '부의' 대신 "진심으로 고인의 명복을 빕니다." 등의 표현으로 바꾸어 나가면 어떨까요? 🐻

어색한 번역식 문장도 고쳐요

과거에는 한자를 알고 모르는 것이 신분의 격차를 확연히 드러나게 하다 보니 일부러 어려운 한자로 나열하여 자신의 지식을 뽐내는 분들이 많았습니다. 요즘에도 중국 고사성어를 들먹이며 모든 것을 설명하는 경우도 흔하죠.

《알아두면 쓸데 있는 유쾌한 상식사전》 제4권 '한국사 편' '3.1운동 그날의 기록' 이야기에서 언급했듯이, 당시 민족대표 33인이 '독립선언서'를 너무 어렵게 쓰는 바람에 파고다공원에 모여 있던 이들이 막 전달되어온 독립선언서를 펼쳐보고는 어떻게 읽어야 할지 주춤거렸다는 얘기를 드린 바 있지요? 🐻

그러던 것이 일본 지배를 받으면서는 당시 일본어가 첨단이라는 생각으로 일본 문장식으로 표현하는 경우가 많았고, 그래서 지금도 그런 문장이 혼재되어 있는 경우가 흔합니다.

저도 가급적 안 쓰려고 하는데, '~적', '~해주십시오', '~라는 것', '~해지기 위해' 등의 표현이나, "기분이 좋은 것 같습니다." 식으로 에둘러 표현하는 문장 등이 다 일본어의 영향을 받은 문장들입니다. 🐻

그러던 것이 이제는 영어 번역체 문장도 증가하고 있지요. '아무리 강조해도 지나치지 않는다', '~라 하지 않을 수 없다' 등의 이중 부정어 사용이나 '~에도 불구하고(eventhogh)', '~로 의한/인해(by)', '~에 비하여(of)', '~에 대해서/관해서(about)', '~되어진다' 등의 문장이 전치사나 수동태 형식의 문장이지요. 원래 우리말은 능동태 문장이 다수이며, 돌려 말하기보다는 명확히 설명하는 경우가 흔했어요.

또 요즘에는 여러 단어를 나열할 때도 영문법을 적용해 'A, B, C, D 그리고 E'라고 마지막 단어 앞에 꼭 '그리고'를 넣어야 하는 줄 아는데, 원래 우리말에서는 나열할 때 마지막 단어 앞에 '그리고'를 넣지 않고 그냥 나열했어요.

왜 영어나 다른 언어에서 이런 원칙이 생겼는지는 말을 해보면 압니다. 우리말에서는 문장 마지막에 서술어가 오기 때문에 대화할 때 문장의 끝을 알 수 있지만, 인도유럽어족 언어들은 주어 다음에 서술어가 오고 그 뒤에 목적어나 보어가 오는 구조이므로, 줄줄이 나열한 후 마지막 단어 바로 앞에 'and'를 넣어 줘야 그것이 문장 끝인 줄 알 수 있어 그런 규칙을 만든 거예요. 🐨

이런 식의 지적은 저보다는 많은 전문가들이 하고 있기는 한데, 이런 번역체 스타일이 유행하는 것은 소위 잘난 체하려는 지식인의 나쁜 버릇일 수도 있지만, 기존 문장을 아무런 비판의식 없이 답습하는 경우도 많을 겁니다. 그리고 이런 문체를 지적하는 이유는, 우리말글과 다른 영어나 일본어의 스타일의 문제이기도 하지만, 무엇보다 명료하게 의미를 전달하지 않기 때문에 매우 나쁜 태도라는 겁니다. 🐻

"말이 씨가 된다."고 하지요? 문장을 비비 꼬고 자신의 생각을 명확히 표현하지 않으려는 그런 스타일의 말이 유행할수록 우리 사회의 활기와 건전성에 나쁜 영향을 미칠 수도 있겠죠.

그러니, 일반 국민들은 하루하루 열심히 살아가기도 바쁜데 우리말에 더 애정을 기울여 달라고만 재촉하지 마시고, 좀더 우리가 좋은 글을 쓸 수 있도록 국어국문학자, 언론인, 공직자분들이 좋은 예문을 많이 만들어 전파함과 동시에, 표준어와 맞춤법에 대한 일반인의 인식과 괴리되지 않도록 유연하고 신속하게 대응하시길 간곡히 요청드립니다. 제발요~! 🐨

마치며

《알아두면 쓸데 있는 유쾌한 상식사전》 여섯 번째 '우리말·우리글 편'을 잘 보셨는지요?

우리 민족과 마찬가지로 우리말·우리글 역시 오랜 시간 수많은 어려움을 이겨내며 이어져왔고, 이제는 《옥스포드 영어사전》에도 우리말글 단어가 게재되는 등, 외국인들에게도 관심과 사랑을 받는 언어로 확산되고 있습니다. 🐻

우리가 이 땅에 태어나 세상을 이해하고 다른 이들과 소통하기 위한 도구로 사용하는 우리말은 수천 년간 쌓아온 우리 민족의 지혜가 담긴 소중한 지식 체계이며, 우리글은 전 세계에 당당히 자랑할 수 있는 훌륭한 문화유산이자 인류의 위대함을 증명해줄 가치 있는 보물입니다. 🐻

우리 조상님이 사용하셨고 우리가 사용 중이며 우리 후손이 앞으로도 사용해 나가야 할 우리말·우리글을 우리가 더 아끼고 사랑하는 계기가 되길 바라며, 긴 이야기를 마치고자 합니다.

앞으로도 《알아두면 쓸데 있는 유쾌한 상식사전》 시리즈는 계속됩니다.

다음 편은 어떤 이야기로 찾아뵐까요? 저도 궁금하네요. 🐨

참고문헌

1부

《한국고대전쟁사 1, 2, 3》, 임용한 지음, 2011, 혜안

《조선잡사》, 강문종, 김동건, 장유승, 홍현성 지음, 2020, 민음사

《페르시아의 종교》, 유흥태 지음, 2010, 살림

《학교에서 가르쳐주지 않는 조선왕조실록》, 이성주 지음, 2011, 추수밭

《멀고 먼 힌두쿠시》, 김병호 지음, 1994, 매일경제신문사

〈조선후기 감자의 전래와 전파〉, 오인택, 2019, 부산대학교 인문학연구소 논문

〈임연수어, 도루묵, 명태의 한자 표기와 설화에 대한 논증〉, 김양섭, 2016, 전북대학교 무형문화연구소 논문

2부

《경성상계》, 박상하 지음, 2008, 생각의 나무

《예나 지금이나》, 박성호, 박성표 지음, 2016, 그린비

《한국 최초 101 장면》, 김은신 지음, 1998, 가람기획

《21세기 우리 문화》, 주강현 지음, 1999, 한겨레신문사

《조선견문록》, H. N. 알렌 지음, 신복룡 옮김, 1999, 집문당

《영국화가 엘리자베스 키스의 코리아》, 엘리자베스 키스, 송영달 옮김, 2006, 책과함께

《근대를 보는 창 20》, 최규진 지음, 2007, 서해문집

《음식인문학》, 주영하 지음, 2011, 휴머니스트

《우리말의 수수께끼》, 박영준 지음, 2017, 김영사

《메이지 유신이 조선에 묻다》, 조용준 지음, 2018, 도도

〈동아일보〉 '일제가 왜곡한 한글 맞춤법' (2017년 10월 9일자 기사) http://news.donga.com/3/all/20171009/86660310/1

〈조선일보〉 칼럼 - 근대 의학을 받아들이는 자세, 일본과 조선의 차이는? (신상목 외교관) (2017년 3월 24일자) https://pub.chosun.com/client/news/viw.asp?cate=C03&mcate=M1004&nNewsNumb=20170324011&nidx=24012

3부

《꼬리에 꼬리를 무는 영어》, 한호림 지음, 1996, 디자인하우스

《꼬리에 꼬리를 무는 한자》, 한호림 지음, 1995, 디자인하우스

《어른이 되어 처음 만나는 한자》, 이명학 지음, 2020, 김영사

《철학은 어떻게 삶의 무기가 되는가》, 야마구치 슈 지음, 김윤경 옮김, 2019, 다산초당

《플루언트》, 조승연 지음, 2016, 와이즈베리

《뉴스를 말씀 드리겠습니다. 딸꾹》, 이계진 지음, 2010, 조선앤북

4부

《말을 잘하고 글을 잘 쓰려면 꼭 알아야 할 것들》, 리의도 지음, 1997, 석필

《우리가 정말 알아야 할 우리말 바로 쓰기》, 이수열 지음, 2004, 현암사

《어른의 맞춤법》, 신선해, 정지영 지음, 2020, 앤의서재

《국어 실력이 밥 먹여준다》, 김경원, 김철호 지음, 2007, 유토피아

《100명중 98명이 틀리는 한글 맞춤법》, 김남미 지음, 2013, 나무의철학

《좋은 문장을 쓰기 위한 우리 말 풀이 사전》, 박남일 지음, 2004, 서해문집

세상에서 가장 재미있는
교양 상식책! 🐻

– 6권 '우리말 · 우리글 편' 출간 –

"다음 편에서 또 만나요~ , 꼭이요~!"